यादों का सफ़रनामा

शिवजीत सिंह राघव

आई-ए -बी-एन:
शतितीय श करण: न् 2025

आवरण संयोजन: रॉकस्टार आर्टिस्ट

ई बुक कनवर्ज़न एवं तृतीय संशोधन: पवन त्यागी

अनुक्रम

समर्पण

किसी ने कहा है कि भगवान दिखाई न देने वाले माता-पिता की तरह होते हैं, किन्तु माता-पिता तो दिखाई देने वाले भगवान होते हैं।

मेरे उन्हीं माता-पिता को समर्पित — साथ ही ख़ास तौर पर बड़े भाई साहब एवं पूरे परिवार को, जिनके त्याग और देखभाल की बदौलत मैं आज ज़िन्दगी में अपना मुक़ाम बना पाया हूँ।

आभार

उन दोस्तों को नहीं भुलाया जा सकता, जिन्होंने इस किताब को लिखते समय मेरा पूरा साथ दिया। मेरे मित्र पवन त्यागी, जो इस किताब के लिखने के सफ़र पर शुरुआत से अन्त तक साथी रहे; मेरे मित्र सलिल चतुर्वेदी, श्री हरेराम नेमा, डॉ. विजय शर्मा, विंग कमांडर सुभाष महाजन, राजेश द्विवेदी, मेरा परिवार और मेरे दोस्त — कदम-कदम पर सभी ने अपनी राय और विचारों से मुझे नवाज़ा और मेरे इस सफ़र के साथी बने।

आमुख

कभी-कभार ही ऐसा होता है कि जो पुस्तक आप पढ़ रहे होते हैं, वह आपके दिल को छूने के साथ-साथ दिमाग़ में भी हलचल पैदा कर देती है। इस क़दर कि आपने जो पन्ना पलटा है, उसे तत्काल दुबारा पढ़ने को मन मचलने लगता है। मर्मस्पर्शी और विचारोत्तेजक शब्दों का प्रयोग करने से मैं जान-बूझकर कतरा रहा हूँ, क्योंकि इनके बोझ से यादों के सफ़र की सहज आत्मीयता की गुनगुनी ऊष्मा को गंवाने का जोखिम पैदा हो सकता है। हाल के बरसों में शायद ही किसी दूसरी किताब को पढ़ने का इतना सुख मुझे मिला है।

भाई शिवजीत राघव ने जो आपबीती बयान की है, वह एक स्तर पर आत्मकथा है। कुछ हिस्से डायरी-संस्मरण की शैली में लिखे गए हैं, तो कहीं यात्रावृत्तांत वाली विधा के दर्शन होते हैं। इसके अलावा हिन्दी भाषा का जो अपना खिलखिलाता ठाठ यहाँ दिखता है, वह आजकल दुर्लभ होता जा रहा है। हिंग्लिश के हमले से पहले ही हिन्दी की बेचारगी दर्दनाक थी। किसी लेखक का ज़ोर अपनी बोली को कहीं भी न छोड़ने का हठ था, तो किसी और पत्रकारिता से साहित्य-सेवा की ओर मुड़े महानुभाव को लगता था कि व्याकरण मूर्खों की मजबूरी है, जिससे वह ब्रेकिंग न्यूज़ की दुनिया में अपना पिंड हमेशा के लिए छुड़ा चुके हैं। बोलचाल की जुबान का मतलब अशुद्ध भाषा निकाल कर उसका बेहिचक इस्तेमाल मेरी पीढ़ी के पाठक के लिए असहनीय अनुभव रहा है। शिवजीत का गद्य बिना किसी पूर्वाग्रह-दुराग्रह के हिन्दी पट्टी के मुहावरों और भाषा के सामर्थ्य को अनायास उजागर करता है। जितने कौशल से लेखक ने पुराने हिन्दी गानों से अपने अध्यायों को सजाया है, उसका आनंद पढ़कर ही लिया जा सकता है।

जहाँ तक कथ्य का सवाल है, यह टिप्पणी बेकार है कि यह पुस्तक बेहद प्रेरणादायक और प्रोत्साहक है। कई दशक पहले एक दुर्घटना ने भरी जवानी में शिवजीत को कुर्सी-गाड़ी पर बिठा दिया। दूसरा कोई लाइलाज हालत में भाग्य को कोसता लाचार बैठ जाता। असाधारण जीवट वाले शिवजीत ने न केवल अपनी ज़िन्दगी को भरपूर जिया है, वरन् उसे दूसरों के लिए उपयोगी-हितकारी बनाने में भी कसर नहीं छोड़ी है।

इस बात को नकारा नहीं जा सकता कि अब तक अपने देश में इस समस्या के बारे में समुचित सहानुभूति और आबादी के इस हिस्से के बुनियादी अधिकारों के बारे में जानकारी का अकाल-सा है। बिना कठिन क़ानूनी लड़ाई के एक क़दम भी आगे बढ़ना नामुमकिन ही लगता है। कुल मिलाकर बहस 'आरक्षण' तक सिमट जाती है। नाममात्र की पहल या नीतिगत पेशकश को ही यथेष्ट समझ लिया जाता है। अतः बिना भाव-विह्वल आत्मरति या सहायता की याचना का करुण स्वर अपनाए, सार्थक विमर्श का सूत्रपात करने में यह पुस्तक महत्त्वपूर्ण भूमिका निभा सकती है—ऐसा मेरा विश्वास है। पर मेरी समझ में दुर्घटनावश, रोग अथवा जन्मजात कारण से अपंगता/शारीरिक विकलांगता की चपेट में आए व्यक्ति की विशेष समस्याओं—शारीरिक, मानसिक और पारिवारिक—के संदर्भ में ही यह पुस्तक महत्त्वपूर्ण नहीं है।

निर्ममता के साथ अपनी ज़िन्दगी की किताब को लेखक ने खोलकर पाठक के सामने रख दिया है। ऐसी साफ़गोई भी असाधारण है। लड़कपन में शराबख़ोरी के वर्जित मज़े हों या कॉलेज जीवन की दबंगई—इन सबका वर्णन सहजता से किया गया है। अपनी ग़लतियों के लिए पश्चाताप से कहीं अधिक ज़रूरी यह है कि दूसरों को बुराइयों के दुष्प्रभाव के प्रति बिना उपदेश आगाह किया जाए। इसके अलावा अपने इलाज और फ़िज़ियोथैरेपी के लंबे दौर में अपनी पहचान और पहुँच का जो फ़ायदा लेखक को मिला है, या उसके बाद भी जिन संपर्कों या 'जुगाड़' के कारण जीवन के छोटे-बड़े सुख सुलभ होते रहे हैं, उनका साझा दोटूक किया गया है। ज़िन्दगी का जो फ़लसफ़ा यहाँ बयान किया गया है, वह मुख़्तसर यह है कि दूसरे का दुःख बाँटना ही अपने लिए कमोबेश स्थायी सुख का बंदोबस्त कर सकता है। अपना क्षणभंगुर सुख या सौभाग्य भी दूसरों के साथ बाँटकर ही वास्तविक बनता है—क्षणभंगुर नहीं रहता।

यादों का यह सफ़र ज़िन्दगी के सफ़र की ही तरह इस बात का गहरा एहसास कराता है कि किसी पहले से तय मंज़िल तक पहुँचना अहम बात नहीं—सफ़र के सुख-दुःख भोगते-झेलते पथ पर चलते रहना ही जीवन को यादगार बनाता है।

कई बरस पहले संयोगवश शिवजीत भाई से मुलाक़ात हुई थी। उन्होंने इस पुस्तक को लिखने के बाद, प्रकाशन से पहले, पढ़ने का मौक़ा मुझे दिया। इसके लिए मैं उनका हृदय से आभारी हूँ। मुझे विश्वास है कि भविष्य में उनकी लेखनी अनवरत चलती रहेगी और ऐसी ही पठनीय रचनाएँ हमें आह्लादित करती रहेंगी।

पुष्पेश पंत

पुष्पेश पंत (जन्म 1947) प्रख्यात भारतीय अकादमीशियन, खाद्य समालोचक और इतिहासकार हैं। जवाहरलाल नेहरू विश्वविद्यालय के 'अंतरराष्ट्रीय संबंध' विभाग के प्राध्यापक पद से अवकाश प्राप्त।

भाग: एक
बचपन और स्कूल की मधुर यादें

अध्याय: 1
मेरी जड़ें, मेरा परिवार, मेरा गाँव

आज एक लंबे अरसे के बाद, जब ज़िंदगी के करीब 54 वसंत देख चुका हूँ और इस व्हीलचेयर पर बैठे हुए भी 34 साल पार कर चुका हूँ, तो मन करता है कि जो एक बहुत ही सफल और खुशहाल ज़िंदगी मैं आज जी रहा हूँ, उसमें कहाँ-कहाँ क्या मुक़ाम आए और कैसे उनसे सामना किया? कौन वो लोग थे जिनके सहयोग से यह कामयाबी मुझे मिली है? चोट लगने के बाद ज़िंदगी किस तरह आगे बढ़ी और इस मुक़ाम तक पहुँची? इन सब बातों को पन्नों में पिरो कर एक किताब तैयार करूँ। अपनी ज़िंदगी की किताब आपके सामने पन्ना-दर-पन्ना मैं यहाँ से खोलूँगा।

मैंने बहुत-सा मुश्किल वक्त गुज़ारा। बहुत सारी चुनौतियाँ मेरे सामने ज़िंदगी ने रखी और जिनका बख़ूबी मैंने सामना किया। इस सब में जो सबसे बड़ी ताक़त मुझे मिली, उसमें सबसे ऊपर है मेरा परिवार, जिसमें माता-पिता के अलावा तीन भाई और एक बहन हैं। इसके साथ-साथ मेरे पिता के पाँच भाई, उनकी एक बहन और मेरे दादाजी भी। उन सबका भी सहयोग अपनी जगह अहम है।

अपने परिवार में जो सबसे पुराने शख़्स हमें याद पड़ते हैं, वो अक्सर हमारे दादाजी या दादीजी ही होते हैं। यह बात लगभग सबके साथ है। जब अपने परिवार के बारे में बताना शुरू किया, तो क्यूँ न शुरुआत अपने दादाजी से करूँ।

मेरे दादा 1933 में दफेदार के रैंक से अंग्रेज़ी कैवलरी से रिटायर किए गए थे, क्योंकि उन्होंने वहाँ अंग्रेज़ अफ़सरान से झगड़ा कर लिया था। परिवार की हालत उन दिनों बहुत ही कमजोर थी, लेकिन दादाजी बहुत मेहनती इंसान थे। उनका रिकॉर्ड था कि एक खेत से पूरे गाँव में सबसे ज्यादा गेहूँ पैदा किया करते थे। मुझे याद पड़ता है कि सुबह 4 बजे वे खेत जोतने निकल जाया करते थे। हल-बैल के साथ एक-एक खेत को 15 से 20 बार जोता करते थे, और यही गुण उन्होंने पूरे परिवार को दिए हैं।

दादीजी तो मुझे चोट लगने के करीब महीने भर पहले, जून 1980 में ही गुजर गई थीं। 1975 के आसपास उन्हें लकवा मार गया था। तब से वे हमारे साथ ही रहती थीं और मेरी माताजी ने दिन-रात उनकी खूब सेवा की। हम भी पूरा सहयोग हर तरह से करते थे।

दादाजी गाँव में रहते थे, पर मिलने के लिए बराबर आते-जाते रहते थे। मैं पूरे परिवार में सबसे ज्यादा उन्हीं से लगाव रखता था और मेरी पीढ़ी के सारे बच्चों में से उन्हें मुझसे सबसे अधिक प्यार था। उनसे जुड़ी हुई बहुत-सी बातें और किस्से हैं, जिन्हें मैं आगे विस्तार से बताऊँगा।

दादाजी के पाँच भाई और एक बहन थीं, अब तो सब परलोक सिधार चुके हैं। दादाजी सबसे बड़े थे। उनके छोटे भाई फौज में सूबेदार थे और सेकेंड वर्ल्ड वॉर में शहीद हो गए थे। बाकी के साथ मैं खूब खेला हूँ। सब किसान थे और खेती-बाड़ी के साथ-साथ पशुपालन से परिवार का निर्वाह होता था। उन सबकी पाँच-पाँच-छह-छह संताने थीं और उनमें से ज्यादातर फौज में थे। मेरा बचपन उनके कंधों पर बैठ झूला झूलकर गुजरा है।

पिताजी अपने छह भाइयों और एक बहन के परिवार में सबसे बड़े थे और उन्होंने अपने सारे भाइयों को फौज में भर्ती कराया था। मज़ेदार बात यह है कि चार भाई थल सेना में, एक भाई वायु सेना में और एक जल सेना में यानी नेवी में थे। पिताजी से छोटे भाई मामराज सिंह राजपूताना राइफल्स में थे और 1965 में भारत-पाक युद्ध के दौरान लड़ाई में शहीद हो गए। एक छोटा भाई कृशन सिंह भी 1978 में एक जीप से गिरकर मृत्यु को प्राप्त हुए। 1994 में एक और भाई हरपाल सिंह रिटायरमेंट के बाद कैंसर के कारण हमें छोड़कर चले गए। उन्होंने मुझे चोट लगने के बाद सबसे गंभीर स्थिति में अपनी पूरी छुट्टी मेरे साथ हॉस्पिटल में गुज़ारी और मेरा बहुत ख़याल रखा। अब पिताजी भी 2013 में चले गए।

दूसरी तरफ़, मेरे नानाजी मेरे माता-पिता के विवाह के बाद से ही विधुर हो गए थे। वे भी अपने चार भाइयों में सबसे बड़े थे। उनकी चार बेटियों में से तीन की शादी मेरे पिताजी और उनके दो भाइयों से हुई, चौथी की भी बात चली थी, पर चौथे भाई कृशन सिंह के गुस्सैल स्वभाव और दिन-रात लड़ाई करने की वजह से यह रिश्ता नहीं हो पाया। मेरे एक ही मामाजी हैं। मैंने बचपन और लड़कपन का काफी समय नानाजी के गाँव, यानी अपने ननिहाल में गुज़ारा, खासकर स्कूल की गर्मियों की छुट्टियों में। नानाजी के दूसरे भाइयों और उनकी संतान से भी मेरा बड़ा लगाव था।

सारे-के-सारे परिवार वालों को, चाहे वे दादाजी की तरफ़ के हों या नानाजी की तरफ़ के, मेरी चोट के बाद की इस हालत पर बड़ा दुःख है। सबको मुझमें एक होनहार इंसान के लक्षण दिखाई देते थे। किन्तु सबने समय-समय पर अपनी यथाशक्ति से साथ दिया और आज की कामयाब ज़िंदगी में सबका कुछ-न-कुछ योगदान है—किसी का कम, किसी का ज़्यादा। मेरे पिता पढ़ाई में अच्छे थे। गाँव में ही हाई स्कूल था और पिताजी ने वह पूरा किया। लेकिन क्योंकि वे परिवार में सबसे बड़े थे, इसलिए उन पर दूसरे भाइयों की जिम्मेदारियाँ थीं। और उन्होंने सन् 1948 में बतौर सिपाही फौज ज्वाइन कर ली। उसके दो-तीन साल बाद ही उनकी शादी हो गई और फिर हम चार भाइयों—ब्रह्मजीत, शिवजीत, अजीत और ज्ञानजीत—का जन्म हुआ। इकलौती बहन मंजू का जन्म 1970 में हुआ। वह सबसे छोटी है और सबका उससे बहुत प्रेम है, ख़ास तौर पर मुझसे उसका बड़ा लगाव है।

मेरा जन्म 22 मई 1959 को हुआ और बचपन के कुछ साल अपने गाँव में ही गुज़रे। उस समय तक हरियाणा पंजाब प्रांत का ही हिस्सा था। इसके अलावा हिमाचल प्रदेश भी पंजाब प्रांत में ही आता था। मेरी जन्मस्थली भौंडिसी नामक गाँव है, जो बाद में भूतपूर्व प्रधानमंत्री श्री चंद्रशेखरजी की वजह से भारत के नक्शे पर जाना जाने लगा। उन्होंने गाँव के साथ ही अपना भारत यात्रा केंद्र खोला और ज्यादातर वहीं अपने छोटे से कृत्रिम झील के पास बने आशियाने में रहते थे। इसी यात्र केंद्र से मेरे बचपन के समय से बीएसएफ का ट्रेनिंग सेंटर है।

मेरा गाँव सालों से वीर सैनिकों के बलिदान के लिए मशहूर रहा है। आज तक सड़क के किनारे सेकेंड वर्ल्ड वॉर में शहीद हुए सिपाहियों की याद में स्मारक बना हुआ है। बचपन के कुछ साल गाँव में ही गुज़रे। हमारे गाँव में आजादी से बहुत पहले ही हाई स्कूल था। मैंने तीसरी कक्षा तक की पढ़ाई गाँव के स्कूल से ही पूरी की। तब वहाँ पंजाबी भी पढ़ाई जाती थी। मुझे केवल उस समय की बहुत धुँधली-सी यादें हैं।

एक दिन स्कूल न जाकर मैं फैमिली वेलफेयर सेंटर में छुप गया। मेरे क्लास टीचर ने मेरे सहपाठियों को मुझे ढूँढने के लिए भेजा। और वे तो एक-दूसरे के राज जानते ही थे, सो उन्होंने मुझे ढूँढ निकाला। मुझे बकायदा उठा कर स्कूल ले जाया गया। याद पड़ता है कि उस समय स्कूल में पाउडर का दूध बाँटा जाता था।

याद है स्कूल के एक शिक्षक, जिनका नाम महिपाल सिंह था, उनका अपनी बंदूक से स्कूल के नज़दीक पेड़ की एक खोखल में से झाँकते हुए साँप पर गोली चलाना और उनका अचूक निशाना। साँप तड़पता हुआ नीचे गिर गया। याद है जिस दिन हमारे प्रथम प्रधानमंत्री चाचा नेहरू का देहांत हुआ और स्कूल में एक मिनट का मौन रखा गया।

मुंशी प्रेमचन्द की कहानियों में जो गाँव का दर्शन मिलता है, वह सब कुछ अपने गाँव में बचपन से लेकर चोट लगने तक देखा था। दिल्ली के नजदीक होने और अरावली श्रृंखला से बिल्कुल लगे इस गाँव में बिजली की सुविधा बहुत पहले आ गई थी, पर यह हुआ जब हरियाणा अलग राज्य बन गया, वरना मैंने भी पढ़ा है लालटेन और ढीबरी में। पहली-दूसरी क्लास की पढ़ाई उनकी रोशनी में ही पूरी की है।

आज भी याद पड़ता है—चारों ओर लहलहाते खेत, होलिका दहन के मौके पर गेहूँ की पक्की हुई फसल से कुछ काटकर होलिका को चढ़ाया जाना। उन्हीं हरे भुने हुए गेहूँ के दानों को प्रसाद की तरह खाया जाता था। पूरे गाँव में गिनी-चुनी कुल तीन दुकानें होती थीं और एक तरह से हर ज़रूरत की चीज़ मिल जाती थी।

मुझे याद पड़ता है, दुकान पर पैसे से ज्यादा अनाज चलता था। लोग अपने घर से झोली या कागजों की लुगदी में कुछ मिलाकर बनाई डलिया में अनाज भर कर लाते थे और दुकानदार उसे तौल कर बताता था कि कितने की कीमत का है। उतने पैसे का आप कोई भी सामान खरीद सकते थे—सुई-धागा, साबुन, सब्ज़ी आदि। यहाँ तक कि खाने के लिए मिठाइयाँ, टॉफी आदि भी।

दिन में चुपचाप कई लड़के घर से अनाज चुरा कर दुकान से उसके बदले में बीड़ी या खाने की चीज़ें लेते थे। एक मज़ेदार बात जो मुझे याद है—आठ-दस साल की उम्र के लगभग बच्चे बड़ों के साथ आते थे। उन्हें 'माँगी' मिलती थी, यानी एक मीठी टॉफी। असल में उन्हें साथ लाया जाता था खरीदे हुए सामान को घर ले जाने में मदद करने के लिए, पर बच्चे को उस माँगी की टॉफी का बड़ा लालच होता था। अगली फसल आने तक किसान के घर का खर्च इसी तरह चलता था।

अनाज ख़त्म हो जाता तो बानिए से उधार लेना शुरू हो जाता, जो अगली फसल पर ब्याज समेत चुकता होता। ये किसान और फौज के जवान ही हैं जिन्होंने धरती को माँ का दर्जा दिया है।

दिल्ली के लोग अब ठंड और बारिश की बात करते हैं, पर मुझे अभी तक वह ठिठुरा देने वाली ठंड नहीं भूलती। कई बार तो दो-तीन दिन तक सूर्य देवता के दर्शन तक नहीं होते थे। यही आलम गर्मियों में लू का होता था। पहाड़ की तलहटी में होने के कारण वह तप जाता था।

फिर बारिश के मौसम में जो मूसलाधार बारिश पूरे समय हुआ करती थी, वह आजकल एक-दो बार हो जाती है तो हाहाकार मच जाता है। पहाड़ से तेजी से पानी उतरकर पूरे गाँव की गलियों में बाढ़-सा ला देता था। हम सब बैठक में बैठे पानी के

उतरने का इंतजार करते थे। परिवार का कोई बड़ा किसी तरह घर से जाकर रोटी-सब्ज़ी ले आता था क्योंकि बच्चे तो उस चढ़े पानी में डूब ही जाते।

पानी उतरते ही सब लोग पहाड़ से पानी के साथ आई बजरी इकट्ठा करने में लग जाते। बड़े तालाब थे, जो ऊपर तक भर जाते थे। कई कुएँ जमीन से ऊँचे बने होने के बावजूद बारिश के पानी से भर जाते, तो उनकी सफाई करनी होती थी। पेड़-पौधे बारिश में नहाकर जो सौंदर्य की छटा बिखेरते, उसकी क्या बात थी।

सावन के महीने में पेड़ पर झूले डाल दिए जाते और ज्यादातर बुआजी ससुराल से आई हुई होती थीं। हम बच्चों को गोद में लेकर खूब झूला झूलती थीं। चरक और रस्से से कुएँ के पानी से सिंचाई के वक्त बैलों से खींचते उस रस्से पर झूलने का आनंद आज की पीढ़ी क्या जाने।

गर्मियों की छुट्टियों में गाय-बकरी आदि जानवरों के चरते वक्त चाचा आदि के साथ घूमना, दादाजी का भैंस का दूध दुहते हुए वहीं एक छोटे से गिलास में भरकर पीने को देना या भैंस के थन से सीधे मुँह में धार मार देना, आदि बातों का आनंद कैसे बयान करूँ। किसी के भी खेतों में से ताजा गाजर-मूली उखाड़ कर वहीं ट्यूबवेल के पानी से धोकर खाए जाने का स्वाद कैसे समझाऊँ।

मुझे फिल्म 'बन्दिनी' का शैलेन्द्र साहिब का लिखा गीत हमेशा रुला देता है—

"अब के बरस भेज भैया को बाबुल,
सावन में लीजो बुलाय रे,
लौटंगी मेरे बचपन की सखियाँ,
दिजो संदेसा भिजाय रे।"

अध्याय: 2
बैरकपुर और बचपन

मैं करीब सात वर्ष का हो गया था और तीसरी कक्षा में पढ़ रहा था, तभी एक बहुत अच्छी खबर मिली कि ऑफिसर बनने के लिए मेरे पिताजी का चुनाव हो गया है। यह बात 1966 की है। उस वक्त वे दार्जिलिंग के पास लेबोंग में पोस्टेड थे। उन्होंने ऑफिसर की बेसिक ट्रेनिंग पूरी की और उनका पहला तबादला कोलकाता से तक़रीबन 20 किलोमीटर दूर बैरकपुर में हुआ।

भारत में अंग्रेज़ों की राजधानी पहले कोलकाता हुआ करती थी, और कलकत्ता के मध्य में बने फोर्ट विलियम्स में रहते थे। बैरकपुर का नाम 'बॅरक्स' पर पड़ा है, जो अंग्रेज़ी में फौज के सिपाहियों का रहने का स्थान होता है। हमारा पूरा परिवार गाँव छोड़कर पिताजी के साथ रहने के लिए बैरकपुर चला गया।

बैरकपुर को मैं इसलिए अजीज मानता हूँ कि एक तो मेरा बचपन वहाँ गुजरा और दूसरे, मैं तीसरी से लेकर आठवीं कक्षा तक यानी 1967 जून से लेकर 1973 मई तक वहाँ रहा। इस दौरान ही यह भी जाना कि देश की आज़ादी की पहली चिंगारी बैरकपुर से ही शुरू हुई थी, जिसे हम सन् 1857 के गदर के नाम से जानते हैं।

किसी भी इंसान की नींव उसके बचपन में ही पड़ती है—चाहे वह उसकी शिक्षा को लेकर हो, उसके स्वाभाव को लेकर हो, उसके खाने-पीने की पसंद को लेकर हो, या फिर सांस्कृतिक शौक ही क्यों न हों। बंगाल अपने आप में हर तरह की कला के लिए प्रसिद्ध है, ख़ास तौर पर गीत-संगीत, नाट्य मंच आदि। शायद यही वजह है कि मुझे भी इन कलाओं के प्रति गहरा प्रेम और लगाव है। खाने-पीने के मामले में भी मुझे बंगाली मिठाइयाँ, और ख़ास तौर पर रसगुल्ला, बहुत पसंद हैं।

मैंने बैरकपुर पहुँचकर वेलस्ले हाई स्कूल में दाखिला लिया था। वहाँ के हेडमास्टर का लड़का संदीप मेरा बड़ा ही अच्छा दोस्त बन गया। उसे पतंग उड़ाने का बहुत शौक था। वैसे भी बंगाल तो पतंगबाज़ी के लिए काफी मशहूर है ही।

दूसरा जो सबसे लोकप्रिय खेल मैंने वहाँ देखा, वह था लट्टू चलाना। लेकिन मैं कभी दोनों ही खेलों का कोई ख़ास बड़ा खिलाड़ी नहीं बना। पतंग के लिए डोर और लटाई 'चरखी' होती है और पेच लड़ाने के लिए धागे पर मांजा लगाया जाता है, जो कि चावल और उसमें काँच को पीस कर तैयार किया जाता है, और फिर उसे पतंग उड़ाने के धागे पर अच्छी तरह से लगा दिया जाता है। इससे धागा मजबूत तो होता ही है, साथ ही साथ पेच लड़ाने पर दूसरे की पतंग काट देता है।

उन दिनों फौज को लेकर सिविलियंस में काफी अलग तरह की सोच हुआ करती थी। मेरे दोस्त संदीप ने माँग की कि मैं एक फौजी धागे की रील उसे ला कर दूँ, जिस पर फिर वह मांजा लगा कर लोगों की पतंग काटे। हम दोनों उस वक़्त चौथी कक्षा में थे और बच्चे थे, तो बच्चों जैसी बातें भी थीं। कुछ दिनों तक तो मैं उसे आज-कल पर टालता रहा। फिर एक रोज वह बिल्कुल पीछे पड़ गया। उसने कहा कि वह मेरे साथ मेरे घर चल रहा है और

धागा लेकर ही आएगा। हम दोनों चल पड़े। मेरी समझ में नहीं आ रहा था कि किस तरह उससे पीछा छुटे। मैं धागा कहाँ से ला कर देता?

अचानक यह हुआ कि दूसरी तरफ से मेरे एक अंकल, कैप्टन कुमार, जीप में आ रहे थे। वह बड़ी-बड़ी मूँछें रखते थे और बड़ा ही रौबीला चेहरा था। उन्होंने मुझसे कहा कि मैं अगले मोड़ से घूम कर आ रहा हूँ और तुम मेरे साथ चलो। मेरा दोस्त उनकी शक्ल देख कर डर गया और कहने लगा कि तुम कल अपने आप धागा ले आना, मैं तुम्हारे साथ नहीं जा रहा। अगले रोज लौट कर मैंने संदीप से कहा कि मेरे अंकल बहुत नाराज हुए और उन्होंने कहा कि ऐसे डरपोक आदमी को फौजी धागा देने की ज़रूरत नहीं है। इस तरह मेरा पीछा फौजी धागे की जवाबदारी से छूट गया।

बैरकपुर के आर्मी के बेस हॉस्पिटल के एक कोने पर केवल तीन ऑफिसर्स के लिए आवास की व्यवस्था थी। उनमें से एक घर हमारे पिताजी को मिला हुआ था। इन मकानों से करीब पचास गज दूर प्ले ग्राउंड था और उसके दूसरे छोर पर सैनिकों के रहने के बैरक्स थे। वहीं पर एक छोटे 200 गज × 200 गज की खाली जगह पर हर हफ़्ते एक फिल्म दिखाई जाती थी।

जवान सिपाही और उनके परिवार के लोग आगे जमीन पर बिछी दरियों पर बैठते थे। उनके पीछे ऑफिसर्स और उनकी फैमिली के लिए कुर्सियाँ और फिर दो मीटर का फ़ासला छोड़ कर जे-सी-ओ और उनके परिवार के लिए कुर्सियाँ लगी होती थीं। बड़ा मज़ा आता था। एक-आध बार बारिश के बावजूद भी फिल्म दिखाई गई। प्रोजेक्टर को फौज की गाड़ी के अंदर से ऑपरेट किया जाता था। बारिश होते ही बाकी परिवार तो वापस आ गया, मैं उसी गाड़ी के नीचे टायर की ओट में छिप गया और पूरी फिल्म देख कर ही लौटा। पिटाई तो होनी ही थी, लेकिन उस दिन की याद आज भी बहुत आनंद देती है।

हमारे घर से करीब एक-डेढ़ किलोमीटर पर गंगा नदी थी, जो बंगाल में भागीरथी हो जाती है। बैरकपुर में अलग-अलग जगहों पर तीन घाट बने हुए थे। हमारे घर से जो घाट सबसे नजदीक था, वह था 'बलुआ घाट'। सारा परिवार जब भी जाता था, गंगा स्नान के लिए वहाँ जाता। पिताजी का ऑफिसर्स मैस बिल्कुल गंगा से लगा हुआ था। हम लोग कभी-कभार ज्वार-भाटे का आनंद लेने के लिए वहाँ चले जाते थे। ज्वार-भाटा आता तो पानी की उठती लहरें देखते ही बनती थीं और दस-बारह साल के बच्चों को तो अति-रोमांचित कर देती थीं।

एक बार गाँव से दादाजी कुछ दिनों के लिए मिलने आए हुए थे। वे भी हमारे साथ ज्वार-भाटे का आनंद लेने ऑफिसर्स मैस पहुँच गए। सरकारी छुट्टी का दिन था, नर्सिंग मेट्रन भी अपने छोटे से पॉमेरियन कुत्ते के साथ कुर्सी पर बैठी हुई थीं। पिताजी ने दादाजी का परिचय उनसे कराया। उन दिनों आर्मी नर्सों को शादी करना वर्जित था। बातों-बातों में मेट्रन के मुख से निकल गया कि हम तो बस एक अकेली जान हैं, गुजारा चल रहा है। दादाजी तुरंत बोले: "अकेले क्यों? ये कुत्ते का बच्चा भी तो है!" आसपास बैठे सब लोग उनकी हाज़िरजवाबी पर हँसने लगे।

दूसरा घाट 'धोबी घाट' के नाम से मशहूर था, जहाँ से हर आधे घंटे में एक स्टीमर, यात्रियों को लेकर नदी के पार 'श्रीरामपुर' जाता था। वहाँ से लोकल ट्रेन से सीधे उस वक़्त के कलकत्ता और आज के कोलकाता के मशहूर हावड़ा रेलवे स्टेशन जाया जाता था।

साल में एक बार गर्मियों की छुट्टी में गाँव आते समय इस स्टीमर की सवारी का मज़ा मिलता था, फिर हावड़ा से 'कालका मेल' पकड़कर दिल्ली आ जाते थे।

तीसरा घाट था 'गाँधीघाट', जो बाकी दो घाटों की तुलना में बड़ा ही खूबसूरत था। यह बॉर्डर सिक्यूरिटी फोर्स के ट्रेनिंग सेंटर के अंदर की एरिया में था और वही लोग इसकी देखरेख किया करते थे। मुझे अंदाजा नहीं है कि गाँधीजी इस घाट से कैसे जुड़े हुए हैं, पर मैंने उनकी मूर्तियाँ वहाँ जरूर देखी थीं। पिताजी के एक मित्र बीएसएफ के सीनियर ऑफिसर थे। प्रोग्राम यह बनाया गया कि बीएसएफ के स्टीमर से तीन-चार परिवार, गाँधी घाट से कलकत्ता के मशहूर 'बोटेनिकल गार्डन' जाएँगे और वहाँ दिन भर पिकनिक मनाकर शाम को स्टीमर से ही वापस आ जाएँगे।

उस वक़्त मैं छोटा ही था, पर आज भी उस यादगार पिकनिक को भूल नहीं सकता। दो मंजिला स्टीमर पर मैं कभी ऊपर, कभी नीचे चक्कर काटता रहा। उन दिनों 'स्पूल' वाले टेप रेकॉर्डर हुआ करते थे। साठ के दशक के आख़िर की बात है और मुझे बखूबी याद है कि उस दिन जो गाना सबसे ज्यादा बजा और जिस पर सबने अपने-अपने अंदाज़ में खूब डांस किया, वह था 'ले गई दिल गुड़िया जापान की, पागल मुझे कर दिया', 'ऐन ईवनिंग इन पेरिस'। शम्मी कपूर साहिब वो अकेले पुराने हीरो हैं जिन्हें आज की पीढ़ी भी पसंद करती है।

एक और याद जो बैरकपुर से जुड़ी है, वह है दुर्गा पूजा—बल्कि यूँ कहें कि दुर्गा, काली, लक्ष्मी और सरस्वती, सभी देवियों की पूजा। मुख्य रूप से दुर्गा पूजा का सबसे अधिक महत्व था। दशहरे के मौके पर होने वाली दुर्गा पूजा के कई दिन पहले से मूर्तियाँ बननी शुरू हो जाती थीं। बड़ी मूर्तियाँ तो पंडाल लगने वाली जगह पर ही बनाई जाती थीं, क्योंकि इतनी विशालकाय प्रतिमा को बाद में उठाकर कहीं स्थानांतरित करना संभव नहीं था। यह पंचमी से लेकर दशमी तक का पाँच दिन का उत्सव चारों तरफ हर्षोल्लास बिखेर देता था। महीनों पहले टोलियाँ घर-घर जाकर चंदा एकत्रित करती थीं, दिन-रात आरती होती थी, और ढाक-घंटे की आवाजें वातावरण को एक अलग धार्मिक रंग में रंग देती थीं।

लड़के अपनी-अपनी टोली बनाकर पूरे शहर में दिनभर घूमते और गिनते कि कितने पंडाल देख पाए। हर एक की सजावट से बनी छटा अलग ही होती थी। एक-एक गली में तीन-तीन, चार-चार पंडाल, कई-कई जगह प्रसाद भी मिल जाता। शाम होते ही बिजली की रोशनी उस सजावट में चार चाँद लगा देती। हम दो-तीन परिवार मिलकर फौजी बड़ी गाड़ी में अपने-अपने घर से कुर्सी-सोफे रखकर उन पर बैठ जाते और फिर एक पंडाल से दूसरे पंडाल पर जाते। कहीं नाटक हो रहा होता तो कहीं गाना-बजाना। जिसने बंगाल की दुर्गा पूजा देखी है, वही इस बात के आनंद को महसूस कर सकता है।

मुझसे अगर कोई कहे कि पिताजी के बीस साल की नौकरी में जो चार-पाँच शहरों में रहना हुआ, उनमें सबसे पसंदीदा शहर कौन है? तो मैं बैरकपुर ही कहूँगा। हालाँकि उस शहर में वैसे कुछ ऐतिहासिक हो-न-हो, पर मेरी तो बचपन और लड़कपन की यादें वहीं से जुड़ी हैं, जो कि मैं मानता हूँ कि किसी के भी जीवन का सबसे यादगार समय होता है। स्कूल के समय में हर किसी की अपनी-अपनी हॉबी होती है। मैंने काफी दिनों तक माचिस के लेबल उतारकर एक कॉपी में चिपका रखे थे। कोई भी नई माचिस दिखाई दी कि तुरंत उसका लेबल उतारा।

फिर एक-आध साल बाद शौक बदला और पोस्टल स्टैम्प्स एकत्रित करनी शुरू कर दी। मेरे एक दोस्त विनय ने अपना स्टैम्प एलबम मुझे दे दिया, और मेरे मैच लेबल्स की कॉपी खुद ले ली। सबसे मज़ेदार बात यह होती थी कि हम एक जैसी कई स्टैम्प होने पर उन्हें दूसरे दोस्तों के साथ एक्सचेंज किया करते। कोशिश यह होती कि वह स्टैम्प अपने ख़ास दोस्त को दे और किसी वजह से मनमुटाव होने पर दूसरे किसी को देकर दोस्त को चिढ़ाया। चोट लगने के बाद एम-एच-अम्बाला में एडमिट रहते समय एक मेजर सिन्हा के परिवार से बड़ी घनिष्ठता हो गई। मैंने वह स्टैम्प एलबम करीब आठ सालों के बाद उनके बेटे मुकुन्द सिन्हा को दे दिया।

इसी तरह अपनी एक डायरी में कमांड हॉस्पिटल लखनऊ में रहते समय तमाम शेर और ग़ज़लें लिखीं। करीब दस साल के बाद वह मैंने अपनी एक महिला मित्र को दे दी। दुख इस बात का है कि ना तो मैंने अपनी इन बेशकीमती वस्तुओं की कीमत समझी और ना ही उन दोनों ने। ना तो मुकुन्द के पास वह स्टैम्प एलबम है और ना उस मित्र के पास मेरी डायरी। एक दिन उससे पूछा तो उसने साफ़ मना कर दिया कि मैंने उसे ऐसी कोई डायरी दी थी। मेरा दिल रोया, पर अपनी गलती पर दूसरे से क्या शिकायत?

ज़िंदगी में दो बातें मेरे लिए बहुत अहम रहीं। एक, मुझे अपनी चीजों और अपने दोस्तों से बहुत लगाव था, लेकिन कोई मुझसे कुछ मांग ले तो तुरंत वह चीज उसे हाजिर कर दी जाती। लेकिन दोस्तों के बारे में ऐसा कभी नहीं—दोस्त किसी और के साथ चल दिया और बस दिल बेचैन। इस वजह से रिश्तों में कई बार खटास भी आई, पर मैं इस मामले में आज भी वही सोच रखता हूँ: गलत और सही की परिभाषा अपनी-अपनी। हम तो पसंद-ना-पसंद के फ़लसफ़े पर रिश्तों को निभाते रहे—

"या साफ़ नज़र आए, या कुछ ना दिखाई दे,
जो शमा मिली धुंधली, वो हमने बुझा दी।"

'बचपन' शब्द आते ही जो गाना हमेशा ज़बान पर आता है, वह है बिमल रॉय साहिब की मशहूर फिल्म 'सुजाता' में शशिकला जी पर फिल्माया गीत, आशा भोसले और गीता दत्त जी का गाया और मजरूह सुल्तानपुरी साहिब का लिखा गीत—

"बचपन के दिन भी क्या दिन थे,
उड़ते फिरते तितली बनकर।"

अध्याय: 3
बैरकपुर की यादें

बात 1972 की है। तब मैं केन्द्रीय विद्यालय बैरकपुर में सातवीं कक्षा में था। स्कूल में नियम था कि कोई भी वहाँ कंघी नहीं लाएगा। एक रोज़ हम तीन-चार साथी एक लड़के को पकड़ कर वाइस प्रिंसिपल मिस्टर आर-एन-सिंह के पास ले गए। वह लड़का कंघी से बाल बना रहा था। वे बड़े ही सीधे-सादे, विनम्र स्वभाव वाले व्यक्ति थे। उन्होंने कहा कि कोई बात नहीं, तुम लोग भी कंघी लाया करो और स्मार्ट बन कर रहो। मैंने भी कंघी लानी शुरू कर दी।

एक दिन बायोलॉजी के पीरियड के दौरान मैंने जेब से कंघी निकाली और बालों पर फेरते हुए दूसरी जेब में रख ली। पर मैडम शुक्ला की तेज़ निगाहों के सामने यह फुर्ती काम नहीं आई। उन्होंने मुझे खड़ा होने के लिए कहा और पूछा: "तुम्हारी जेब में कंघी?" मैंने 'हाँ' में जवाब तो दिया ही, साथ में यह भी कह दिया कि वाइस प्रिंसिपल साहिब ने रखने को कहा है, सोचा धौंस में आ जाएँगी। परन्तु उनका सवाल था कि क्या उन्होंने क्लास में कंघी इस्तेमाल करने को कहा है? इस पर तो कोई जवाब नहीं बन पाया। पूरे पीरियड बेंच पर खड़े होने की सजा मिली। बाद में सहपाठियों ने मज़ाक भी बड़ा उड़ाया, पर इन शरारतों का अपना मज़ा है। अब याद कर बड़ा मज़ा आता है।

उन दिनों हमारी एक पड़ोसी थी 'जोसेफ फैमिली'। उनके दो बेटे थे—रोफी और जॉफ़ी—तथा तीन लड़कियाँ थीं—मेरी, शीना और जॉली। रोफी मेरी तरह ही आठवीं क्लास में था। उससे मेरी लड़ाई हो गई और बातचीत बंद हो गई। दोनों परिवारों ने बड़ी कोशिश की ताकि हम दोनों बोलने लगें, पर वे कामयाब न हो सके।

एक रोज़ हम दोनों को सदर बाजार में टेलर के यहाँ से सिले हुए कपड़े लेकर आने के लिए भेज दिया गया कि शायद हम किसी तरह रास्ते में बात कर लें। हम दोनों कपड़े लेकर आ गए, पर क्या मजाल कि आपस में बात कर लें। महीने बाद ही पिताजी का तबादला मेरठ के लिए हो गया। जोसेफ परिवार ने खाने की दावत रखी। उस दिन पिताजी ने साफ़-सख़्त आदेश दिया कि रोफी से बात करो। हम दोनों ने हाथ मिलाया और बातचीत शुरू हुई। आजकल वे लोग मुंबई में हैं। एक-दो बार मिलना भी हुआ और फेसबुक-ईमेल पर तो जब-तब मुलाकात होती रहती है।

साइकिल चलाना

मुझे हमेशा अपने स्कूल के समय की बातें सबसे अधिक याद आती हैं। मैंने साइकिल चलाना 7वीं कक्षा में पढ़ने के दौरान सीखी थी। मालिक ने अच्छी ख़ासी लंबाई दी थी, इसका फायदा उठाया। परंपरा भी थी। भाई साहब ने पीछे केरियर पर बैठ कर सीखी थी, तो मैंने भी यही किया। भाई साहब एक सिल्क की लाल टी-शर्ट पहन कर सीखते थे। साइकिल की सीट की स्प्रिंग्स के जोर से उसमें कुछ छोटे-छोटे छेद हो गए थे। वही टी-शर्ट मुझे भी दे दी गई। वह थोड़ी बड़ी जरूर थी, पर यह कुछ ऐसा था मानों नए सवार को पारंपरिक पोशाक दी जा रही हो।

घर के सामने के मैदान में एक देवदार का पेड़ था। उसके चारों तरफ मिट्टी का काफी बड़ा ऊँचा गोला बना हुआ था। मैं साइकिल को उस पर चढ़ा लेता और उसके ऊपर से फिसलने देता और हैंडल संभालता। छोटे होने की वजह से पैरों को मुश्किल से ही पैंडलों तक पहुँचते थे। पर धीरे-धीरे प्रैक्टिस हो ही गई। केरियर पर बैठकर बड़े इत्मीनान से मैं साइकिल चलाने लगा। मैं आसपास की कॉलोनी की सड़क पर भी चला जाता था।

फिर एक रोज़ साइकिल को घर के अंदर ले जाने के लिए बनी सीढ़ियों के पास रखकर सीट पर बैठ गया और एक बार तेजी से पैंडल मारकर संतुलन बना मज़े से साइकिल चलाता रहा। रुकने के लिए फिर सीढ़ी के पास आकर पांव रखकर उतर जाता। स्कूल में भी मिट्टी के एक जगह इकट्ठा होने से बने ऊँचे स्थान को ढूँढ निकाला। दोस्तों की साइकिल ऑफ़ टाइम में दोस्ती का वास्ता देकर मांग लेता, उसी ऊँची जगह से चढ़ता और वहीं पांव रखकर उतर जाता। मैंने बड़ी चालाकी से किसी को भी इस बात की भनक नहीं पड़ने दी कि मुझे सही तौर पर साइकिल से उतरना-चढ़ना नहीं आता।

एक रोज़ भाई साहब स्कूल नहीं आए। मैं इसी तरह साइकिल चलाकर स्कूल पहुँच गया। उस रोज़ कुदरती ही स्कूल बस खराब हो गई। मेरे एक मित्र ने लिफ़्ट माँग ली। मैंने उसे उसी ऊँची जगह पर आगे बैठाया और चल पड़ा। रास्ते में एक और दोस्त, गोपाल राय, पैदल जाता मिला। वह वैसे भी मेरे घर के नज़दीक ही रहता था और हर शनिवार को मैं उसके यहाँ साईं बाबा के कीर्तन के लिए जाता था। मैंने उससे कहा कि वह उछल कर पीछे केरियर पर बैठ जाए। उसने कोशिश की, पर कामयाब न हुआ क्योंकि वह शरीर से थोड़ा भारी था।

बड़ी दुविधा हो गई। मैं साइकिल से उतर नहीं सकता था और दोस्त को छोड़ भी नहीं सकता था। अक्ल लगाई! मैंने उससे कहा कि वह एक बड़ा-सा पत्थर सड़क के किनारे रख दे, तब तक मैं सर्कस के कलाकार की तरह साइकिल वहीं घुमाता रहा। आखिरकार उसने दो ईंटें ढूँढ कर एक-दूसरे के ऊपर जमा कीं और मैंने सफलतापूर्वक ठीक उसी जगह साइकिल रोककर अपना पैर उन ईंटों पर रखा।

आगे की सवारी यानी अपने दोस्त रवि को पीछे बैठाया क्योंकि उसे रास्ते में उतरना था और वह केरियर से आसानी से उछल सकता था। गोपाल को आगे बैठा, फिर चल पड़े। रवि बीच में उतर गया। गोपाल का घर नज़दीक था। ठीक सीढ़ियों के पास साइकिल

रोकी, उसे उतार कर अपने घर की ओर चल दिया। अपने घर पहुँच कर वहां की सीढ़ियों पर पैर जमाया। यूँ उस दिन की मेरी यात्र पूरी हुई।

कुछ ही रोज़ बाद मेरा एक दोस्त सुबीर अपनी बायोलॉजी की प्रैक्टिकल फाइल घर भूल आया। हमने अपने दोस्त आशीष की साइकिल ली और मैं उसे उसी ऊँची जगह से साइकिल के आगे के डंडे पर बैठाकर फाइल लेने चल पड़ा। उसके घर तक पहुँच गए, पर अब कोई ऐसी ऊँची जगह नहीं नजर आई जहाँ मैं साइकिल रोक कर पैर टिकाऊँ। उसके घर के दो-चार चक्कर लग गए। मेरे दोस्त को तब पता चला कि मुझे साइकिल से चढ़ना-उतरना नहीं आता।

उसके बड़े भाई ने हमें साइकिल पर चक्कर लगाते देख घर से बाहर निकला। हमने अपनी विपदा समझाई। उसने कहा, "डरने की ज़रूरत नहीं है। साइकिल धीमे कर लो।" हमने वैसा ही किया। उसने मजबूती से साइकिल पकड़ी और हम दोनों उतर गए। फाइल भी ले ली। उसके भाई ने कहा कि वह साथ-साथ है। उसने मुझे सामान्य तरीके से साइकिल पर चढ़ने को कहा। कमाल की बात है कि मैं बड़े आराम से चढ़ गया और स्कूल पहुँचकर उसी तरीके से उतर भी गया। क्योंकि मैं किसी की मदद के लिए गया था, इसलिए मालिक ने भी मेरा पूरा साथ दिया। इस तरह साइकिल सीखने की यह मुहिम पूरी हुई।

उसी वर्ष गर्मियों की छुट्टियों में नयी मुहिम शुरू हुई। मुहिम स्विमिंग सीखने की थी। उन दिनों मेरे फूफाजी वहाँ राजपूताना राइफल्स में सूबेदार मेजर थे और बैरकपुर कैंट के आर्मी स्विमिंग पूल के इंचार्ज भी। उनके मातहत पाँच-छः सिपाही थे, जो अच्छे तैराक भी थे, पूल की साफ-सफाई भी देखते थे और लाइफ गार्ड का काम भी करते थे। हफ्ते भर की कोशिश के बावजूद मैं अपने शरीर को पानी के ऊपर नहीं रोक पाया।

फौज तो हुक्म से चलती है। हुक्म हुआ कि अगले एक हफ्ते में मुझे तैरना आ जाना चाहिए। रिश्ते में वे मेरे फूफाजी सही, लेकिन उन जवानों के लिए तो उनके सीनियर ऑफिसर थे। जोर-शोर से काम शुरू हो गया। पहले तो मुझे स्विमिंग पूल की साइड रेलिंग पकड़ा दी जाती और शरीर बिल्कुल सीधा कर पंजे चलाने की खूब कसरत करायी जाती, फिर उलटे पैरों को रेलिंग में अड़ा दिया जाता और हाथों को तैरने के अंदाज़ में चलाते रहना होता।

पाँच रोज़ के बाद मुझे तैरने के लिए कहा गया, पर बात कुछ बन नहीं रही थी। अगले रोज़ एक जवान स्विमिंग पूल के एक छोर पर रस्से का एक छोर पकड़कर खड़ा हो गया और रस्से का दूसरा छोर मुझे पकड़ा दिया। उसने रस्से को खींचना शुरू किया। मुझे अब तेजी से पैर चलाने थे, वरना मुँह पानी में चला जाता और पानी पेट के अन्दर चला जाता। 15-20 मिनट में कुछ ऐसा असर हुआ कि मैं किसी सहारे के बिना तैरने लगा। हाथ-पैर दोनों एक साथ चलने लगे, वरना हाथ चलते थे तो पैर रुक जाते और पैर चलते तो हाथ नहीं चलते थे। फिर तो एक जुनून सो हो गया – बस स्विमिंग, स्विमिंग और स्विमिंग।

उसी समय मेरी बुआजी गाँव से बैरकपुर, फूफाजी के साथ रहने आ गई थीं। मैं मिलने उनके घर गया, बढ़ा-चढ़ा कर बताया कि कैसे मैंने तैरना सीख लिया है। उन्होंने मुझे रूह आफ़्रजा का शरबत पीने के लिए दिया और सीधे बोतल से ग्लास में डालना शुरू कर दिया। मैंने तुरंत उन्हें रोकते हुए कहा कि इसमें पानी मिलाना होता है। भोली-भाली गाँव

की नारी, मेरी बुआजी की बात मुझे आज तक नहीं भूलती – 'थोड़े से दिनों के लिए तो आयी हूँ, भला क्या पानी मिलाना, पैसे बचा के क्या करना है?'

अब तो गाँवों की हवा ही बदल चुकी। अब ये भोलापन या तो किताबों में रह गया है या फिर शायद कोई बहुत ही पिछड़ा इलाका हो वहाँ, जहाँ ऐसे अंजान लोग रहते हों।

गर्मियों की छुट्टियाँ थीं। सुबह-शाम स्विमिंग पूल पर ही गुजरती थीं। भूख बड़ी लगती थी। इस बारे में याद आया कि मेरे एक दोस्त संजय नंदी के बड़े भाई की बेटी को पहली बार भात खिलाने की रस्म होनी थी। बंगलियों में चावल को भात कहते हैं, और जब पहली बार नवजात बच्चे को भात खिलाया जाता है, तो बाकायदा जश्न होता है। मुझे भी दोस्त ने आमंत्रित कर रखा था। स्विमिंग कर घर लौटा तो पता चला कि घर पर कोई भी नहीं था। पड़ोसियों के पास चाबी देकर सब बाजार चले गए थे। मैंने चाबी लेकर घर खोला, कपड़े आदि बदले और चाबी पड़ोसी को देते वक्त 20 पैसे उधार लिये।

दरअसल मेरे घर के नजदीक ही मेन रोड पर एक चर्च था। वहाँ से सदर बाजार तक बस से 10 पैसे लगते थे। वहीं पर मेरे दोस्त का घर था। मुझे अभी तक याद है कि उस रोड पर उस वक्त दो बसें चलती थीं, एक 81 नंबर और दूसरी 78।

बस पकड़कर दोस्त के यहाँ पहुँच गया। खाना-पीना शुरू ही हुआ था। पहले दौर के लोग बैठ चुके थे। मेरा नंबर अगले फेरे में आना था और यहाँ भूख के मारे दम निकला जा रहा था। यह 1972 के मई महीने की बात है। दोस्त दो-तीन कोका-कोला उठा लाया, पीकर कुछ राहत तो मिली, पर डकार के साथ गले और नाक में वो अजीब-सी फीलिंग हुई जो उस समय के कोकाकोला की ख़ासियत थी। दाम थे 25 पैसे। खैर, कुछ समय बाद ही खाने की बारी आ गई। जिस कमरे में खाने का इंतजाम था, वह कोई ख़ास बड़ा नहीं था। उसमें आमने-सामने दो दरवाजे थे। एक बाहर सड़क की तरफ खुलता था और दूसरा अंदर घर की तरफ।

मैं बिल्कुल दरवाजे के साथ बैठा। खाना परोसना शुरू ही हुआ था, एक तरफ तेज भूख और उधर खुशबू छोड़ते हुए बंगाली पकवान। मैं तो खाने में जुट गया। दोस्त के पिताजी की आवाज आई, 'संजय अपने दोस्त को मिष्ठी दही दो'। कुछ समय के लिए मेरी नजर ऊपर उठी। बगल में आदम कद शीशा लगा हुआ था। देखा, ज्यादातर लोग खाना खत्म कर बैठे हुए थे। मुझे थोड़ी शर्मिंदगी सी लगी। बस, उसके बाद वो मीठी दही भी जैसे-तैसे खा ली और हाथ धो लिए। खाना वाकई बड़ा लजीज था, इसलिए ऐसा हुआ।

दोस्त से विदा लेकर मैं बस स्टैंड पहुँचा। थोड़ी देर हो चली थी। उसी समय नई-नई चली डबल डेकर बस आ खड़ी हुई और मैं उसमें सवार हो गया। मैंने देखा कि कंडक्टर मेरे घर के पास के स्टैंड से 15 पैसे ले रहा था। मेरी जेब में 10 पैसे ही थे। मैं किसी तरह कंडक्टर से बचता रहा, बस स्टैंड आ गया और मैंने रोकने को कहा तो उसने टिकट माँगी। मैंने जेब से 10 पैसे निकाले, उसके हाथ में दिए और तुरन्त बस से कूद गया। मैंने नीचे से कहा – 'इतने ही हैं।'

बचपन की ये घटनाएँ शायद दूसरे को इतनी मजेदार न लगें, पर मुझे तो मस्त कर जाती हैं। इतना जरूर कह सकता हूँ कि इन्हें पढ़कर आप भी अपनी बचपन की यादों के सफर में खो जाएंगे और मेरी ही तरह पुलकित और आनंदित हो जाएँगे।

ये बात उन दिनों की है, जब मैं सेंट्रल स्कूल, बैरकपुर में कक्षा आठवीं में पढ़ रहा था। स्कूल के सारे बच्चों को चार हाउस – शिवाजी, अशोका, रमण और टैगोर – में बाँटा हुआ था, और चारों हाउस के बीच स्पोर्ट्स, डिबेट और तमाम ऐसे कॉम्पीटिशन हुआ करते थे। हर साल सालाना जलसे के मौके पर, जो करीब अर्ध-वार्षिक इम्तिहानों के बाद दिसम्बर के महीने में होता था, उस दौरान ईनाम दिए जाते थे और हाउस शील्ड भी दी जाती थी।

मेरे क्लास टीचर श्री एस-पी- सिंह हिन्दी भी पढ़ाते थे और शिवाजी हाउस के हाउस मास्टर या इंचार्ज भी थे। उन दिनों डिबेट कॉम्पीटिशन की तैयारी चल रही थी। हिन्दी में टॉपिक था – 'क्या एटम बम देश की शांति के लिए जरूरी है?' मुझे इसके प्रतिपक्ष में बोलना था और मेरी कक्षा के एक दूसरे लड़के को इसके पक्ष में। मेरी तैयारी गुरुजी रोज़ करवा रहे थे।

आख़िर की दो-तीन लाइनों में पहले मुझे कहना था – 'अतः मैं डंके की चोट पर कहता हूँ कि अणु बम - - -'। होता यह था कि ज्यादातर तैयारी के दौरान बोलते हुए मैं यह पंक्ति भूल जाता था। लेकिन फाइनल दिन मैंने अपने भाषण का अंत करते हुए बड़े जोशीले अंदाज़ में कहा – 'अतः डंके की चोट पर कहता हूँ - - -'।

एकाएक उधर देखा कि एस-पी- सिंह साहिब अपनी कुर्सी से एकदम से उछलकर खड़े होकर ताली बजाने लगे। रिज़ल्ट घोषित हुए तो हिन्दी के डिबेट की फर्स्ट और सेकेंड प्राइजें हमारे हाउस को मिलीं ही मिलीं, यहाँ तक कि इंग्लिश के डिबेट की फर्स्ट और सेकेंड प्राइजें भी शिवाजी हाउस को ही मिलीं। टॉपिक था – 'पेन इज माइटियर दैन स्वोर्ड'। एस-पी- सिंह साहिब हम लोगों को आशीर्वाद और शाबाशी देते नहीं थक रहे थे और अपना सीना ऊँचा किए दूसरे शिक्षकों को एक तरह से मुँह चिढ़ा रहे थे।

इस बात के कुछ ही रोज़ बाद, एक दिन स्पोर्ट्स के पीरियड में हमें फुटबॉल की जगह वॉली-बॉल इश्यू हुई और पूरी क्लास वॉली-बॉल खेलते-खेलते अचानक फुटबॉल खेलने लगी। दुर्भाग्य से स्पोर्ट्स टीचर मिस्टर के-एन-ठाकुर और हमारे क्लास टीचर एस-पी- सिंह उस तरफ आ निकले। आव देखा न ताव, के-एन-ठाकुर साहिब ने सारी क्लास के बच्चों को पीटना शुरू कर दिया – किसी को घूँसा, किसी को लात, किसी को थप्पड़। दूसरी तरफ एस-पी- सिंह जोर-जोर से चिल्ला रहे थे – 'मारो और मारो'।

पिट-पिटाकर सब लोग अपनी क्लास में चले गए। पीछे-पीछे एस-पी- सिंह सर भी आ गए और रोने लगे। कहने लगे कि हम लोगों को इस तरह पिटता देखकर उनको बड़ा दुख पहुँचा। मैं इस सोच में पड़ गया कि कहाँ तो वो चिल्ला-चिल्ला कर कह रहे थे 'और मारो', और कहाँ वो अब रो-रो कर अपना दुख जाहिर कर रहे थे।

मुझे उन जैसे प्यार करने वाले टीचर बहुत कम ही मिले। आज के समय में तो शायद ही कोई ऐसा मिले। मैं 1973 में आठवीं क्लास पास कर बैरकपुर से आ गया था। फिर चोट लग गई। सालों बाद 1993 में एक कॉन्फ्रेंस के सिलसिले में कोलकाता जाना हुआ तो एक दिन का ब्रेक लेकर सीधे बैरकपुर अपने स्कूल जा पहुँचा।

मेरे वक्त के टीचर्स में संस्कृत के टीचर से मुलाक़ात हुई। एस-पी- सिंह साहिब का पता लगा कि वे हाशिमआरा नामक जगह के सेंट्रल स्कूल में बतौर प्रिंसिपल पोस्टेड हैं। मेरे समय में वहाँ एक आदमी एक लोहे के बक्से में पेस्ट्री और पैट्टी आदि बेचने आता था।

एक बार ड्राइंग पीरियड में हम लोगों को उसी की तस्वीर – सिर पर बक्सा रखे आवाज देता हुआ – बनाने को दी गई।

मज़े की बात है, वो मुझे वहीं मिला, लाज़मी है बाल सफ़ेद हो गए थे। उसने मुझे एक पेस्ट्री फ्री खिलाई। लिखते-लिखते भी मेरे मुँह में पेस्ट्री का वो स्वाद आने लगा है, और मैं अपने उन दिनों की यादों में कुछ देर खो जाना चाहता हूँ।

ना जाने क्यों आज क़ैफ़ी आज़मी साहिब के लिखे फिल्म 'हक़ीक़त' के मदन मोहन जी के संगीत में लता जी के गाए गाने को सुनने का मन करता है –

"ज़रा सी आहट होती है तो दिल सोचता है
कहीं ये वो तो नहीं, कहीं ये वो तो नहीं।"

उस उम्र और उस दौर में इसी फिल्म का गाना, जो एक अजीब-सी सिहरन शरीर में ला देता था, वो है –

"कर चले हम फ़िदा जानों तन साथियों,
अब तुम्हारे हवाले वतन साथियों।
ज़िंदा रहने के मौसम बहुत हैं मगर,
जान देने की रुत रोज़ आती नहीं।"

अध्याय: 4
मेरठ और स्कूल के दिन

1973 में पिताजी का तबादला मेरठ हो गया और पूरा परिवार छह साल बैरकपुर रहने के बाद पश्चिम बंगाल को अलविदा कहकर झाँसी की रानी और उस वक्त की प्रधानमंत्री श्रीमती इंदिरा गांधी के राज्य उत्तर प्रदेश पहुँच गया। मेरठ भी आजादी के 1857 के गदर से पूरी तरह जुड़ा हुआ था।

पिताजी तीन साल तो बैरकपुर में हमारे साथ रहे और फिर अगले तीन साल वे फील्ड में असम के सिलिगुड़ी, बॉम्बिडिला आदि स्थानों पर पोस्टेड रहे और हम सेपरेटेड फैमिली अकॉमोडेशन में बैरकपुर ही बने रहे। उनको वहाँ से मेरठ की पोस्टिंग मिली और हम सब भी उनके साथ मेरठ चल पड़े।

उन दिनों केन्द्रीय विद्यालयों में यह नियम था कि जो विद्यार्थी आठवीं कक्षा में 50% से अधिक अंक लाता, उसे साइंस मिलती और अंकों के अनुसार बॉटनी-ज़ूलॉजी-केमिस्ट्री या फिजिक्स-केमिस्ट्री-मैथ्स मिलता। मुझे भी 50% से ज्यादा अंक मिले और मैंने ट्रांस्फर सर्टिफिकेट में फिजिक्स-केमिस्ट्री-मैथ्स लिखवा लिया।

गर्मी की छुट्टियाँ थीं, और मेरे इकलौते सगे मामा की शादी थी। उसी दौरान पिताजी को यह पता चला कि मैंने पी-सी-एम लिया है और वे इस बात से नाखुश थे, क्योंकि वह आर्मी मेडिकल कोर में बतौर एडमिनिस्ट्रेटर काम कर रहे थे, और उन्हें अपने साथ के डॉक्टर्स खुदा नजर आते थे। इसीलिए मेरी तमाम इच्छाओं के बावजूद उन्होंने मेरठ के केन्द्रीय विद्यालय के दाखिले के दौरान मेरे सब्जेक्ट्स बॉटनी-ज़ूलॉजी-केमिस्ट्री करवा दिये और मैं कुछ नहीं कह सका। कोशिश थी कि मैथ्स एडीशनल सब्जेक्ट के तौर पर मिल जाए, लेकिन उस तरह की इच्छा रखने वाले दो-तीन ही स्टूडेंट्स थे। स्कूल प्रबंधक ने इस बात के लिए मना कर दिया। लेकिन यह काँटा मुझे हमेशा परेशान करता रहा।

उन दिनों केन्द्रीय विद्यालय में हायर सेकेंडरी बोर्ड एग्ज़ाम हुआ करता था, जिसमें मुझे काफी अच्छे अंक मिले। मेरठ में मैं खेलों में काफी अच्छा कर पाया और वॉलीबॉल तथा शॉर्टपुट में स्कूल के स्तर पर रीजनल और नेशनल लेवल तक हिस्सा ले पाया।

मेरे स्कूल के दिनों में मैं चाहे कविता पाठ हो, निबंध लेखन हो या फिर स्टोरी-टेलिंग, सभी में ईनाम जीता, और खेलों में भी बराबर की रुचि बनाए रखी। पढ़ाई में मैं ब्रिलियंट न सही, पर अच्छे विद्यार्थियों में मेरी हमेशा गिनती रही।

मुझे नौवीं कक्षा में केन्द्रीय विद्यालय में एडमिशन लिये हुए मुश्किल से तीन हफ़्ते ही बीते होंगे कि बायोलॉजी लैबोरेटरी में पहली बार माइक्रोस्कोप दिखाया गया, और सब क्लास वालों से उसको इस्तेमाल करके देखने को कहा गया। हम तीन दोस्तों ने माइक्रोस्कोप का आई-पीस अलग निकाल लिया, और उससे की-रिंग से निकाली गई कुछ तस्वीरों को बड़ा करके देखने की कोशिश कर रहे थे।

मैडम जो बाहर गई थीं, अचानक लौट आईं और आई-पीस को हमारे हाथों में देखकर आगबबूला हो गईं। हमने वो तस्वीरें तो किसी तरह छुपा ली थीं, पर सज़ा तो मिलनी ही थी। हम तीनों को मुर्गा बना दिया गया।

हममें से एक साथी विमल काफी मोटा था। उससे मुर्गा बना नहीं जा रहा था। मुर्गा बनने की कोशिश में वो पीछे को लुढ़क गया। हम सब भी जोर से हंस पड़े। मैडम का पारा और भी चढ़ गया और स्केल से हमारी खूब पिटाई हुई।

मेरठ में पढ़ते हुए एक तो फिल्में देखने का बहुत ज्यादा शौक हो गया था, जिसके लिए स्कूल से भी भागना शुरू हो गया। दूसरे, जासूसी उपन्यास पढ़ने का भी शौक लग गया था। मुझे राइटर याद आते हैं—इब्ने सफी, एच इक़बाल, वेद प्रकाश कम्बोज, कर्नल रंजीत सिंह। मैं अपने आप को उनके मुख्य किरदारों से जोड़ने लगा। ख़ासतौर पर एक किरदार था 'कर्नल विनोद', जिसे जासूसी दुनिया में फादर हार्ड स्टोन के नाम से जाना जाता है। सिर पर फेल्ट हैट और जिस्म पर ओवरकोट, और ऐसे ही कुछ उनका स्वभाव। फिल्मों में भी मुझे उसी तरह के कलाकार ज्यादा पसंद आने लगे।

उन दिनों अमिताभ बच्चन की फिल्में—'जंजीर', 'दीवार'—और मेरे सबसे पसंदीदा हीरो सुनील दत्त की कुछ फिल्में—'गीता मेरा नाम', 'जख्मी' आदि—देखने को मिलीं। यही कारण है कि मैं अपने अंदर उन किरदारों की बहुत सी आदतों और स्वभाव को पाता हूँ। मज़े की बात यह है कि इन किरदारों ने मुझे एक हिम्मती और जुझारू इंसान बनाया और शायद यह एक मुख्य कारण है कि इतनी ख़तरनाक चोट के बावजूद भी मैं आज इस मुकाम तक पहुँच सका।

आज याद आता है कि स्कूल में छठी कक्षा के दिनों में कॉमिक्स आती थीं और मनोरंजन से ज्यादा अंग्रेज़ी सुधारने के उद्देश्य से न्यूज़पेपर के साथ-साथ ये भी पढ़ने दी जाती थीं। उस समय कॉमिक्स के किरदार थे—'फेंटम-बेताल' उर्फ़ 'घोस्ट हू वॉक्स', 'मैनड्रेक द मेजिशियन' और उसका असिस्टेंट लोथार, फ्लश गार्डन और उसका दोस्त जार्कोब। उसके अलावा विलेंस कुछ इस तरह थे जैसे कि मिस्टर क्यू, मिस्टर एक्स और साथ-साथ उनके ख़तरनाक गैंग्स, जिनके मेंबर्स सब अपने-अपने हाथ की तर्जनी उंगली में 8 के अंक वाली अंगूठी पहनते थे।

हम सब दोस्त और सहपाठी इन किरदारों से इतने जुड़ गए थे कि ग्रुप में इसी तरह से अपने-अपने नाम रख लिए। मेरा नाम था जेपी। दरअसल, 'फेंटम-बेताल', जंगल पेट्रोल नामक संस्था का कमांडर था और उसे कमांडर जेपी कहते थे। मुझमें मेरे साथी हमेशा एक लीडरशिप क्वालिटी देखते थे। इसलिए मुझे कमांडर जेपी का पद दिया गया, और सभी 'जेपी' कहकर ही बुलाते थे।

दूसरा दोस्त 'विनय वैरेकर' था 'मिस्टर एक्स', उत्पल मजूमदार था 'मिस्टर क्यू', और एक अन्य दोस्त अरविंद था 'मिस्टर आठ'। ये सब बातें बैरकपुर में रहने के दौरान की हैं। इसके बाद जब वहाँ से आठवीं पास कर पिताजी के तबादले होने पर मेरठ पहुँच गए और नौवीं कक्षा में दाखिला ले लिया तो लाज़मी है कि दोस्त बदल गए।

परंतु यहाँ भी नए दोस्तों का एक ग्रुप बन गया, ख़ास तौर पर हम तीन साथी—मैं, ईश्वरन और प्रदीप त्यागी। मैं तो जेपी ही रहा। उन दिनों तक जासूसी उपन्यास पढ़ने का शौक कॉमिक्स की जगह ले चुका था, इसलिए प्रदीप त्यागी बन गए 'कर्नल विनोद' और ईश्वरन का किरदार हो गया 'जेम्स बॉन्ड 007'। तीनों बैठकर प्लान बनाते कि कैसे हमारा गैंग इलाके के बदमाशों को लाइन पर लाएगा।

मैं समझता हूँ कि हमारे वक्त के आसपास के सभी लोगों ने अपने-अपने समय में इसी तरह के खेल खेले होंगे और जब कभी बालकों को खेलते देखते होंगे तो अपनी उन यादों को ताज़ा कर लेते होंगे। उन छोटी-छोटी मधुर यादों का आनंद और बढ़ जाता है, जब उन दिनों के पुराने दोस्त मिल बैठते हैं।

हाल ही में मेरा ये दोस्त—के ईश्वरन—फौज में मेजर जनरल प्रमोट हो गया है। उस रोज जब मैंने उसे बताया कि आजकल मैं अपनी यादों को लिख कर एक किताब की शक्ल देने की कोशिश कर रहा हूँ, तो उसने इस पुरानी मेरठ के समय की अपनी गैंग की यादों को भी जगह देने की बात सुझाई।

कुछ साल पहले ये दोस्त 'ईश्वरन' बतौर ब्रिगेडियर यहाँ दिल्ली में स्टेशन वर्कशॉप कमांड कर रहा था। एक शाम उसके घर पर हम पुराने पाँच-छह साथी, अपनी-अपनी पत्नियों और बच्चों समेत शामिल हुए—सुरिंदर भाटिया, रविंदर भाटिया, संजीव चोपड़ा, जसबीर ओबेरॉय और स्कूल के दिनों का 'कर्नल विनोद' यानी प्रदीप त्यागी और मैं।

लेडीज ने अपना अलग ग्रुप बना लिया, बच्चों ने अपना। हम छः बैठ गए अपने स्कूल और मेरठ से जुड़ी दूसरी यादों को लेकर। कब रात के दो बज गए, पता ही नहीं चला।

मैं अपने 2009 के अमेरिका के दौरे से लौटते समय ईश्वरन की पसंद का 'शिवास रीगल' स्कॉच ह्विस्की की बोतल ले आया था। उसने उन यादों को कुछ और रंगीन बना दिया। हम सब की ज़िन्दगी में इतना भी समय नहीं मिलता कि पति-पत्नी या बच्चों के साथ शांति से बैठकर कुछ बातें कर सकें या समय बिता सकें, तो फिर हम जैसे कितने खुशनसीब होंगे, जिनको ऐसी एक शाम नसीब होती है, जो एक यादगार शाम बन कर रह जाती है।

सदर कैंट स्पोर्ट्स मीट

आज मैं कई सालों बाद दिल्ली कैंट के सदर बाजार की तरफ गया। दरअसल, मुझे एक सूटकेस खरीदना था। मेरा पुराना क्लासमेट और दोस्त आर्मी मेडिकल कोर में कर्नल की पोस्ट पर है। सदर बाजार के निकट ही उसकी यूनिट है। दोस्त से मुलाकात भी हो गई और आर्मी कैंटीन से सस्ते में सूटकेस भी खरीद लिया।

फिर दोनों दोस्त चाय लेकर बैठे हुए, अपने पुराने दिनों की यादों को ताजा करने लगे। बात 1975 के आख़िर की है। उस वक़्त हम दोनों और उसका भाई मेरठ सेंट्रल स्कूल में हायर सेकेंडरी यानी 11वीं क्लास में पढ़ रहे थे।

उन्हीं दिनों जोनल स्पोर्ट्स मीट, दिल्ली में आयोजित हुआ। हम भी अपने स्कूल की तरफ़ से वॉलीबॉल और शॉट-पुट में हिस्सा लेने आए थे। सबका रहने का इंतज़ाम केन्द्रीय विद्यालय, दिल्ली कैंट में हुआ था, जो कैंट के सदर बाजार में ही पड़ता था। खेलों की प्रतियोगिताओं का इंतज़ाम आई-आई-टी- दिल्ली के ग्राउंड्स में था।

उस रोज मेरा कोई भी गेम नहीं था। इसी तरह से एक और दोस्त, राजिंदर गिल भी फ्री था। हम दोनों ने प्लान बनाया और आई-आई-टी- से सीधे प्रिया सिनेमा हॉल का रुख किया। मशहूर फिल्म 'शोले' रिलीज़ हुई थी, जिसे हम मेरठ में तो देख नहीं पाए थे। हम दोनों ने ही फिल्म का पूरा आनंद लिया।

तीन से छः का मैटिनी शो था। फिल्म भी लंबी थी। हॉल से बाहर निकलने तक अंधेरा सा हो गया। हमने जल्दी की वजह से ऑटो-रिक्शा लिया और उसे तुरन्त सदर बाजार पहुँचाने के लिए हिदायत दी।

कुछ देर तो हम दोनों दोस्त फिल्म के तमाम कलाकारों और डायलॉग आदि की बातें करते रहे और फिर न जाने कैसे दोनों की आँख लग गई। दोनों ऑटो ड्राइवर की आवाज़—'सदर बाजार आ गया है'—से उठे। हम पिछले दो-तीन दिन से रोज ही बाजार देख रहे थे। हमें कुछ बदला-बदला सा लगा। हमने समझा कि नींद का असर है।

हमने ड्राइवर से पूछा कि क्या ये कैंट का सदर बाजार ही है? तो उसने कहा, "आपने सदर बाजार कहा था और मैं आपको ले आया।" दरअसल, वह हमें पुरानी दिल्ली रेलवे स्टेशन के पास शहर के सदर बाजार ले आया था। किराया भी काफी बन गया। बहस या लड़ने का समय बिल्कुल भी नहीं था। हमें चिंता हो रही थी कि साथ आए स्पोर्ट्स टीचर और क्लास टीचर दोनों नाराज़ होंगे।

जल्दी-जल्दी बस पकड़ी, क्योंकि ऑटो के लायक पैसे अब जेब में नहीं रहे थे। किसी तरह सेंट्रल स्कूल पहुँचे। दोस्तों ने खाना रखा हुआ था, खा-पीकर चुपचाप सो गए।

दूसरे दिन हमने खेलों में भाग लिया। मेरा चुनाव वॉलीबॉल के रीजनल कॉम्पीटिशन के लिए हो गया। दोनों टीचर्स ने हमसे कुछ नहीं कहा। हमें लगा कि शायद उन्हें इस बात का पता ही नहीं चला कि हम दोनों फिल्म देखने गए थे।

ज़रूर ही 30–40 लड़के–लड़कियों के बीच हमारा ध्यान नहीं रहा होगा। दो रोज़ बाद स्पोर्ट्स मीट ख़त्म हो कर सब मेरठ लौटने के लिए दिल्ली कैंट के रेलवे स्टेशन पहुँच गए। पता चला कि ट्रेन 3 घंटे लेट है। सब कहने लगे कि आसपास घूम आया जाए। बात मान

भी ली गई, लेकिन निर्णय यह हुआ कि सब लोग घूमने जाएँगे और मैं और मेरा दोस्त राजिंदर गिल स्टेशन पर ही बैठ कर सबके सामान की रखवाली करेंगे। क्योंकि हम दो रोज़ पहले ही घूम के आ चुके थे। तीन घंटे दोनों बैठे सुनसान-से स्टेशन पर बातें करते रहे।

उस रोज़ इन पुरानी बातों को याद कर बड़ा मज़ा आया। मैंने इससे पहले भी कहा है कि दोस्ती से बढ़कर कोई भी रिश्ता नहीं है। ये दोनों भाई, सुरिंदर और रविन्दर भाटिया, एक ही क्लास में मेरे साथ पढ़ते थे। मैं तो जब-तब स्कूल से अपने दूसरे दोस्त जसबीर और कमल नैन के साथ फिल्म देखने के लिए भाग कर चला जाता था। सुरिंदर भी कभी-कभी साथ जाना चाहता था, पर रविन्दर बड़ा भाई था और वह इस बात के लिए बिल्कुल भी तैयार नहीं था कि स्कूल से भाग कर फिल्म देखने जाया जाए।

फिर न जाने उसका दिमाग कैसे पलटा। इधर हायर सेकेंडरी की बोर्ड परीक्षा बिल्कुल सिर पर आ गई थी और हम लोग किसी दोस्त के यहाँ पढ़ने के बहाने तीनों मिलकर फिल्म देखने जाने लगे। छोटा भाई मज़ाक में कहता कि "बड़े भाई को पहले अक्ल आ जाती तो कितना मज़ा रहता।"

तीन–चार साल पहले दोनों पोस्टिंग पर दिल्ली में ही थे। दोनों आर्मी मेडिकल कोर के हेड क्वार्टर में बैठते थे। उन्हीं दिनों मेरे पिताजी, जो खुद भी मेडिकल कोर से ही रिटायर्ड हैं, कोशिश कर रहे थे कि उनकी पेंशन उनके बाद मुझे मिले, क्योंकि माताजी का तो 2001 में देहांत हो चुका था। इस काम में काफी अड़चन आ रही थी। एक सर्टिफ़िकेट की ज़रूरत थी कि मैं अपनी डिसेबिलिटी की वजह से कोई नौकरी आदि नहीं कर सकता।

मेरा दोस्त यूँ तो बहुत उसूल वाला इंसान है, लेकिन दोस्ती की खातिर उसने वो सर्टिफ़िकेट बना कर अपनी मोहर लगा हस्ताक्षर कर इश्यू कर दिया। मेरे पिताजी की ये चिंता कि मेरे बाद मेरे विकलांग बेटे का क्या होगा, काफी कम हो गई।

यह पेंशन का काम तो कराया बड़े भाई रविंदर ने, और छोटे भाई ने भारतीय सेना के सबसे बड़े रिसर्च एंड रेफरल हॉस्पिटल में मेरा लेक्चर रखवाया और वह इज्जत दिलवाई, जो बड़े-बड़े ऑफिसर्स को भी नसीब नहीं होती। मैं जब स्पाइनल कॉर्ड इंजुरी मैनेजमेंट के विषय पर लेक्चर देने पहुँचा, तो बकायदा एक सीनियर ऑफिसर की तरह मेरा स्वागत किया गया। बकायदा कार का दरवाज़ा एक सिपाही ने खोला और ऑडिटोरियम तक मेरी व्हीलचेयर के साथ एक सूबेदार मेजर साहिब और दो सिपाही चलते रहे। न्यूरो सर्जन कर्नल भटोई ने बकायदा सेशन को चेयर किया। हॉल पूरी तरह भरा हुआ था। डॉक्टर्स, नर्सेस, थेरेपिस्ट्स, नर्सिंग असिस्टेंट्स तमाम लोग थे। उनमें से कई ऐसे थे, जो अलग-अलग फौजी अस्पतालों में मेरे इलाज के दौरान वहाँ पोस्टेड थे।

मेरा लेक्चर समाप्त होने पर सब मुझसे मिलने आए। इस बात की बधाई दी कि मैंने अपनी हिम्मत से किस तरह अपनी ज़िन्दगी को संवार कर हालात को बदल डाला है। मुझे बहुत अच्छा लगा और मैंने एक नया विश्वास अपने अंदर महसूस किया। मन-ही-मन अपने दोस्त और सर्वशक्तिमान महादेव का शुक्रिया अदा किया।

मेरठ की बात हो और नौचँदी का ज़िक्र ना हो, ऐसा कैसे हो सकता है। जो पहला नौचँदी का मेला देखने को मिला, वह 1947 के फ़रवरी–मार्च की बात है। यह मेला होली के तुरंत बाद दो हफ़्ते के लिए लगता है और जनता की मांग पर दो हफ़्ते और बढ़ा दिया

जाता था। मेला तीन बजे के लगभग शुरू होकर दूसरे रोज़ सुबह ख़त्म होता था। इन दिनों अधिकतर शालाना इम्तिहान आ रहे होते थे, पर किसी न किसी तरह समय निकाल कर दस–बारह बार तो ज़रूर जाते थे।

इस मेले की छटा ही अलग है। मेरठ की मशहूर मिठाई और खाने–पीने की दुकाने तो यहाँ लगती ही थीं, दूसरे शहरों से भी आकर लोग दुकान लगाते थे। सर्कस ज़रूर होता, बड़े-बड़े झूले, तमाम साज़–सामान और कपड़ों की दुकाने। हम साथियों का तो एक ही शौक था, मेले में पहुँचे, गोकुल का मशहूर हलवा–पराठा आदि जैसे लज़ीज़ पकवान खाकर, कुछ देर घूमना–फिरना।

मेरे कहने पर जाइंट व्हील पर घूमना। मुझे जब वह ऊपर से नीचे की तरफ आता था, तो शरीर में एक अजीब सी सिहरन होती थी और बड़ा मज़ा आता था। उसके बाद अपना हमेशा का शौक, फिल्म देखने निकल पड़ना। मज़े की बात ये कि नौचँदी के दौरान सिनिमा थिएटर में दो शो और चलते थे, रात को बारह से तीन और तीन से छह। हम 12 से 3 वाला शो देखकर, सुबह तीन–चार बजे घर लौटकर पढ़ाई में लग जाते थे क्योंकि इम्तिहानों की तैयारी भी करनी थी। दो–तीन दिन में जब नींद पूरी हो जाती, फिर एक रोज़ मेले में घूम मज़े ले फिल्म देख आते।

मुझे याद पड़ता है 1975 की नौचँदी में, एक रोज़ क्लास के काफ़ी साथी साथ नौचँदी मेले में शामिल हुए और उस रोज़ धर्मा फिल्म देखी, जिसकी क़व्वाली बड़ी मशहूर हुई थी – "राज़ की बात कह दूँ तो, जाने महफ़िल में फिर क्या हो।"

सालों बाद 1996 की नौचँदी में फिर एक बार शामिल हुआ। यह चोट लगने के बाद व्हीलचेयर पर जाना हुआ। उसी तरह खाना–पीना, मौज–मस्ती, परंतु लाख चाहने और दोस्त जसबीर को लाख मनाने की कोशिश पर भी जब वह नहीं माना, तो मैंने बड़े अंदाज़ से कहा, "मुझे ऐसे दोस्त पसंद नहीं जो इतना डरता हो।" उसने भी उतने ही अंदाज़ में जवाब दिया, "मुझे भी ऐसे दोस्त पसंद नहीं जो इतने बहादुर हों।"

जाइंट व्हील की सवारी तो नहीं हो पाई। फिर भी पुराने दिनों को याद कर तीन से छह वाले शो में "मस्त कलंदर" फिल्म ज़रूर देखी गई।

मेरठ से जुड़ी एक और याद आपसे बाँटना चाहूँगा। मेरा छोटा भाई अजीत राघव, महादेव शिव का बड़ा भक्त है। उसने सारे बारह ज्योतिर्लिंगों के दर्शन किए हुए हैं, कुछ के तो कई बार किए हैं। सन् 1999 की बात है कि वह माताजी-पिताजी को भी केदारनाथ की यात्रा पर ले जाने का मन बना चुका था। उन दोनों की भी बड़ी इच्छा थी।

भाई ने एक टैक्सी का बंदोबस्त कर लिया। भाई, उसकी पत्नी रीता और हमारे माताजी-पिताजी तैयार हो गए। मेरे बचपन का सबसे प्रिय मित्र जसबीर का घर रास्ते में मेरठ में ही पड़ता है। तय हुआ कि मैं भी टैक्सी में बैठ जाऊँ और मेरठ अपने मित्र के घर उतर जाऊँ। दिन में उसके परिवार के साथ मिलने के बाद, शाम को जसबीर वापस मुझे मेरे घर छोड़ जाए।

ऐसा ही हुआ। मेरठ पहुँच कर सब उतर पड़े और 'ना-ना' करते हुए भी दोस्त और उसके परिवार वालों ने तमाम चाय-पानी, खाने-पीने का इंतज़ाम कर डाला। मेरे पिताजी के यह कहने पर कि — आप लोगों ने बड़ी तकलीफ़ उठाई, इसके जवाब में मेरे मित्र की माताजी ने जो शब्द कहे, उन्हें याद कर इस वक़्त लिखते हुए भी गला भर आया है।

वे कहने लगीं कि आप लोग तीर्थयात्रा पर जा रहे हैं और पुराने वक़्त की तरह होना तो यह चाहिए कि आप लोगों के पैर छूकर कुछ पुण्य इस यात्रा का हम भी कमा लें। हम तो बस आपको चाय ही पिला रहे हैं।

दोस्तों, ज़िन्दगी में यही सब पाया है। ऐसे ही सुखदायी पलों को याद कर ज़िन्दगी में मालिक की बख़्शिशों का शुक्र करते हुए बस आनंद ही आनंद दिखाई देता है।

आज जो गाना याद आ रहा है, वह है साहिर साहिब का फिल्म 'लैला मजनू' के लिए लिखा गीत। इस फिल्म का संगीत यूँ तो मदन मोहन साहिब ने दिया था, पर फिल्म बनने के बीच में उनके निधन हो जाने की वजह से जयदेव साहिब ने इस काम को अंजाम दिया —

मैं तेरे दर पे आया हूँ, कुछ करके जाऊँगा,
झोली भर के जाऊँगा या फिर मर के जाऊँगा।

भाग: दो
इलाहाबाद और कॉलेज के दिनों का संगम

अध्याय: 1
इलाहाबाद की खूबियाँ

पिताजी का तबादला मेरठ में तीन साल रहने के बाद 1976 के मई महीने में इलाहाबाद हो गया। हम लोग इलाहाबाद पहुँचे तो स्पोर्ट्स के बेहतरीन प्रदर्शन के सर्टिफिकेट्स और अच्छे मार्क्स की वजह से वहाँ के इकलौते कॉन्वेंट बॉयज़ हाई स्कूल में एडमिशन मिला और वहाँ से मैंने बारहवीं पास की। पिताजी अब भी पीछे पड़े रहे कि मैं डॉक्टरी लाइन की तरफ जाऊँ। मैंने अनमने मन से ही सी-पी-एम-टी वगैरह की परीक्षा दी। एक बार ए-एफ-एम-सी का एंट्रेंस भी क्लियर कर लिया, लेकिन मैं चाहे बाहर से पिताजी का विरोध नहीं कर सकता था, पर अन्दर से ठान चुका था कि मैं इस लाइन में नहीं जाऊँगा।

इलाहाबाद अपने आप में एक तरह से उत्तर प्रदेश की शिक्षा की राजधानी रहा है। तमाम नज़दीक और दूर-दराज़ के ज़िलों से नौजवान वहाँ पढ़ने के लिए आते हैं। मुझे याद है कि जिस साल मैंने अपनी ग्रेजुएशन पूरी की, उस वर्ष तकरीबन 32 छात्रों ने आई-ए-एस के अलग-अलग महकमों में सेलेक्ट होने में कामयाबी पाई। जहाँ एक तरफ शिक्षा पर इतना ज़ोर है, वहीं मैंने कलात्मक रुचियों की तरफ भी पूरी तरह ध्यान दिया। वहाँ मेरे रहने के क़रीब चार साल के दौरान तमाम तरह के प्रोग्राम देखने को मिले।

सबसे पहले तो वहाँ एक 'संगीत समिति' नाम से ऑडिटोरियम है, जिसमें हर दूसरे रोज़ कोई-ना-कोई प्रोग्राम होता रहता है। वहाँ मैंने पी-सी सरकार 'जूनियर' का मैजिक शो देखा। 1978 में जगजीत सिंह को स्टेज पर सुनने का मौका मिला। उन दिनों उन्होंने ग़ज़ल गायकी की दुनिया में कदम रखा ही था। मुझे भी उन्हीं दिनों शेर-ओ-शायरी, ग़ज़ल आदि का शौक पैदा हुआ था।

एक रोज़ ख़बर मिली कि संगीत समिति के बाहर के लॉन में मुशायरे का प्रोग्राम है और कुँवर महेन्द्र सिंह बेदी उसकी सदारत करेंगे। मुश्किल यह थी कि एंट्री के लिए पास ज़रूरी था, कोई टिकट वगैरह नहीं थी। मैं और मेरा दोस्त मुकेश गुप्ता वहाँ पहुँच गए। गेट पर कुछ लोग आने वालों के स्वागत के लिए खड़े थे। हमने हिम्मत कर उनसे गुज़ारिश की कि हमारे पास इन्विटेशन कार्ड तो नहीं है, पर मुशायरे में शामिल होने की बड़ी ही ख़्वाहिश है।

मैं आज भी नहीं भूलता कि उन्होंने किस क़दर हम 18 साल के नौजवानों का इस्तक़बाल किया। उन्होंने कहा कि पास की कोई ज़रूरत नहीं है, आप जैसे शौक़ रखने वालों को ही तो ऐसे मुशायरों में होना चाहिए। मैं बता नहीं सकता कि लॉन में बैठकर, तीन तरफ़ से पानी से घिरे स्टेज पर एक-से-एक शायरों के कलाम सुनने का वो अहसास आज भी कितना सुकून देता है। एक बात तो सीखी कि मंज़िल की तरफ़ क़दम बढ़ाने की ज़रूरत है, रास्ते अपने आप बनते चले जाते हैं।

उसी साल इलाहाबाद की गवर्नमेंट प्रेस के ग्राउंड में फिर एक मुशायरा था। यह हमीदिया गर्ल्स स्कूल के फंड अरेंज करने के सिलसिले में आयोजित किया गया था। इस बार मुशायरे की सदारत करने के लिए 'युसूफ़ ख़ान' यानी जाने-माने फ़िल्म अभिनेता

'दिलीप कुमार' साहब तशरीफ़ लाए हुए थे। इस मौके पर 'फ़िराक़ गोरखपुरी' साहब को भी सुनने का सौभाग्य मिला।

उस दिन एक ख़ुराफ़ात भी की। हमारे पास केवल दो पास थे, लेकिन साथी हम चार थे। किया यूँ कि पहले दो लोग दो पास से अन्दर गए। फिर मैं दोनों पास लेकर बाहर आया और तीसरे साथी को लेकर अन्दर चला गया। फिर पहला दोस्त दोनों पास लेकर बाहर गया और चौथे दोस्त को भी ले आया।

जिन शायर साहब को मैं नहीं भूल पाया, वो 'वसीम बरेलवी' साहब हैं। उनकी पेश की गई ग़ज़ल का मुखड़ा तो वहीं याद हो गया—

"उसे समझने का कोई तो रास्ता निकले,
मैं चाहता भी यही था कि वो बेवफ़ा निकले।
किताब-ए-माज़ी के औराक़ उलट के देख ज़रा,
न जाने कौन सा सफ़हा मुड़ा हुआ निकले।"

यह ग़ज़ल बहुत बाद में जगजीत साहब ने अपने एक एलबम में शामिल की। एक रोज़ अभी हाल ही में टीवी पर एक मुशायरा आ रहा था और एक थोड़ा-सा बुज़ुर्गियाना-सा, बड़े-बड़े बालों वाला शायर कलाम पेश कर रहा था। मैंने तुरन्त ही 32 साल के बाद भी 'वसीम बरेलवी' की आवाज़ को पहचान लिया। कलाम ख़त्म होने के बाद जब उनका नाम लिया गया, तो मुझे अपनी याददाश्त पर बड़ा फ़ख़्र हुआ।

छोटी उम्र में जो नक़्श ज़ेहन में जम जाते हैं, वो उम्र भर यूँ ही रहते हैं और इन्हीं को हम 'यादों' का नाम देते हैं। इन्हीं यादों के सफ़र में आप सब को ले जा रहा हूँ—मेरी यादों से आपको आपकी यादों की ओर...

मुझे सबसे ज़्यादा याद आती है, हर वर्ष फ़रवरी महीने में होने वाले 'ऑल इंडिया शॉर्ट प्ले कॉम्पिटिशन' की। भारत के तमाम शहरों से टीमें हिस्सा लेने आती थीं। अलग-अलग शहरों से आकर कई नाट्य मंडलियाँ शाम 6 बजे से 9 बजे तक छोटे-छोटे नाटक पेश किया करती थीं। यह सिलसिला अच्छा-ख़ासा दो हफ़्ते तक चलता था। मैं तो ज़्यादातर शनिवार या रविवार को ही जा पाता था, क्योंकि फ़ाइनल ईयर के इम्तिहान नज़दीक आ रहे होते थे।

मज़ेदार बात यह थी कि यही कलाकार, जो कि गवर्नमेंट प्रेस में लगाए गए तंबुओं में रहते थे, 9 बजे ऑडिटोरियम में नाटक के बाद लौट आते थे और खाने आदि के बाद रोज़ कैम्पफ़ायर होता था। कुछ कलाकार इसमें भी हिस्सा लेते थे, लेकिन कुछ कलाकार ख़ास तौर पर केवल कैम्पफ़ायर में ही हिस्सा लेने आते थे—निजी तौर पर भी और टीम में भी। मैं अपनी पढ़ाई पूरी कर ठीक 12 बजे कैम्पफ़ायर शुरू होने के वक़्त पहुँच जाता था। शहर के बड़े ख़ास लोग ही उसमें शामिल हो पाते थे। मैंने तो अपने दोस्त के पिताजी के ज़रिए, जो पुलिस में थे, पूरे सीज़न के लिए ही एक पास ले रखा था। यह प्रोग्राम तक़रीबन 4 बजे ख़त्म होता था।

मुझे ख़ास तौर पर अलीगढ़ मुस्लिम यूनिवर्सिटी से आई टीम के एक 'जुम्मन मियाँ' के किरदार बहुत अच्छे लगते थे। वह आर-के लक्ष्मण के 'कॉमन मैन' कार्टून की तरह हर पेशकश में जुम्मन मियाँ ही हुआ करता था। दूसरा एक कलाकार, जो जबलपुर से आया

करता था—'के-के नायर'—एक मिमिक्री आर्टिस्ट था और अकेला ही पाँच-छह अलग-अलग उम्र की महिलाओं की आवाज़ें निकाल लिया करता था। सबसे मज़ेदार और हँसाने वाला आइटम होता था कि किस तरह ये अलग-अलग उम्र की लड़कियाँ और महिलाएँ चाट के ठेले पर चाट खा रही हैं, और उनका आपस में तथा चाट वाले के साथ संवाद सुनने लायक होता था। हँस-हँस कर पेट में बल पड़ जाने की कहावत वाक़ई सच हो जाती थी।

वहाँ बस बीच में कैम्पफ़ायर की आग जल रही होती थी और एकमात्र कॉफ़ी का प्लांट—सर्दी लगे या नींद आए तो एक रुपये का कॉफ़ी कप। जब तक साँस है, इन यादों का मज़ा भूल नहीं सकता। के-के नायर की मिमिक्री याद कर अकेले में अब भी हँसी छूट जाती है। बहुत सालों बाद दूरदर्शन के नए साल की शाम के प्रोग्राम में नायर को देखने का मौका मिला और उसने वही चाट वाला एपिसोड पेश किया।

बात उन दिनों की है, जब मैंने इलाहाबाद पहुँच कर बॉयज़ हाई स्कूल में 12वीं क्लास में एडमिशन लिया। मुझे तो स्कूल से भाग कर फ़िल्में देखने की आदत मेरठ से ही पड़ी हुई थी और यह सिलसिला वहाँ भी जारी रहा। कुछ एक-दो साथी और भी जुड़ गए, जिनमें प्रवीण खन्ना, करुणा शंकर और सुधीर बंसल ख़ास तौर पर थे। एक रोज़ यह फ़ैसला हुआ कि पूरी-की-पूरी क्लास फ़िल्म देखने जाएगी और एक पुरानी फ़िल्म 'फिर वही दिल लाया हूँ' देखने का निर्णय हो गया। इस फ़िल्म में जॉय मुखर्जी और आशा पारेख के साथ-साथ राजेन्द्रनाथ की ज़बरदस्त कॉमेडी है। ओ-पी नैयर के संगीत में मजरूह सुल्तानपुरी के लिखे गीतों को रफ़ी और आशा जी ने आवाज़ दी है। एक-से-एक नायाब गीत हैं। तक़रीबन सब लोग तैयार हो गए।

एक-दो लड़के जो ज़्यादा पढ़ाकू और ज़्यादा एडवेंचरस नहीं थे, उन्होंने यह मंज़ूर कर लिया कि वे अपने-अपने घर चले जाएँगे। फ़िल्म देखने में वाक़ई बड़ा मज़ा आया और उसके बाद एक साथ खाना-पीना कर मौज-मस्ती के बाद अपने-अपने घर चले गए। दूसरे रोज़ जैसे ही स्कूल के गेट पर पहुँचे, तो वहाँ डिसिप्लिन के लिए ख़ास तौर पर मनोनीत टीचर सार्जेंट फ़िलिप्स खड़े हुए थे और उन्होंने यह पैग़ाम दिया कि अन्दर जाने के लिए अपने अभिभावक को लाना ज़रूरी है। बड़ी परेशानी में डालने वाला समय था यह।

किसी तरह कुछ लोग उसी दिन और कुछ लोग अगले दिन अपने-अपने पेरेंट्स या दूसरे गार्जियन को लेकर आए, तब कहीं उन्हें क्लास में बैठने दिया गया। मैं भी अपने बड़े भाई—जो कि एक तरह से मेरे इन सब क्रिया-कलापों में शामिल रहते थे—को गार्जियन बना कर ले गया और एंट्री पाई। आज भी जब कभी हम पुराने मित्र और सहपाठी मिलते हैं, तो उस दिन को याद कर बड़ा मज़ा आता है।

मुझे बचपन से ही फ़ोटोग्राफ़ी का बड़ा शौक था और मेरे पास उस ज़माने में एक 'अगफ़ा इसोलेट' नामक कैमरा होता था, जिसमें 620 नंबर की ब्लैक एंड व्हाइट फ़िल्म पड़ती थी और 16 फ़ोटो खींचे जाते थे। यह कैमरा मेरे पिताजी के छोटे भाई 1962 में अपनी काँगो में पीसकीपिंग फ़ोर्स की ड्यूटी के दौरान खरीद कर लाए थे। एक और खूबसूरत ट्रांजिस्टर टेलिफ़ंकन भी वे लाए थे। बाद में उनकी मृत्यु 1965 के भारत–पाक युद्ध में हो गई और मेरी मौसी, जो कि चाची भी थीं, को एक विधवा के रूप में बड़ा बुरा वक़्त जीना पड़ा। पिताजी ने हमारे सबसे छोटे भाई 'ज्ञानजीत' को एक तरह से उन्हें गोद दे दिया था। इसी सहारे से वे इस बड़े हादसे से धीरे-धीरे निकल आईं।

एक बड़ी मज़ेदार घटना याद आती है। मेरा एक पड़ोसी और दोस्त राकेश सूद हुआ करता था। राकेश एक दिन सुबह-सुबह आया और उसने कहा कि उसकी एक सो-कॉल्ड गर्लफ्रेंड के पिताजी की पोस्टिंग हो गई है और वे कुछ रोज़ में इलाहाबाद से चले जाने वाले हैं। राकेश चाहता था कि मैं अपना कैमरा लेकर उन दोनों के साथ चलूँ और इलाहाबाद के अलग-अलग स्थलों पर उनकी तस्वीरें अपने कैमरे से खींच लूँ।

एक-दो बाग़ों में दो-चार फ़ोटो खींचने के बाद हम लोग पवित्र संगम के किनारे पहुँच गए और एक नाव किराये पर लेकर उसमें बैठ गए। दोनों अपने कपड़े बदल कर पानी में उतर गए और मुझसे कहा कि मैं बराबर उनके फ़ोटो लेता रहूँ। हुआ ऐसा कि कुछ मौके की नज़ाकत और कुछ जल्दी में फ़िल्म का एक नम्बर छूट गया और मैंने कुछ ज़्यादा समझदारी दिखाते हुए यह सोचा कि उसे रिवर्स करके पहले नम्बर पर ले आऊँ। नतीजतन—— फ़िल्म कैमरे में फँस गई —— न आगे हो रही थी और न ही पीछे। उधर दोस्त बराबर आवाज़ दे रहा था फ़ोटो खींचने के लिए, और मैं यूँ ही फ़्लैश चमकाता रहा।

लौटते वक़्त दोस्त ने कैमरा माँगा कि वह फ़िल्म निकाल कर डेवलप करवा लेगा, लेकिन कैमरा देने से मैंने साफ़ इनकार कर दिया और घर वालों की तरफ़ से सौ तरह की पाबंदियाँ बतला दीं। उसी रात मैंने कमरे में पूरा अँधेरा कर डार्क रूम बनाया और कैमरे को खोल कर फ़िल्म को दोबारा रैप कर सही तरह से सही नम्बर पर सेट कर दिया। सुबह उठ कर अपने बगीचे के फूलों, फलों, गन्ने और पपीते के पेड़ों के फ़ोटो ले डाले और फ़िल्म निकाल कर दोस्त के आने पर उसे सौंप दी।

समझ सकते हैं कि जब उसने फ़ोटोग्राफ़ देखे होंगे तो उस पर क्या गुज़री होगी और कितने गुस्से में वह मेरे पास आया होगा। लेकिन मैं मानने को बिल्कुल तैयार नहीं था, क्योंकि शुरू के बाग़ और चंद्रशेखर आज़ाद पार्क में खींचे हुए फ़ोटो तो बिल्कुल ठीक थे। ख़ैर, कुछ महीनों बाद जब दोस्त का गुस्सा ठंडा हो गया, तब जाकर मैंने यह बात क़बूल ली।

शिवाजी-जगजीत सिंह प्रोग्राम

बात सन् 2000 की है। आईएसआईसी में काम करते हुए चार साल के लगभग हो चुके थे। एक रोज़ सुबह सेंटर में पहुँच कर, अभी कार से उतर कर व्हीलचेयर पर बैठ ऑफिस की तरफ़ चला ही था कि एक पुलिस इंस्पेक्टर मेरी तरफ़ बढ़ा और मेरी ओर वायरलेस सेट बढ़ाते हुए बोला कि "लीजिए, एसएसपी साहिब से बात कीजिए।" यह कहते-कहते उसने रिसीविंग सेट मेरे कान से लगा दिया।

मैं कुछ कहता उससे पहले दूसरी तरफ़ से मेरे दोस्त शिवाजी सिन्हा की आवाज़ सुनाई दी— "शिवजीत, कैसे हो? मैं शिवाजी बोल रहा हूँ।"

फिर तो मेरी ख़ुशी का ठिकाना नहीं रहा। चोट लगने के 1980 के दिन से बारह साल बाद इस दोस्त की आवाज़ सुनने को मिली। इतने सालों से कोई ख़ैर-ना-ख़बर नहीं थी। दरअसल उस दिन इंडियन एक्सप्रेस अख़बार में मेरी फ़ोटो और मेरे बारे में छपा था। मैंने अपने तीन और साथियों की मदद से जो वेबसाइट बनाई थी, उसका लॉन्च उस वक़्त की मिनिस्ट्री ऑफ़ सोशल जस्टिस की सेक्रेटरी साहिबा श्रीमती चटर्जी जी ने किया था। अख़बार ने मेरी चोट के पिछले 12 सालों के अंतराल के दौरान के समय और वर्तमान में इस सेंटर में काम के दौरान की पूरी दास्तान लिखी थी।

इसके बाद तो दोनों दोस्त जब-तब मिल बैठते। कुछ और पुराने साथियों का भी पता चल गया, तो और भी मज़ा आने लगा।

इधर बारह साल बाद मेरे और शिवाजी के मिलने के कुछ सालों बाद फिर एक जगजीत सिंह का शाम-ए-ग़ज़ल प्रोग्राम मेरे सेंटर से कुछ किलोमीटर के फ़ासले पर सेलीब्रेशन गार्डन में होना था। ऑफिस का मेरा एक और साथी प्रवीण दूबे भी जाने में रुचि रखता था। हमने शिवाजी को फ़ोन लगाया, यह सोचकर कि अब तो एसएसपी हैं, आसानी से पास का इंतज़ाम हो जाएगा।

प्रोग्राम की तारीख़ नज़दीक आती जा रही थी और कोई पक्का जवाब नहीं मिल रहा था। मैंने वसंत कुंज के थाने के अपने दोस्त एसएचओ बलराम साहिब को फ़ोन कर चार पास मंगवा लिए। एक बार फिर सालों बाद शिवाजी को जगजीत सिंह का प्रोग्राम हमने ही दिखाया। यह बात अलग है कि अपने बेटे की मृत्यु के बाद अब उनके साथ चित्रा सिंह नहीं गातीं, और प्रोग्राम में वह 1978 वाली बात नहीं थी। हम तो पहले भी और आज भी वही जज़्बा, वही जोश रखते हैं।

राजेश गोस्वामी का बर्थडे

इलाहाबाद में रहते हुए बारहवीं क्लास की बात है। हमारी क्लास के एक अच्छे-ख़ासे धनाढ्य परिवार के सहपाठी का जन्मदिन हफ़्ते भर के अंदर आने वाला था। वह चाहता था कि उसके जन्मदिन पर क़रीब पूरी क्लास शामिल हो। मुश्किल यह थी कि यह किसी के घर पर संभव नहीं था।

उन दिनों इलाहाबाद के स्टेडियम में रामायण का साउंड एंड लाइट प्रोग्राम चल रहा था। स्टेडियम के क़रीब एक-तिहाई हिस्से में अलग-अलग अयोध्या, लंका, ऋषियों के आश्रम, सीताजी की जंगल में कुटिया आदि बनी हुई थीं। जहाँ जिस दृश्य का सीन चल रहा होता था, केवल उसी जगह को रोशन किया जाता था। दर्शक स्टेडियम के बाकी बचे बैठने की जगहों से सारा आनंद लेते थे।

मेरा एक दोस्त राकेश सूद इसमें लक्ष्मण का रोल कर रहा था। उससे अपने और पड़ोस के कौशिक परिवार के लिए दो फैमिली पास लिए—वह भी उसी रोज़ के, जिस दिन राजेश का जन्मदिन था। दोनों परिवार क़रीब छह बजे रामायण देखने के लिए रवाना हो गए, क्योंकि शो सात बजे शुरू होता था। समय से पहुँचकर सही बीच की जगह लेनी थी, जहाँ से सब कुछ ठीक से दिखाई दे। बहुत कोने से वह बात नहीं आ पाती थी।

इधर घरवाले निकले, उधर सारे दोस्त—मुकेश, प्रवीण खन्ना, अमरनाथ, राजेश, मनोज आदि—सब खाने-पीने की चीज़ें लेकर पहुँच गए। फौजी अफ़सरों के घर में क्रॉकरी की कमी नहीं होती, आए दिन छोटी-बड़ी पार्टियाँ चलती रहती हैं। पूरी मस्ती हुई—बीयर खुली, छोले-भटूरे, डोसा और न जाने क्या-क्या। आज तो पूरी तरह याद भी नहीं। संगीत चला, नाच-गाना हुआ, यानी पार्टी में कोई कमी नहीं रही।

अब बात आई कि बर्तनों का क्या होगा? ऐसे तो छोड़े नहीं जा सकते थे—आख़िर चोरी से पार्टी की गई थी। इलाहाबाद के बॉयज़ हाई स्कूल में ज़्यादातर काफ़ी संभ्रांत परिवारों के बच्चों ने पढ़ाई की है, और उन्होंने तो शौक़ में भी बर्तन नहीं धोए होंगे। उस दिन सबको यह मौक़ा मिला। सारे बर्तन पंद्रह-बीस मिनट में साफ़ किए गए। अगरबत्ती जला दी गई, जिससे बीयर आदि की ख़ुशबू ख़त्म हो जाए।

यहाँ दोस्त विदा हुए और उधर परिवार वालों का आगमन! रामायण देखकर आए थे, अगरबत्ती की ख़ुशबू से ज़्यादा शक नहीं हुआ। कुछ दोस्तों ने जाने से पहले ही अमिताभ की नई रिलीज़ हुई फ़िल्म ख़ून पसीना का नौ से बारह वाला शो देखने का प्रोग्राम बना लिया था।

परिवार वालों ने खाना खाया, और उनके सोने वाले कमरे तक जाने तथा मेरे चुपचाप निकलकर पायल थिएटर पहुँचने में दस बज गए। गेटकीपर ने घुसते ही पूछा— "आप शिवजीत हैं?"

मैंने कहा— "हाँ, तुम्हें कैसे मालूम?"

उसने कहा— "आपके दोस्त कई बार पूछ चुके हैं और आपकी टिकट भी मुझे दे गए हैं।"

अंदर जाकर सबके साथ फ़िल्म देखी। अभी हाल ही में हम उस समय के तीन-चार दोस्त एक साथ बैठे, तो इस घटना को याद कर बड़ा मज़ा आया। दो साल पहले भी स्कूल के 150 साल पूरे होने के उपलक्ष्य में आयोजित प्रोग्राम के लिए मैं इलाहाबाद पहुँचा था, और हम क़रीब दस-बारह सहपाठी इस घटना को याद कर रहे थे। शायद ही इन लोगों को इसके बाद बर्तन धोने का ऐसा बड़ा प्रोग्राम नसीब हुआ होगा—बशर्ते कि किसी की बेगम कभी-कभार ऐसा अवसर न प्रदान करा देती हो।

स्कूल और कॉलेज की ऐसी छोटी-छोटी घटनाएँ जब कभी याद आती हैं, तो दिल में घंटियाँ-सी बज जाती हैं — एक अलग ही आनंद दे जाती हैं। जब कभी नए-पुराने दोस्त साथ होते हैं, तो सुनने-सुनाने को कितना कुछ होता है — आज जब पीछे मुड़कर देखता हूँ, तो लगता है कि अगर स्कूल-कॉलेज में ये मस्तियाँ नहीं की होतीं, तो आज याद कर खुश होने के लिए रह ही क्या जाता?

अगर वह उम्र किताबों के पीछे ही दबे-छुपे खो दी होती, तो चाहे कुछ भी हासिल हुआ होता, लेकिन इन खट्टी-मीठी यादों का ख़ज़ाना न जुड़ पाता।

इस वक़्त जो गाना ज़ेहन में आ रहा है, वह है फ़िल्म दिल एक मंदिर से शैलेन्द्र साहिब का लिखा, शंकर–जयकिशन की जोड़ी के संगीत से सँवारा गीत — "याद न जाए बीते दिनों की"। इस गीत के बीच की पंक्तियाँ दिल को छू जाने वाली हैं —

"दिन जो पखेरू होते,
पिंजरे में मैं रख लेता,
पालता उनको यत्न से,
मोती के दाने देता,
सीने से रहता लगाए ...
याद न जाए ... "

अध्याय: 2
स्कूल से भागकर फ़िल्में

मेरठ अपने आप में एक बहुत बड़ी फौजी छावनी है। सन् 1973 से 1976 तक, जब तक मैं वहाँ रहा, तब करीब सात सेंटर हुआ करते थे — सिख रेजीमेंट सेंटर, डोगरा रेजीमेंट सेंटर, आर्मी सप्लाई कोर का सेंटर और रिमाउंट वेटरनरी कोर का सेंटर। वहाँ तीन सेंट्रल स्कूल थे। मैं और मेरे भाई वहाँ सबसे नज़दीक के पंजाब रेजीमेंट सेंटर के सेंट्रल स्कूल में पढ़ने लगे।

वहाँ आर्मी ऑफिसर्स का एक क्लब था — 'हीलर्स क्लब', जहाँ पर स्विमिंग पूल, लॉन टेनिस जैसे खेलों के अलावा हफ़्ते में बुधवार के दिन एक फ़िल्म दिखाई जाती थी। हम सब दोस्त, जो फौजी अफसरों के बच्चे थे, उसी क्लब में ओपन थियेटर का मज़ा लेते थे। दूसरी तरफ़ सप्ताह के दूसरे दिन पंजाब रेजीमेंट सेंटर में भी इसी तरह खुले थियेटर में फ़िल्म दिखाई जाती थी। मेरे पड़ोस के एक अंकल भी पंजाब सेंटर में थे और उनके बच्चों के साथ भी कभी-कभार फ़िल्म देखने जाना शुरू हो गया।

एक दूसरे दोस्त के पिता भी आर्मी सप्लाई कोर में थे और उनके सेंटर में तो बाक़ायदा एक अच्छा-ख़ासा सिनेमा हॉल था। हम लोग कभी-कभार वहाँ भी फ़िल्म देख आते थे। इन सभी बातों का लब्बोलुआब यह कि मुँह को खून लगने वाली बात हो गई।

इधर गाँव और पिताजी का ससुराल, यानी मेरा ननिहाल भी मेरठ के नज़दीक ही थे। वहाँ से कई लोग भी फौज में भर्ती होने के लिए आने लगे। कुछ तो लड़कपन की बेलगाम होती आज़ादी और कुछ उस उम्र में फ़िल्मों का असर — बस होना क्या था — स्कूल से कांटी मारने का दौर शुरू हो गया।

जब मैं 1967–1973 बैरकपुर में था और वहाँ 'वेलस्ले हाई स्कूल' में पढ़ता था, तब मैं स्कूल के लिए पैदल ही आता-जाता था। वहाँ रास्ते में 'चम्पा' नाम का एक सिनेमा हॉल था। सुबह-सुबह स्कूल जाते वक़्त तो जल्दी रहती थी, लेकिन वहाँ से लौटते समय सिनेमा हॉल में जो भी फ़िल्में लगी होती थीं, उनके पोस्टर मैं रोज़ देखता था।

एक फ़िल्म के इसी तरह के पोस्टर का दृश्य तो मुझे बहुत अच्छी तरह याद है। वह फ़िल्म थी 'आदमी'। प्रेम-त्रिकोण पर आधारित इस फ़िल्म में दिलीप कुमार साहब, मनोज कुमार और वहीदा रहमान ने किरदारों को बख़ूबी निभाया है। उस समय तो ख़ैर यह फ़िल्म मैंने नहीं देखी थी, लेकिन दिलीप कुमार साहब की गोल्फ स्टिक हवा में चलाती हुई तस्वीर मुझे आज भी याद है। इसी हाल में मैंने रामानन्द सागर साहब द्वारा निर्देशित फ़िल्म 'ललकार' देखी थी।

मुझे यह इतनी अच्छी तरह याद है, जैसे कल ही की बात हो, कि मेरठ में मैंने स्कूल से भागकर जो पहली फ़िल्म देखी थी, वह थी 'बहारें फिर भी आएँगी'। मज़े की बात है कि फ़िल्म के हीरो 'धर्मेन्द्र' का नाम तो याद रहा, लेकिन फ़िल्म की हीरोइन का नहीं — यह पहली फ़िल्म थी और फिर तो बस सिलसिला यूँ चला कि रोज़ का-सा हो गया। हफ़्ते में दो-तीन बार तो भाग ही जाते थे।

बुधवार शाम को हीलर्स क्लब में, हफ़्ते में दो बार स्कूल से भागकर — दिन में दो-दो फ़िल्में देखना तो अक्सर ही हो जाया करता था और कभी-कभार तो दिन में तीन-तीन फ़िल्में भी हो जाया करती थीं।

यही सिलसिला मेरठ से पिताजी के इलाहाबाद के तबादले पर भी जारी रहा और चोट लगने के एक-आध दिन पहले तक भी यही सिलसिला रहा था। स्कूल का समय गर्मियों में सुबह साढ़े सात बजे से दो बजे तक का हो जाता था और इस समय के बीच में सुबह नौ से बारह वाला शो बख़ूबी रास आ रहा था। ये शो गिने-चुने सिनेमा हॉल ही करते थे और हम इस शो को मज़ाक में 'स्टूडेंट्स शो' कहते थे।

हॉल में ज़्यादातर तो स्कूल के विद्यार्थी ही होते थे और यहाँ यह कहना ग़लत न होगा कि अंग्रेज़ों के ज़माने में बने हुए थियेटर ज़्यादातर फौजी छावनी के इलाक़े में ही होते थे और उनके नाम भी अंग्रेज़ी में ही हुआ करते थे। मेरठ कैंट एरिया में 'मेफेयर', 'फीनिक्स', 'रिवोली' हुआ करते थे और इन्हीं थियेटर्स में ये स्टूडेंट शो ज़्यादातर चलते थे।

इनमें बस आजकल के मल्टीप्लेक्स वाले हॉल्स की तरह आगे से पीछे तक सीटें होती थीं, जबकि उस समय के दूसरे नये हॉल थोड़े अलग थे। उनमें बालकनी भी हुआ करती थी। एक रोज़ बहुत बारिश हुई और फीनिक्स हॉल में काफ़ी पानी भर गया। तब हॉल में दिलीप कुमार साहब के डबल रोल वाली मशहूर फ़िल्म 'राम और श्याम' लगी हुई थी।

जब कुर्सियों के नीचे पानी आ गया तो हमने पैर ऊपर किए और पद्मासन वाली मुद्रा में बैठ गए, लेकिन फ़िल्म ज़रूर देखी। ऐसे ही अगली बारिश में मेफेयर हॉल की छत का कुछ हिस्सा टूटकर गिर गया और उसमें से काफ़ी रोशनी अन्दर आ रही थी। तो इलाज यह निकला कि सबने मिलकर एक बड़ी तिरपाल की कई तहें करके उसे ढक दिया और इस तरह दारा सिंह की फ़िल्म 'लुटेरा' देखी गई।

बाद में जो हॉल बने, अप्सरा, मेनका जैसे उनके नाम थे। मेरठ स्कूल में पढ़ते वक़्त जो दोस्त फ़िल्म देखने के लिए सबसे ज़्यादा भागते थे, उनमें जसबीर और कमल नैन थे। कभी-कभार कुछ और दोस्त भी जुड़ जाया करते थे।

एक बार की घटना बड़ी मज़ेदार है। बात गर्मियों की है, स्कूल साढ़े सात से दो बजे के समय पर चल रहा था। मैं सुबह ही निकल पड़ा और 'चौधरी हरफूल सिंह' नाम की फ़िल्म मेरठ के नन्दन हॉल में देखी। वहाँ से निकलकर घर लौटते समय पाया कि इरोज सिनेमा हॉल पर मशहूर डायरेक्टर शक्ति सामन्त की फ़िल्म 'अमानुष' लगी है। यह उन गिनी-चुनी हिन्दी फ़िल्मों में है, जिसमें बंगाली दिलीप कुमार कहे जाने वाले उत्तम कुमार साहब ने काम किया है।

मैंने टिकट ले ली और फ़िल्म देखने बैठ गया। इंटरवल के दौरान देखा कि दो बजने वाले थे और पिताजी का दफ़्तर से घर लौटने का समय हो चुका था। मैंने तुरन्त ही हॉल से निकलकर स्टैंड से साइकिल निकाली और घर चला गया। मेरा विचार यह था कि अगले शो में इंटरवल के बाद की फ़िल्म अपने उसी टिकट पर देख लूँगा।

अब इसे मेरा भोलापन कहेंगे या बेवकूफ़ी, यह आपकी मर्ज़ी है, लेकिन मैं तो अगले तीन से छह वाले शो में ठीक चार बजे पहुँच गया और इंटरवल के बाद अन्दर जाते दर्शकों में मैं भी शामिल हो गया। गेटकीपर ने टिकट माँगी और जब मैंने दिखाई तो वह बोला कि

यह तो बारह से तीन वाले शो की है। मैंने भी अपना तर्क पेश कर दिया कि मैं आधी फ़िल्म देखकर चला गया था और आधी अब देखने आया हूँ। उसने मुझे अन्दर जाने दिया।

मुझे यह स्कीम बड़ी सही लगी कि इस तरह नौ से बारह की घिसी-पिटी फ़िल्में देखने के बजाय कुछ बिल्कुल नयी और अच्छी फ़िल्में इस तरह देख लिया करेंगे। सर्दियों में तो स्कूल साढ़े नौ बजे से चार बजे तक का होता था, इसलिए बारह से तीन वाला शो बड़े आराम से देखा जा सकता था।

यह नयी स्ट्रैटेजी मैं अपने दोस्त जसबीर के घर पर बैठकर बना रहा था कि उसी समय उसके घर वाले भी आ गए और हँसने लगे। दरअसल वह गेटकीपर हेमराज, जिसने मुझे अन्दर जाने दिया था, मेरे दोस्त जसबीर के यहाँ आता-जाता था, क्योंकि वह मेरे दोस्त के पिताजी से पैसों का लेन-देन करता था। उसने मुझे कई बार जसबीर के यहाँ देखा था, इसलिए उसने अन्दर जाने दिया।

यह घटना जब भी याद आती है या जब भी जसबीर के घर जाता हूँ और फ़िल्मों की चर्चा के साथ यह किस्सा छिड़ जाता है, तो सब मज़े लेते हैं।

मेरठ से इलाहाबाद आने पर फ़िल्में देखने का सिलसिला और ज़्यादा बढ़ गया। बारहवीं क्लास तक तो रोज़ साथ जाने वालों में करुणा शंकर, सुधीर बंसल और प्रवीण खन्ना थे। प्रवीण उन दिनों पढ़ने के लिए मद्रास (चेन्नई) से इलाहाबाद आया हुआ था और अपने चाचा के यहाँ रहता था।

मैं, मुकेश गुप्ता और प्रवीण — तीनों में ही बड़ी गहरी दोस्ती थी। स्कूल से फ़िल्म देखने मैं और प्रवीण ही जाते थे। प्रवीण के एक चाचा 'जीप' नाम की कम्पनी में काम किया करते थे। यह कम्पनी उस समय बैटरी बनाती थी। उन्हें लक्ष्मी नाम के टॉकीज़ का पूरे साल का पास मिला हुआ था, जो प्रवीण ने उड़ा रखा था। हम दोनों ने उसका बड़ा सदुपयोग किया।

प्रवीण के पिता ज़्यादातर उसे पचास-पचास रुपये के ट्रैवेलर्स चेक खर्चे के लिए दिया करते थे। सस्ते ज़माने थे, फिर हमें तो ज़्यादातर पुरानी फ़िल्में ही देखने का शौक था, जो कि घटी दरों पर लगती थीं। यानी बालकनी की टिकट मात्र एक रुपये नब्बे पैसे। ट्रैवेलर्स चेक भुनाते, कुछ चाय-पानी पीते और लक्ष्मी हॉल में पहुँच जाते।

उस थियेटर में देखी गई फ़िल्मों में से सबसे यादगार फ़िल्म रही — प्रदीप कुमार, नरगिस और प्राण साहब की 'अदालत'। राजेन्द्र कृष्ण साहब के गीतों में मदन मोहन साहब ने जो जान डाली है, बस सुनते ही बनता है। लता जी की आवाज़ जादू सा कर देती है —

"यूँ हसरतों के दाग़ मोहब्बत में धो लिए,
ख़ुद दिल से दिल की बात कही और रो लिए —"

इसकी अगली लाइन तो बस दिल के आर-पार हो जाती है —

"हम तो चले थे घर से ख़ुशी की तलाश में,
ग़म राह में खड़े थे वही साथ हो लिए —"

इसके अलावा —

"उन को ये शिकायत है के हम, (कुछ नहीं कहते - २)
अपनी तो ये आदत है के हम, (कुछ नहीं कहते - २)"

ये सब दिल को छू लेने वाले गीतों की मिसालें हैं।

एक बार तो पूरी बारहवीं क्लास ही स्कूल से भाग कर 'फिर वही दिल लाया हूँ' फ़िल्म देखने के लिए जा पहुँची। जो दो-चार बचे हुए साथी थे, वे घर चले गए। फ़िल्म तो लाजवाब कॉमेडी थी — बड़े ही सुरीले-मधुर गीत, सभी को बड़ा मज़ा आया। लेकिन अगले रोज़ तो 'ब्वायज़ हाई स्कूल' में कोहराम सा मच गया।

यह उस स्कूल के लिए एक ऐतिहासिक घटना थी। दूसरे रोज़ सबको अपने-अपने अभिभावकों के साथ आने के लिए कहा गया और उसके बाद ही स्टूडेंट्स को क्लास में बैठने दिया गया। मैं उस रोज़ अभिभावक के तौर पर अपने बड़े भाईसाहब ब्रह्मजीत जी को ले गया था। हम दोनों के बीच काफ़ी दोस्ताना-सा सम्बन्ध रहा है। परिवार बड़ा होने की वजह से हम दोनों मुख्य घर से लगे बाहर के कमरे में ही साथ रहते थे — वहीं पढ़ना-लिखना, शैतानी करना।

मैं इलाहाबाद में खेलों में और कॉलेज की दूसरी अंटशंट के क्रिया-कलापों में लगा रहता था और कुछ बहुत अच्छी पुरानी हिन्दी फ़िल्में नहीं देख पाता था। फिर कॉलेज के दौरान बारहवीं के दोस्तों का साथ छूट चुका था। कॉलेज के साथी नई फिल्मों में रुचि रखते थे। इस वजह से नौ से बारह वाले नाइट शो में भी निकलना शुरू हो गया।

घर कैंट में था और पास के दो अंग्रेज़ों के वक्त के थियेटर — पैलेस और प्लाज़ा — बड़ी अच्छी पुरानी फ़िल्में चलाते थे। प्लाज़ा हॉल में राजेन्द्र कुमार की 'साथी', धर्मेन्द्र जी की 'अनुपमा', सुनील दत्त की 'बेटी-बेटे', बलराज साहनी जी की 'छोटी बहन' जैसी बड़ी अच्छी फ़िल्में देखीं। पैलेस में कई फ़िल्में देखीं।

इलाहाबाद पहुँच कर स्कूल से भागकर सबसे पहली — राजेश खन्ना की 'हमशक्ल', दादाजी के साथ 'चित्रलेखा', 'बूट पोलिश', राजकुमार और किशोर कुमार की 'शरारत' — यादगार फ़िल्में थीं। बिमल रॉय साहब के निर्देशन में बनी 'सुजाता', सुनील दत्त साहब यूँ भी मेरे सबसे पसंदीदा हीरो थे। उन्हीं की मीना कुमारी के साथ बनी 'गज़ल' फ़िल्म भी मैंने नौ से बारह के शो में देखी।

जैसा मैंने कहा कि हम दोनों भाई घर से लगे बाहर अलग कमरे में पढ़ते, सोते थे, लेकिन हमारे कपड़े आदि सब घर के अन्दर रहते थे। मैं पहन कर जाने वाले कपड़े निकाल कर एक पेपर में लपेट कर खिड़की से बाहर फेंक देता और फिर बाहर से उठाकर अपने कमरे में तकिये के नीचे छुपा देता। जैसे ही करीब सवा नौ के लगभग हुए, कपड़े पहनना शुरू करता। हॉल बहुत नज़दीक था, मुख्य फ़िल्म शुरू होने में करीब पौने दस तक बज जाते थे, सो आसानी से पहुँचा जा सकता था।

लेकिन जैसे ही कपड़े निकालता, भाई-साहब जो बिस्तर में आँख बंद किए लेटे होते थे, सोने का नाटक कर रहे होते थे, एकदम से उठकर पूछते कि "कहाँ जा रहे हो?" और जब मैं फ़िल्म देखने जाने की बात करता तो वो बड़े भाई का रोल करते हुए कहते कि रात को नहीं जाओगे। मैं मायूस हो जाता तो फिर वो कहते कि अगर उन्हें भी साथ ले चलूँ और टिकट लूँ तो चला जा सकता है।

फ़िल्मों का शौक ही कुछ ऐसा सिर चढ़ा हुआ था कि मैं 'हाँ' कहता — तब देखता कि उन्होंने भी मेरी तरह अपने कपड़े पहले से लाकर अपने तकिये के नीचे रखे हुए थे। हॉल पहुँच कर मैंने टिकट लेने से पहले उम्मीद से उनकी तरफ देखा तो जवाब मिला — "मैं साइकिल जमा करने के चार आने दे आता हूँ, और सौ ग्राम मूँगफली ले आता हूँ, तुम टिकट ले लो।"

इन छोटी मीठी-मीठी यादों में कितनी मिठास है। हम दोनों भाइयों के बीच उन दिनों की बिना पर इतना नज़दीकी रिश्ता है, जो दूसरे छोटे भाई-बहनों से नहीं बन पाया। चोट लगे अगले महीने चौतीस साल पूरे हो जाएँगे, माता-पिता भी स्वर्ग चले गए। लेकिन उन्होंने तो उनके जाने से पहले ही माता-पिता, भाई-बहिन सबका किरदार अपने अकेले के अंदर मेरे लिए कर लिया है। उन्हीं के संस्कारों का नतीजा है कि उनका बेटा मेरा भतीजा सिद्धार्थ भी उतनी ही तन्मयता से मेरी सेवा और मदद करता है।

इस अध्याय के लिए जिस गाने का चुनाव मैंने किया है, वो है फिल्म 'एक गाँव की कहानी' का — तलत साहिब का गाया, सलिल चौधरी साहिब का संगीतबद्ध किया और शैलेन्द्र जी का लिखा:

"रात ने क्या क्या ख्वाब दिखाए,
रंग भरे सौ जाल बिछाए,
आँखें खुलीं तो सपने टूटे,
रह गए ग़म के गहरे साये।"

अध्याय: 3
शराब

हमारा खानदान एक तरह से कहा जाए तो फौजियों का खानदान है। दादाजी फौज में थे। पिताजी और उनके पाँचों भाई भी फौज में थे। यहाँ तक कि फूफा, मामा सभी फौज में रहे और इस पीढ़ी में भी तकरीबन 2-4 को छोड़कर ज्यादातर फौज में ही हैं। शराब और फौज का कुछ रिश्ता तो होता ही है।

मैंने अपनी ज़िन्दगी का पहला जाम आठवीं क्लास में पिया था। हुआ यूँ कि पिताजी के साथ हम सब कलकत्ता के नज़दीक बैरकपुर में रह रहे थे, और दादाजी मिलने आए हुए थे। यूँ तो हमारा घर शाकाहारी नियमों पर चलता है, लेकिन मर्दों को यह छूट है कि वे अपने अलग बर्तनों में घर से अलग बाहर माँस आदि पका कर खा सकते हैं।

दादाजी नियम से रोज़ एक से दो पैग शराब का इस्तेमाल करते थे, और गाँव में तो माँस आदि बहुत ही किसी ख़ास मौके पर ही बनता था। लेकिन जब कभी वे हमारे पास मिलने आते थे, तो पिताजी उनके लिए ज़रूर ही इसका इंतज़ाम रखते थे और इसी बहाने हमें भी जायका बदलने का मौका मिल जाता था।

उस रोज शाम को जब मटन तैयार हो गया और दादाजी व पिताजी अपना-अपना पैग संभाल कर बैठ गए, तो दादाजी ने मुझसे पूछा कि भई 'मुँह कड़वा करोगे?' मैंने पिताजी के डर से गर्दन हिलाई तो जरूर, लेकिन उससे हाँ या ना का अंदाज़ करना मुश्किल था। उत्सुकता तो थी ही। फिर क्या, दादाजी ने थोड़ी सी रम गिलास में डाल कर मेरी तरफ बढ़ा दी। मैंने पिताजी की तरफ देखा। उधर से दादाजी का एक डायलॉग आया कि

"मैं पिताजी का पिताजी कह तो रहा हूँ। नाक बंद कर और एक बार में पी जा।"

मेरी उम्र उस वक्त करीब 11-12 साल की थी। उस एक-आध घूँट शराब ने ही दिमाग चकरा दिया। उधर आदेश हुआ कि अन्दर से जाकर रोटियाँ ले आओ। मैं झूमता हुआ रसोई की तरफ चला और रास्ते में मिट्टी के तेल के जर्किन से टकरा कर गिर पड़ा। इतने में ही माताजी का एक चिमटा रस्सीध हुआ। उधर से दादाजी की गरजती आवाज आई कि

"खबरदार जो बच्चे से कुछ कहा।"

मैं भी प्रेमचंद की कहानी 'ईदगाह' के पात्र 'हामिद' की तरह अकड़ गया और रोटियाँ लेकर बड़ी शान से, सीना फुलाए पूरी अकड़ में वापस दूसरे कमरे की ओर चल पड़ा।

बात 1977 की है, जब मैं बारहवीं क्लास में पढ़ रहा था, जनता पार्टी का राज था और मोरारजी देसाई साहब ने शराब-बंदी लगा रखी थी। मेरे एक दोस्त 'करूणाकर', जो अब इस दुनिया में नहीं है, का जन्मदिन था और उसके पिताजी ने एक नया घर खरीदा था। तय यह हुआ कि जन्मदिन उस घर में मनाया जाएगा क्योंकि वह अभी खाली पड़ा है।

उन दिनों रेकॉर्ड प्लेयर का जमाना था, तो तय हुआ कि मैं अपने 5-6 रेकॉर्ड और बीयर की पूरी पेटी लेकर पहुँच जाऊँ। मैंने अपनी साइकिल पर पीछे तो पेटी लगा दी और उसे अच्छी तरह बाँध भी दिया। एक हाथ में सारे रेकॉर्ड पकड़ लिए और एक हाथ से हैंडल संभाल कर मंज़िल की तरफ चल पड़ा। रास्ते में बचते-बचाते भी बैलेंस बिगड़ गया

और मैं एक दूसरी साइकिल से टकरा कर नीचे गिर पड़ा। मुझे तो कोई चोट नहीं आई लेकिन बीयर की पेटी को चोट जरूर पहुँची, जिसका मुझे अंदाज़ा नहीं था।

मैंने तुरंत साइकिल उठाई और फिर उसी तरह से आगे चल पड़ा कि अचानक आवाज आई और सड़क पर झाग-ही-झाग हो गए। दरअसल जो बोतल टूटी थी, उस बीयर से कागज़ की पेटी का तला गीला हो गया था और उसमें से बोतल निकल कर सड़क पर गिर कर टूट गई थी। बाजार का इलाका था, दायें-बाएँ इक्का-दुक्का पुलिस के सिपाही भी दिखाई दे रहे थे, इसलिए मैं बिना रुके चलता रहा। कुछ दूर ही पहुँचा होऊँगा कि फिर वही सड़क पर बोतल टूटने की आवाज और झाग-ही-झाग।

अब मैं बड़े पशोपेश में था कि इस तरह तो उसके घर तक पहुँचते-पहुँचते शायद ही कुछ बचे। मैंने एक कोने में साइकिल रोकी और पेटी को बिल्कुल उल्टा करके बाँध दिया और फिर बिना किसी नुकसान के नशाबंदी के शहर में शाम को दोस्तों के साथ गानों का आनंद लिया और जाम भी भरपूर। किस्मत से उस पेटी में मैंने जो दो रम की बोतल बीयर के साथ रखी हुई थी, उनको कोई नुकसान नहीं पहुँचा था।

शराब से जुड़ा हुआ साहिर साहब का जो गीत याद आता है, वह है मशहूर लेखक 'गुलशन नंदा' के उपन्यास 'माधवी' पर राजकुमार और मीना कुमारी पर बनी फिल्म 'काजल' से:

"छू लेने दो नाजुक होंठों को,
कुछ और नहीं है, जाम है ये,
कुदरत ने जो हमको बख़्शा है,
वो सबसे हसीन ईनाम है ये।"

अध्याय: 4
कानपुर टेस्ट मैच

1977 में कांग्रेस की भारी पराजय और राजनीतिक पटल पर जनता पार्टी का उदय हुआ। मोरारजी देसाई साहिब प्रधानमंत्री नियुक्त हुए और चारों तरफ़ नशाबंदी का ऐलान किया गया। उन्हीं दिनों मेरे दोस्त अनिल राठी के पिताजी का तबादला कानपुर के कलेक्टर गंज थाने में हो गया। वेस्ट इंडीज़ की टीम कालीचरण की कप्तानी में भारत के दौरे पर आई हुई थी। शायद उस समय के लोगों को याद होगा कि एक कैरी पैकर नाम के ऑस्ट्रेलियन बिजनेसमैन ने, आज के आई-पी-एल की तर्ज़ पर, दुनिया की क्रिकेट टीमों के दिग्गजों के साथ बहुत ज्यादा पैसे देकर अनुबंधित कर लिया था। वे सब आई-पी-एल की तरह से बनी टीमों में मुकाबला करने लगे। वेस्ट इंडीज़ से भी क्लाइव लॉयड, विवियन रिचर्ड्स, एंडी रॉबर्ट्स जैसे खिलाड़ी कैरी पैकर सीरीज़ खेलने चले गए और उन्हें देश की क्रिकेट टीम से निकाल दिया गया। इसलिए कालीचरण को कप्तान बनने का मौका मिल गया और मैल्कम मार्शल और विंसटन डेविस जैसे तेज़ गेंदबाजों को भी मौका हाथ आया। भारत की तरफ़ से मेरी याद में कोई भी इस सीरीज़ में नहीं गया। उन दिनों टीम की कप्तानी बिशन सिंह बेदी कर रहे थे और कपिलदेव, मदन लाल और बहुत कम समय खेलने वाले बॉलर कर्षन घावरी टीम में हुआ करते थे।

बाजार में तो शराब मिलती नहीं थी। मेरे पिताजी फौज में होने की वजह से उनका लिकर कार्ड बना हुआ था और महीने के कोटे का हिसाब था: 8 रम, 2 व्हिस्की, 12 बीयर और 1 ब्रांडी। कोटा बेचकर मेरा फिल्मों वगैरह का खर्च निकल आता था।

एक जानकार की शादी में जाने से पहले मैं दो बोतलें अपने मकान के आगे लॉन में लगाई आलुओं की क्यारियों में छुपा कर बाकी कोटा लेकर पहुँच गया। बात वही हुई— दारू कम पड़ गई। मैं तुरंत एक दोस्त को लेकर मोटरसाइकिल पर आया और आलू की क्यारी में से बोतल निकाल कर चल पड़ा। उस दिन से दोस्तों के बीच में यह मज़ाक उड़ने लगा कि "शिवजीत के यहाँ तो आलू की क्यारियों में दारू उगती है।"

प्रोग्राम बना कि कानपुर में वेस्ट इंडीज़ के साथ होने वाले टेस्ट मैच को देखने चला जाए। हम पाँच दोस्तों का सामूहिक प्रोग्राम बन गया। उधर अनिल के एक दोस्त की बहन की शादी थी। आदेश हुआ 8-10 बोतल शराब लेते आना। नशाबंदी के कारण पकड़े जाने का डर था। सुबह लगभग 6 बजे गौहाटी से असम मेल इलाहाबाद पहुँचती है। मेरे हाथ में एक नीला बैग, बोतलों से भरा हुआ। डिब्बे में घुसते ही पुलिस के चार-पाँच सिपाही दिख गए। मेरे समेत सारे दोस्तों को जैसे साँप सूंघ गया। मैंने बहुत धीरे से वह बैग एक पुलिसवाले की सीट के नीचे खिसका दिया और तय कर लिया कि अगर कुछ होता है तो मुकर जाएँगे कि यह बैग हमारा है।

किसी तरह से कानपुर पहुँचे। अनिल अपने दोस्त और एक पुलिस के कांस्टेबल के साथ स्टेशन आया हुआ था। उसी ने वह बैग सीट के नीचे से निकाल हाथ में ले लिया। बाहर निकल कर दोस्त ने वह बोतलें, जिसकी बहन की शादी थी, उसको दे दी। बस एक बोतल हम सब के लिए बचा ली गई।

टेस्ट मैच देखने के लिए तमाम रिश्तेदार दोस्त के यहाँ आए हुए थे, इसलिए हमारा रहने का बंदोबस्त एक होटल में किया गया। इससे अच्छी बात हो भी नहीं सकती थी— यानी पूरी आज़ादी। खाना दोस्त के घर पर ही होता था। सो खाना खाया और होटल पहुँच गए। पहले रोज़ तो सब जल्दी सो गए, क्योंकि सुबह जल्दी उठकर टेस्ट मैच देखने ग्रीन पार्क स्टेडियम पहुँचना था और काफी दूर पैदल चल कर जाना था। दोस्त के पिताजी ने पुलिस के हकूक का इस्तेमाल करते हुए हमारी सीटों का बंदोबस्त पेवेलियन में किया था।

हम लोग शराब की बोतल में से कुछ शराब एक छोटी बोतल में डालकर अपने लंच के बैग में लेकर गए थे, जिसे मैंने अपनी कुर्सी के पास ही रख दिया। अचानक पूरे वातावरण में शराब की सुगंध आने लगी। मैंने देखा—जोश-जोश में शायद बैग में पैर लगा और बोतल का ढक्कन कुछ ढीला था, इसलिए यह हादसा हुआ। मैंने ऊपर की तरफ देखते हुए ही धीरे से बैग को सीधा कर दिया। वैसे भी लंच घोषित हो चुका था।

हम सबने कोल्ड ड्रिंक लेकर उसमें मिला-मिला कर उसे खत्म किया, खाना खाया और फिर मैच देखने लगे। हम लोगों को मज़ा सा नहीं आ रहा था। एक तरफ हल्का-हल्का सुरूर था तो अच्छी शॉट्स पर चिल्लाने का दिल किया। एक-आध बार यह गुस्ताख़ी कर भी बैठे, पर पेवेलियन में बैठने वाले संभ्रान्त लोगों की अजीब सी निगाहें हमें शर्मिंदा कर देती थीं। खेल ख़त्म कर खाने के लिए दोस्त के घर पहुँचे और अंकल से यह गुजारिश की कि हमें आम लोगों की दर्शक दीर्घा में बैठने दिया जाए। वो भी बात को समझ गए और दूसरे दिन हुआ भी यही। तीसरे दिन के अंत तक करीब-करीब यह हालात नजर आने लगे कि मैच ड्रॉ की ओर जा रहा है। अगले रोज़ हमने दोपहर के लंच के बाद स्टेडियम छोड़ दिया। कानपुर शहर में इधर-उधर घूमते रहे और बाजार से खाने आदि का सामान लेकर होटल पहुँच गए। बची-खुची शराब ख़त्म कर दी गई।

फिर जो नाच शुरू हुआ, तो होटल में हंगामा हो गया। दरअसल हम सब फर्स्ट फ्लोर पर ठहरे हुए थे और डांस की वजह से ग्राउंड फ्लोर वाले परेशान थे। हम सब आखिर उस इलाके के दारोगा साहिब के मेहमान ठहरे। होटल मैनेजर बड़ी मुश्किल में थे कि हमसे डांस बंद करने के लिए कैसे कहें। फिर भी डरते-डरते आकर कमरे का दरवाजा खटखटाया और अपनी दुविधा बयान की।

हम वैसे भी काफी नाच चुके थे, सो उसकी प्रार्थना स्वीकार कर ली। खाना खाया और निकल पड़े, रात के 9-12 का फिल्म शो देखने। फिल्म थी 'हमारे तुम्हारे', जिसमें संजीव कुमार और राखी के दो-दो औलाद हैं और दोनों शादी कर लेते हैं। बच्चों में आपस में जो घमासान होता है, वह देखना बड़ा मज़ेदार रहा। अगले रोज़ टेस्ट मैच ड्रॉ हो गया और हम शाम को ट्रेन पकड़कर इलाहाबाद वापस आ गए। यह दौरा कई मायनों में यादगार रहा।

आज के लिए ये दो गीत हैं, फिल्म 'शगुन' से, साहिर साहब के लिखे और खय्याम साहिब के संगीत से सँवारे:

" तुम अपना रंजोगम अपनी परेशानी मुझे दे दो,
थोड़े दिन के लिए अपनी निगहबानी मुझे दे दो।"

"तुम चले जाओगे परछाइयाँ रह जाएँगी,
कुछ ना कुछ हुस्न की रानाइयाँ रह जाएँगी।"

अध्याय: 5
इलाहाबाद को अलविदा

इलाहाबाद शहर के सी-एम-पी- डिग्री कॉलेज से बी-एस-सी- की पढ़ाई की और बास्केटबॉल टीम का कैप्टन भी रहा। उन्हीं दिनों लॉन टेनिस का शौक पैदा हुआ और मैंने कॉलेज की लॉन टेनिस की टीम में भी अपनी जगह बना ली। इसी दौरान किसी आम नौजवान की तरह थोड़ा-सा पॉलिटिक्स, थोड़ी-सी गुंडागर्दी और ऐसे ही कुछ शौक, कुछ समय के लिए इन रास्तों की तरफ ले गए। लेकिन जब बी-एस-सी- में बहुत खराब नंबर आए तो आँख खुली और फिर सब चीज़ों से तौबा कर, अपने करियर की तरफ संजीदा हुआ -

"सिर्फ एक कदम पड़ा था गलत राहे शौक में,
और मंजिल तमाम उम्र मुझे ढूँढती रही।"

पिताजी का तबादला इलाहाबाद से अम्बाला हो चुका था। मुझे बी-एस-सी- के रिजल्ट्स की वजह से कहीं किसी अच्छी यूनिवर्सिटी में दाखिला मिलना मुश्किल था। इलाहाबाद में तो एक तरह से अपना राज था और इसलिए मैंने वापस आकर एल-एल-बी- में दाखिला ले लिया और कॉम्पिटिशन के इम्तिहानों जैसे आई-ए¬एस-, आई-एफ-एस-, आदि के एंट्रेंस एग्ज़ाम्स की तैयारी शुरू कर दी। ईवनिंग क्लास में मैंने लॉ जॉइन कर ली थी, क्योंकि एक तरफ तो मेरी केमिस्ट्री बहुत अच्छी थी और दूसरी तरफ मैं क्रिमिनल लॉ को एक दूसरे एलेक्टिव के तौर पर चाहता था। ये दोनों ही सब्जेक्ट्स बहुत स्कोरिंग थे।

पुराने तमाम लोगों से कम-से-कम ताल्लुकात रहने के मद्देनज़र मैंने अपने एक दोस्त 'मुकेश', जो मोतीलाल इंजीनियरिंग कॉलेज में पढ़ रहा था, के हॉस्टल के कमरे में डेरा डाल लिया, क्योंकि वह खुद अपने माता-पिता के साथ इलाहाबाद में ही रह रहा था। लेकिन कॉलेज के नियमानुसार इम्तिहान के दिनों में होस्टल में रहना जरूरी था, इसलिए उसके पास ये कमरा था। इधर कुछ किताबें ख़रीदीं, एक अच्छी लाइब्रेरी में सदस्य बन गया। यानी तमाम तैयारियाँ शुरू कर दी गईं।

20 जून, 1980 के आसपास श्रीमान संजय गाँधी की हवाई दुर्घटना में मौत हो गई और साथ ही साथ मेरी दादीजी का देहांत भी हो गया। मैं दादीजी की तेरहवीं में शामिल होने के लिए इलाहाबाद से संगम एक्सप्रेस में चढ़ा और आगे-आगे अस्थि एक्सप्रेस चल रही थी। यह अस्थि एक्सप्रेस एक स्पेशल ट्रेन थी, जिसमें श्री संजय गाँधी की अस्थियों को उनके पैतृक निवास इलाहाबाद के आनंद भवन लाया गया और फिर प्रयागराज संगम में प्रवाहित किया गया, और वापस दिल्ली जा रही थी।

कानपुर तक संगम एक्सप्रेस को अस्थि एक्सप्रेस की वजह से जगह-जगह रुकना पड़ रहा था। आखिरकार कानपुर स्टेशन पहुँच कर दोनों ट्रेनें अलग-अलग प्लेटफॉर्म पर जा खड़ी हुईं। मैं देख चुका था कि अस्थि एक्सप्रेस में ज्यादातर नेतागण और उनके संगी-साथी या कहें कि कार्यकर्ता आदि भरे हुए थे। मेरे दिमाग में तुरन्त एक ख़याल आया। मैंने अपने सूटकेस में से तुरन्त ही अपना कुर्ता-पायजामा निकाला और सभी को नमस्कार

करते हुए अस्थि एक्सप्रेस में जा सवार हो गया और उन्हीं लोगों में शामिल हो गया। ये लगभग रात साढ़े नौ बजे के आसपास की बात है।

लोगों ने रात का खाना आदि खाया और वहाँ से अस्थि एक्सप्रेस चलकर सीधे दिल्ली ही रुकी।

दिल्ली उतरने के बाद, बस पकड़ कर मैं अपने गाँव भौंड्सी, हरियाणा पहुँचा। तमाम रिश्तेदार आए हुए थे। अगले रोज ही दादीजी की तेरहवीं थी, जिसकी तैयारी चल रही थी। मुझे अभी भी याद है कि मैंने भी बूँदी के लड्डू बनाने में हिस्सा लिया और कई बार गरम बूँदी से हाथ जलाए थे। लेकिन फिर भी सबके साथ एक अलग ही यादगार समय गुजरा। दो रोज बाद ही मैं गाँव में घूम-फिर कर खेतों आदि में चहलकदमी कर वापस इलाहाबाद चला आया। मुझे अंदाजा नहीं था कि फिर मैं सालों तक अपने गाँव वापस नहीं आ पाऊँगा।

इलाहाबाद पहुँचते ही चोट लग गई और फिर मेरा गाँव आना हुआ 1989 में, वह भी दादाजी की मृत्यु होने पर उनकी तेरहवीं में शामिल होने के लिए। जिस तरह मेरा सब कुछ बदल चुका था, और मैं व्हीलचेयर पर वापस आया, उसी तरह से मेरा गाँव भी अब वह गाँव नहीं था। या यूँ कहूँ कि गाँव ही नहीं रह गया था। बैठक के आगे का वह खुला हुआ मंजर अब तमाम सीमेंट के मकानों से पट चुका था। सामने जो कुआँ हुआ करता था, अब तो बस देखने को ही रह गया था। उसके बगल में ही एक हैंड-पंप लग चुका था। मुझे अब यह विकसित माहौल भी अपने उस पुराने गाँव के सामने उजाड़-सा दिखाई दे रहा था। ऐसा कि जैसे किसी ने एक खूबसूरत तस्वीर पर स्याही की बोतल उंडेल दी हो। अपना ही गाँव अब बेगाना-सा लग रहा था। बस उस मौके के बाद से मैं अपने गाँव मुश्किल से ही जाता हूँ। एक-आध शादी के मौके पर या फिर आख़िरी बार 2001 में माताजी की तेरहवीं में शामिल हुआ था। कई बार जाने की सोचता हूँ, वहाँ कुछ तो मेरे बचपन के दोस्त हैं और चाचा-चाची वगैरह हैं, पर पता नहीं क्यों मन नहीं करता।

यहाँ मैं अपनी चोट से पहले के एक और शख़्स को याद करना चाहूँगा, जिनका नाम है श्री विनय सिंह रावत, पेशे से फौजदारी वकील, शौक़ से एक शायर। मेरा एक क्लासमेट, मुकेश कुमार गुप्ता, जो एक अभिन्न मित्र भी है, मैं शाम को उसके यहाँ बैडमिंटन खेलने जाया करता था। उसके पिताजी एक साइकोलॉजिस्ट थे और विनय सिंह रावत उनकी पत्नी के गाँव से थे। इसलिए मेरा दोस्त उन्हें मामाजी कहकर संबोधित करता था। आए दिन शाम को विनय सिंह जी का उनके यहाँ आना-जाना रहता था। हम लोग भी शौक़िया कभी-कभार बैठने का मौका पा जाते थे।

सही मायने में मेरा शेर-ओ-शायरी सुनने-सुनाने का शौक वहीं से परवान चढ़ा। उन्होंने एक बार जिक्र किया कि कुछ ख़याल लोगों का एक क्लब था, जिन्हें शेर-ओ-शायरी का शौक़ था और वे लोग महीने में कभी-कभार इकट्ठे होते थे। उन शौक़ीनों में एक तांगेवाला भी था जो अपने खुद के कलाम भी लिखा करता था। इकहरे बदन का व्यक्तित्व था उसका। उसने एक शेर पढ़ा:

"ग़म ए दौरान से हम भी गुजरे हैं,
मगर हंसते हुए रक्स करते हुए।"

यही सब बातें थीं, जिन्होंने शायद मुझे मजबूती दी, जो आगे तक मेरे काम आती रहीं। चोट के बाद भी विनय सिंह साहब से बातें हुईं। वह आजकल सुप्रीम कोर्ट में प्रैक्टिस कर रहे हैं।

यूँ तो बचपन और लड़कपन की बहुत सी बातें मैं बैरकपुर से जुड़े अध्याय में काफी कर चुका हूँ। उसके बाद कुछ स्कूल के दिनों की यादें मेरठ वाले अध्याय में कर चुका हूँ और चोट लगने से पहले तक की यादों का सफर इलाहाबाद से जुड़े अध्याय में कर चुका हूँ। इन सबके अलावा कई ख़ास-ख़ास घटनाएँ, जो इस दौरान हुईं, उन्हें मैं ज़रा तफसील से अगले कुछ अध्यायों में करूँगा। मुझे पूरी उम्मीद है कि आपको पढ़ने में आनंद जरूर आएगा। इसके बाद तो फिर चोट लगने के बाद की यादों से आपको दो-चार करवाना ही है।

जो गाना इस पल याद आ रहा है, वो फिल्म 'मिर्ज़ा गालिब' का सुरैया जी का गाया और उन्हीं पर फिल्माया गया है:

"रहिए अब ऐसी जगह चल कर जहाँ कोई न हो
हम-सुख़न कोई न हो और हम-ज़बाँ कोई न हो. "

भाग: तीन
हादसा और हॉस्पिटल के चक्कर

अध्याय: 1
हादसा

23 जुलाई, 1980 की एक शाम। हम तीन दोस्तों में से एक की ज़िंदगी इस कदर बदलने वाली थी, जिसका हमें गुमान भी ना था। हम तीन दोस्त— पहला, मेरा दोस्त कुँवर बीर सिंह खुराना या के-बी-, जो एक अच्छे ख़ासे शरीर का मालिक था। वजन सामान्य से कुछ ज्यादा, लेकिन फुर्ती और शक्ति में कहीं कोई कमी नहीं। 20-21 साल की उम्र, सरदार, गोल चेहरा, हल्की दाढ़ी और मध्यम कद, भारी आवाज का मालिक और बड़ा ही हँसमुख और दिलफेंक इंसान। दूसरा, अनिल राठी, जिसका कद तो वही मंझोला, थोड़ा लंबा चेहरा और चाल अपने पसंदीदा हीरो, देव आनंद साहब से मिलती हुई, और उसी तरह ही हल्के शरीर की बनावट। उसी तरह की शर्ट-पैंट पहनने का शौकीन और कभी-कभी हैट भी लगा लिया करता था। हम तीनों में अगर किसी को फैशन का शौक था तो बस अनिल को ही। तीसरा था मैं, जो औसत से अच्छी लंबाई और तंदुरुस्ती का मालिक। बालों में परिवार की परंपरा के हिसाब से तेल लगा रहता था, आलस नाम मात्र को भी नहीं और हैंडसम कहना अतिशयोक्ति नहीं होगी।

हम तीनों में बड़ी दोस्ती थी। अलग-अलग कॉलेज में पढ़ रहे होने के बावजूद दिन में काफी समय साथ गुजरता था। एक साथ फिल्में देखना, खेलना, मौज-मस्ती करना—तीनों एक दूसरे के लिए जान पर खेल जाने को तैयार। यही तो उस उम्र में सबके साथ होता है। दिन-रात उठते-बैठते बस दोस्तों के सिवाय कुछ नहीं दिखाई पड़ता। मेरा यह मानना है कि ज़िंदगी में असल-दोस्त स्कूल और कॉलेज के दिनों में ही बनते हैं। हालाँकि मैं अपने आप को उन खुशकिस्मत लोगों में पाता हूँ जिन्हें बाद में भी बहुतों के साथ दोस्ती पाने का सौभाग्य मिला।

बाद की ज़िंदगी में तो साथी ही बनते हैं। दोस्त और साथी में बहुत फर्क होता है। साथी से कहीं-न-कहीं कुछ-न-कुछ आप छुपाते हैं, जबकि दोस्त के सामने आप एक खुली किताब होते हैं। दोस्ती उन्हीं के बीच होगी, जो एक-दूसरे को समझ सकें, एक दूसरे को अपनी पसंद-नापसंद समझानी न पड़े। बाद की ज़िंदगी में तो आपको साथी मिलते हैं, वो चाहे आपके ऑफिस में हों, पड़ोसी हों। यहाँ तक कि पत्नी और आज की गर्लफ्रेंड भी दोस्त नहीं बन पाते। इनमें से वही रिश्ते कामयाब होते हैं, जिनमें दोस्ती का-सा कुछ रिश्ता बन जाता है। वरना सालों-साल आप साथ-साथ चलते हैं, बैठते हैं, खाते-पीते हैं, हर तरह की ऐश मनाते हैं। यहाँ तक कि परेशानी, सुख-दुख में साथ खड़े रहते हैं, पर फिर भी ज्यादातर दोस्ती का रिश्ता नहीं बन पाते। बस रेल की पटरियों की तरह साथ-साथ चलते रहते हैं और ज़िंदगी की गाड़ी उन पर बखूबी चलती रहती है। दो इंसान अपने-अपने दिल की बात दिल में ही रखते हैं, उतना ही बाँटते हैं जितना जरूरी, अपना दिल खोल कर नहीं रख सकते। इसीलिए दोस्त नहीं बन पाते।

मुझे भी ज़िंदगी में तमाम ऐसे साथी मिले, जो अब भी साथ-साथ चल रहे हैं, कभी-कभी पटरी बदल कर दूसरी ओर निकल जाते हैं, फिर किसी मुकाम पर जुड़ जाते हैं। परन्तु साथी से आगे बढ़कर दोस्त की फेहरिस्त तक कोई-कोई पहुँच पाता है। बिछड़े सभी

बारी-बारी वही रिश्ते हैं जो साथी हैं या थे। दोस्त तो बिछड़ सकता ही नहीं, खुश हो सकता है, नाराज हो सकता है, रुठ सकता है—अलग नहीं हो सकता, बिछड़ नहीं सकता। दोस्ती का रिश्ता दिलों का रिश्ता है और कभी-कभार गलती भी कर बैठता है और दोस्त साथी बन जाता है, वहीं साथी दोस्त बन जाता है। दोस्ती का रिश्ता दिल से बनता है, लेकिन साथी का रिश्ता दिमाग से बनता है, जो अच्छे-बुरे, फायदे-नुकसान जैसी बातों के अंतर को मद्देनज़र रख कर बनता है, और मतलब पूरा होने पर बिछड़े सभी बारी-बारी।

"शिवजीत! तैयार हो जा, हम के-बी- के मम्मी-डैडी को रेलवे स्टेशन तक छोड़ने जा रहे हैं। के-बी- ने अभी बुलाया है," अनिल ने कहा। मैंने फटाफट कपड़े बदले, बालों में कंघी मारी और हॉस्टल से निकल कर अनिल के साथ चल पड़ा। हम पैदल ही के-बी- के घर पहुँचे और के-बी- के माता-पिता को नमस्ते कहा। वे बस निकलने के लिए तैयार ही थे। के-बी- के माता-पिता हमें अच्छी तरह जानते थे। हमने फटाफट के-बी- के पिताजी के हाथ से सूटकेस और बैग ले लिया। उनकी हल्के नीले रंग की एम्बेसेडर सामने ही खड़ी थी।

वो एम्बेसेडर का सबसे पुराना मॉडल था और मुझे याद है कि उसका अगला दरवाजा आजकल की किसी भी कार के मुकाबले उलटा खुलता था। यानी जोड़ तो उसमें गाड़ी के बीच में था और आगे की तरफ से पीछे को खुलता था। इसी गाड़ी में मैंने सब सामान जमा दिया। यह कार बड़े ही खास मौकों पर निकाली जाती थी और आज भी ऐसा ही खास मौका था। हम पाँच जन गाड़ी में बैठे, और गाड़ी स्टार्ट हुई। हम थोड़ी ही देर में इलाहाबाद रेलवे स्टेशन पहुँच गए।

इलाहाबाद रेलवे स्टेशन की एक एंट्री कैंट की तरफ से होती थी। एकमात्र टिकट काउंटर की खिड़की से प्लेटफॉर्म टिकट लेकर हम ओवरब्रिज के ऊपर से होते हुए शहर की तरफ़ के प्लेटफॉर्म नंबर-1 पर पहुँच गए। इलाहाबाद का स्टेशन अंग्रेजों के समय का बना हुआ है और प्रयाग जैसा तीर्थ स्थान होने की वजह से जनता की आवाजाही बहुत है। नॉर्थ ईस्ट बंगाल जाने वाली ज्यादातर गाड़ियाँ यहाँ से गुजरती हैं।

आज का तो पता नहीं लेकिन उस समय स्टेशन की सफाई देखते ही बनती थी। तकरीबन 12 प्लेटफॉर्म हुआ करते थे। लगभग 7 बज रहे होंगे, जब हम स्टेशन पहुँचे थे। ट्रेन का इंतजार करते हुए के-बी- के पिताजी से काफी बातचीत हुई। तकरीबन 8 बजे नीलांचल एक्सप्रेस स्टेशन पर पहुँच चुकी थी। हमने उनका सामान उठाया और ट्रेन में उनकी बर्थ ढूँढ कर वहाँ सब सामान रख दिया। जल्दी ही ट्रेन चल पड़ी और हम ट्रेन से उतर गए। उन्हें विदा किया और स्टेशन से बाहर की ओर चल पड़े।

"भाई अब हॉस्टल जाने की कोई ज़रूरत नहीं, सीधा मेरे घर चलो—आज तुम दोनों मेरे घर रुक रहे हो," के-बी- ने कहा। हम लोग जल्दी ही तैयार हो गए। घर जाते हुए प्लान बना कि आज रात देर तक जागेंगे और खूब मस्ती करेंगे।

के-बी- के पिताजी उन दिनों मेजर की रैंक पर थे और अच्छा ख़ासा घर उन्हें रहने के लिए सरकार से मिला हुआ था, जिसमें 2 बेडरूम, एक ड्रॉइंग रूम और घर के आगे काफी बड़ा लॉन था। पीछे की तरफ किचन था और गार्डन के लिए काफी लंबी-चौड़ी जगह थी। हम लोग ड्रॉइंग रूम में बैठ गए। के-बी- की दो बहनों, स्वीटी और गगन, ने हमारे लिए खाना तैयार कर दिया। के-बी- ने उनसे जाकर अपने बेडरूम में सोने के लिए

कह दिया। उनका जाना था कि के-बी- ने लपक कर अपने पिताजी की ह्विस्की की बोतल निकाल ली और हम लोगों ने खाना खाते-खाते ह्विस्की पीना शुरू कर दिया। हम काफी देर तक पीते रहे और अपनी पिछली-आगली बातें याद कर-करके हंसते रहे। इसी तरह धीरे-धीरे सब ढेर हुए—कब ढेर हुए, पता भी नहीं चला।

आँख खुली तो देखा कि 5 बज रहे हैं। नजर दौड़ाई तो के-बी- सोफे से आधा लटका हुआ सा पड़ा था, अनिल मेरी बगल में ही औंधे मुँह लेटा हुआ था और सोफे की गद्दियों को अपने में लिपटाए हुए था। रात होश ही नहीं रहा कि सोने से पहले कपड़े बदल लें। हम पिछले दिन के उन्हीं कपड़ों में सो गए थे, जो स्टेशन जाते वक्त पहने थे। के-बी- ने ही अपनी पैंट बदल कर लूँगी डाल ली थी क्योंकि उसके भारी शरीर की वजह से पैंट पहन कर उससे नीचे बैठा भी नहीं जाता था, सोना तो दूर की बात थी।

मैं उठा और दोनों को बारी-बारी झंझोड़ा, यहाँ तक कि दोनों को एक-एक लात भी जड़ दी। लेकिन दोनों ने ही कुम्भकरण की तरह हल्की सी हरकत के अलावा कोई प्रतिक्रिया नहीं दी। हारकर मैं यह कहकर बाहर निकल गया कि मैं हॉस्टल जा रहा हूँ और वहाँ से तैयार होकर 9 बजे तक आ जाऊँगा और फिर साथ ही यूनिवर्सिटी चलेंगे।

के-बी- का घर इलाहाबाद के मशहूर कटरा मार्केट के नजदीक ही था, जो चेटम लाइंस का इलाका कहलाता है। इलाहाबाद में 2 कैंट एरिया हैं। एक हाई कोर्ट के नजदीक, जिसे ओल्ड कैंट कहा जाता है और एक यह न्यू कैंट का एरिया। मैं उसके घर से निकलकर हॉस्टल की ओर चल दिया। मोतीलाल नेहरू कॉलेज में ही मेरा दोस्त मुकेश गुप्ता रहता था। मैं और अनिल अस्थाई तौर पर उसके द्वारा बुक किए गए कमरे में हॉस्टल में रह रहे थे।

जुलाई का महीना था, आसमान में हलके बादल छाए हुए थे और सुबह की ठंडी हवा चल रही थी। कुछ रात का नशा अभी तक बाकी था। मैं बड़े मजे में धीरे-धीरे दौड़ने लगा।

अचानक ही पीछे से सिर पर किसी बड़ी भारी चीज़ की चोट लगी। तेज दर्द उठा और मैंने खुद को अंधेरे में घिरता हुआ सा महसूस किया। मैं सिर पकड़ कर नीचे गिरता चला गया और मेरी आँखों के आगे अँधेरा छाने लगा। 24 जुलाई, 1980 की यह सुबह उजाला होते होते, कब अँधेरा हो गया, मुझे इसका गुमान ही नहीं था।

4 अगस्त, 1980। यह वह दिन है जबसे मेरी याद्दाश्त के पन्नों पर घटनाओं की स्याही से ईश्वर ने दोबारा लिखना मंजूर किया। 24 जुलाई से लेकर इस तारीख तक के पन्ने जैसे मेरी यादों की डायरी से किसी ने चुरा लिये हैं और मैं आज तक उन्हें ढूँढने की भरपूर कोशिश के बावजूद खाली हाथ ही हूँ।

जब मेरी याद्दाश्त दुरुस्त हुई तो मुझसे मिलने आने वाले दोस्तों और जान-पहचान वाले लोगों ने मुझे बताया कि मैं पिछले रोज़ से ही लोगों से बात कर रहा हूँ लेकिन मुझे कुछ याद नहीं कि मैंने एक दिन पहले किस-किस से और क्या बातें कीं।

मुझे बताया गया कि मैं कॉलेज और होस्टल के बीच से गुजरने वाली रेलवे लाइन पर पड़ा हुआ पाया गया था। कॉलेज के कुछ लड़कों ने मुझे पहचान लिया और मेरे दोस्त मुकेश को खबर कर दी, जिसके बाद मुझे मेरे दोस्त मुकेश गुप्ता के साथ पढ़ने वाले दोस्तों ने इंजीनियरिंग कॉलेज के वाइस चांसलर साहब की कार में डालकर स्वरूप रानी हॉस्पिटल पहुँचाया।

हिंदी फिल्मों में अक्सर देखा कि किसी व्यक्ति की याद्दाश्त किसी चोट या हादसे के कारण चली जाती है और फिर किसी दूसरे हादसे या चोट से वह वापस आ जाती है। आज भी मैं चाहता हूँ कि मेरे साथ भी ऐसा कुछ हो जाए कि मेरी वह खोई हुई याद्दाश्त वापस आ जाए। दिमाग पर भी बहुत जोर डाला, लेकिन उस वाकये की कोई याद वापस नहीं आई।

कुछ लोग मेरी इस बात पर विश्वास करते हैं और कुछ यह मानते हैं कि शायद ऐसी कोई बात है जो मैं बताना नहीं चाहता। लेकिन सच तो यह है कि जितना रहस्य यह किसी और के लिए है, उससे कहीं ज्यादा रहस्य मेरे अपने ही लिए है कि मेरे साथ उस दिन और उसके बाद क्या हुआ? और क्यों हुआ?

मेरी एक हार्दिक इच्छा है कि इस किताब को लिखने के दौरान किसी अच्छे साइकॉलॉजिस्ट की मदद से अपने ऊपर हिप्नोटिज़्म की प्रक्रिया कराकर उनसे कहूँ कि वो मुझे मेरे चोट लगने के समय में ले जाकर मुझसे पूछें और पता लगाने की कोशिश करें कि दरअसल यह हादसा कैसे और क्यों हुआ। अगर ऐसा संभव हुआ तो मैं अपनी कहानी में इसका राज जरूर आगे के किसी पन्ने पर आपसे खोलूँगा।

साहिर साहिब के जिस गीत का जिक्र मैं यहाँ करना चाह रहा हूँ, वो फिल्म "वक़्त" से है—

"आगे भी जाने ना तू, पीछे भी जाने ना तू,
जो भी है, बस यही एक पल है—।"

अध्याय: 2
हॉस्पिटल के चक्कर

इलाहाबाद में चोट लगी थी। दोस्तों ने पहले स्वरूपरानी सिविल हॉस्पिटल में एडमिट करा दिया। पिताजी के फौज में होने की वजह से और एम-एच- इलाहाबाद में रहने के कारण तुरन्त चारों तरफ खबर फैल गई। पिताजी अम्बाला से चल पड़े और न्यूरो सर्जन कर्नल सूर्यप्रकाश कोलकाता से हेलिकॉप्टर से पहुँच गए। मुझे स्वरूपरानी से एम-एच- इलाहाबाद में शिफ़्ट कर दिया गया। वहाँ यह निर्णय लिया गया कि मुझे स्पाइनल कॉर्ड इंजुरी हो गई है और कमांड हॉस्पिटल लखनऊ जहाँ स्पाइनल यूनिट है, वहाँ भेज दिया जाए।

इस चोट में एक जगह से दूसरी जगह शिफ़्ट करते समय शरीर को एक कटे हुए पेड़ के तने की तरह से उठाया जाता है ताकि शरीर कहीं से मुड़े नहीं। क्योंकि हड्डी की चोट के स्थान में अगर मुड़ेगा तो स्पाइनल कॉर्ड में खिचाव पड़ेगा और उससे और ज्यादा नुकसान होने का खतरा बन जाता है। इसलिए ट्रेन में एक अंग्रेजों के समय का डिब्बा लगाया गया, जिसमें फर्स्ट क्लास में आप लोकल ट्रेन की तरह से सीधे घुसते हैं और इस वजह से स्ट्रेचर पर लेते हुए सीधे मुझे ट्रेन की बर्थ पर शिफ़्ट किया जा सका। साथ में एक डॉक्टर और माता-पिता थे।

लखनऊ पहुँचते ही सिर में एक ट्रैक्शन लगा दिया गया, जिससे करीब 8 से 10 किलोग्राम वजन लटका दिया जाता है, जो गर्दन की हड्डी को सीधा रखने की कोशिश करता है, जिससे टूटा हुआ हिस्सा जुड़ जाए और इस दौरान स्पाइनल कॉर्ड पर दबाव न पड़े। लखनऊ में मैं तकरीबन डेढ़ महीने रहा, जिसमें ट्रैक्शन सिर में से उखड़ कर तीन बार नीचे गिर गया। शरीर में तमाम इन्फेक्शन बन गए। प्रॉपर सेंसैशन्स न होने की वजह से बेडसोरस हो गए। दिन-रात बुखार बना रहता था और करीब-करीब यह नजर आने लगा था कि शायद बचना मुश्किल है।

मुझे सही तौर पर क्या हुआ है? और यह भी विचार आता रहता था कि कुछ रोज़ में ठीक हो जाऊँगा और वापस ज़िन्दगी शुरू हो जाएगी। माता-पिता और परिवार वालों को वास्तविकता तो मालूम हो गई थी लेकिन वो किसी भी हालत में इस बात को मानने को तैयार नहीं थे। मुझे, जैसा मैंने कहा, इस चोट का कोई इलाज तो है नहीं, केवल देखभाल की जाती है और हड्डी को अपनी जगह बैठने और जुड़ने के लिए दस-बारह हफ़्ते का समय दिया जाता है। आजकल यह है कि तुरन्त ऑपरेट करके प्लेट्स लगा कर गर्दन को स्टेबल कर दिया जाता है। दोनों ही सूरतों में शुरू होता है री-हैबिलिटेशन यानी पुनर्वास। जो कुछ भी ताकत और मूवमेंट आपके शरीर में बची है, उस आधार पर आपको रोजमर्रा के जरूरी कार्यों में ट्रेन किया जाता है। जैसे कि आप कैसे बिस्तर में उठ कर बैठेंगे?, कैसे बिस्तर से व्हीलचेयर पर शिफ़्ट करेंगे?, कैसे बिस्तर पर ही अपने कपड़े पहनेंगे? और गर्दन की चोट वालों जिनकी उंगलियों में मेरी तरह पकड़ नहीं रह जाती है, को पेन से लिखना, बालों को सँवारना, अपने आप खाना खाना जैसे कामों की ट्रेनिंग दी जाती है।

मुझे कमांड हॉस्पिटल लखनऊ से पिताजी के अभिन्न मित्र डॉक्टर बिशरिया की मदद और सलाह से कमांड हॉस्पिटल चंडीगढ़ शिफ़्ट किया गया। क्योंकि एक तो यह अम्बाला से करीब साठ किलोमीटर दूर था और वहाँ स्पाइनल यूनिट भी थी, दूसरे डॉक्टर बिशरिया ने अपने क्लासमेट पी-जी-आई-चंडीगढ़ के न्यूरो सर्जन डॉक्टर वी-के- काक से मशविरा किया और मुझे पी-जी-आई-चंडीगढ़ में एडमिट किया गया। वहाँ मेरी गर्दन का ऑपरेशन किया गया। टूटी हड्डी की जगह जाँघ से एक हड्डी का टुकड़ा निकाल कर ट्रांसप्लांट किया गया। लेकिन असल बात यह है कि इन सब कारवाइयों से मेरे और परिवार के अन्दर मेरे ठीक हो जाने की उम्मीद बनती-बिगड़ती रहती थी।

सच तो यह है कि मुझे अभी भी स्पाइनल कॉर्ड इंजुरी का कोई अंदाजा नहीं था और ना यह कि मैं ठीक नहीं होऊँगा। यह तो पी-जी-आई-में छह-सात हफ़्ते रहकर वापस कमांड हॉस्पिटल चंडीगढ़ में लौटा और इतने महीनों बाद जब पहली बार स्ट्रेचर ट्रॉली पर धूप में बाहर आया तथा स्पाइनल कॉर्ड इंजुरी के वॉर्ड के दूसरे आठ-दस लोगों को देखा, उनसे बात हुई तब झटका लगा कि शायद मुझे भी व्हीलचेयर पर आना पड़ेगा। उनमें से एक अनिल उपाध्याय जो उस वक़्त पैरलल बार्स पर खड़ा हुआ था, बड़े अंदाज़ से कहा, "अब तो घंटी बज गई, मौज करो।"

उसके कुछ समय के बाद भी मुझे एम-एच- अम्बाला पिताजी की यूनिट में ऑफिसर्स वॉर्ड में शिफ़्ट कर दिया गया और दिन-रात फिजियोथेरेपी की मदद से कोशिश की जाती रही कि किसी तरह से पैरों में जान आए। माता-पिता ने तमाम कोशिशें कीं — क्या आनन्दपुर साहिब का गुरुद्वारा, क्या वैद्य, क्या मंदिर, क्या हकीम, झाड़-फूँक, सबकुछ कर डाला, लेकिन नतीजा कुछ नहीं निकला।

शायर और गीतकार कैफ़ी आज़मी के लिखे फिल्म "कागज़ के फूल" के दो गीत याद पड़ते हैं। यह गुरुदत्त साहिब की बहुत ही बेहतरीन फिल्म है। हालाँकि वो पर्दे पर उतनी कामयाबी नहीं पा सकी और इस बात का सदमा भी उनको बहुत रहा, पर उनके जाने के बाद तो हर कोई इस फिल्म को देखना चाहता था। खैर, कैफ़ी आज़मी साहब के गीतों और बर्मन दा के संगीत ने इस फिल्म की कहानी को और भी वास्तविकता के करीब ला खड़ा किया।

इस फिल्म के इन दो गानों को हो सके तो आज फिर एक बार सुनिएगा—

"वक़्त ने किया क्या हसीन सितम,
हम रहे ना हम, तुम रहे ना तुम।"

...

"मतलब की दुनिया है सारी,
बिछड़े सभी बारी बारी।"

अध्याय: 3
बाबाओं से इलाज

बात उन दिनों की है, जब चोट लगे करीब साल भर से कुछ ऊपर हो गया था, और माता-पिता हर तरफ मेरे इलाज के लिए तलाश में लगे थे। मैं उन दिनों एम-एच- अम्बाला कैंट में एडमिट था। आनन्दपुर साहिब गुरुद्वारा के एक वैद्य आ मुआयना कर तमाम तरह की भस्म हलवे में मिलाकर खिला रहे थे। एक दिन

नजदीक की एक मजार पर जुम्मे के रोज भूत-पिशाच उतारने की भी कोशिश की गयी। फिर पता चला कि हर गुरुवार को एक इच्छाधारी नाम के बाबाजी अम्बाला शहर के सुप्रिंटेंडेंट पुलिस के घर आते हैं और हर तरह की बीमारी का इलाज करते हैं। मैं और मिस्टर नागी दोनों आर्मी एम्बुलेंस के एक-एक स्ट्रेचर पर लेट जाते थे। नागी साहिब की कार में दोनों के परिवार वाले आ जाते थे। बाबाजी के आने का कोई पक्का निर्धारित समय नहीं था, कभी-कभी रात के 12 भी बज जाते थे। हम लोगों को जल्दी फारिग कर दिया जाता था। पिताजी ने एस-पी- साहिब से कुछ जान-पहचान निकाल ली थी।

बाबा के साथ तकरीबन तीन बंदूकधारी बॉडीगार्ड और जहाँ उनका आसन होता वहीं एक पिटारी में नागदेवता अपना फन उठाये विराजमान। कई चेले दवाई गोलियों की पुड़िया बना रहे होते। बाबाजी इंजेक्शन में दवा भरते और बिना कपड़ा उतरवाए कमीज-कुर्ते के बाहर से ही सीधा इंजेक्शन लगा देते। ये सिलसिला कई हफ़्ते चला। हालत में वैसे तो कोई सुधार नहीं हुआ, पर मेरी सेहत बनती चली गई। वजन 10 किलो बढ़ गया, शरीर कुछ फूला-फूला-सा हो गया।

दवाओं को जब लैबोरेटरी में टेस्ट कराया गया तो पता चला कि ज्यादातर स्टेरॉयड्स दिए जा रहे थे। तुरन्त बाबाजी का इलाज बंद। माता-पिता ने जिस धर्मपरायणता के साथ ये सारी भाग दौड़ की, उसका ईनाम ये मिला कि पिताजी की कमर और पैरों में जो सायटिका का भयंकर दर्द रहता था, उससे उनको निजात मिल गई। अब ये उनकी श्रद्धा का फल था या बाबाजी की दवा का, ये तो बस मालिक ही जानता है।

इस घटना के कुछ रोज़ बाद ही पिताजी के ऑफिस में काम करने वाले कारपेंटर बलबीर ने खबर दी कि मुज्जफरनगर से लगे एक गाँव में उसी गाँव के एक किसान के अंदर कुछ दैविक शक्ति आ गई है और वो तमाम लोगों का इलाज कर रहा है और सफलता भी मिल रही है। फिर एक बार तैयारी शुरू हो गई। ये एक तरह से चोट के बाद होशो-हवास में पहली रेल यात्रा होने वाली थी। उससे पहले तो आधे-पड़ते होश में चोट लगने के पाँच-सात रोज़ के बाद इलाहाबाद से लखनऊ रेल से लाया गया था।

मैं अगर दोस्ती को खून के रिश्तों से भी ऊपर मानता हूँ तो ये कोई अतिशयोक्ति वाली बात नहीं है। अपनी इस पहली यात्रा में ये शर्त लगा दी कि मैं तभी जाऊँगा, अगर मुझे मुज्जफरनगर के बाद मेरठ अपने सबसे प्रिय दोस्त जसबीर और उसके परिवार से मिलने के लिए आगे मेरठ तक चलेंगे। बात मान ली गई और हम चल पड़े, मुज्जफरनगर की तरफ एक और बाबाजी का कमाल देखने। अब तक वह किसान बाबाजी की पदवी पा चुका था।

ट्रेन से अम्बाला से मुज्जफरनगर पहुँचे। जनवरी महीने का आख़िरी सप्ताह, ऐसी ठंड, समय था करीब प्रातः 8 बजे। सूर्य देवता दर्शन तो दे चुके थे, फिर भी माहौल में ठंडक थी।

ये बात 1983 की है। स्टेशन पर बाबाजी के गाँव जाने के लिए सवारी के नाम पर ताँगे और साइकिल रिक्शे ही उपलब्ध थे। सोच-समझ कर एक इक्का किया गया। उसमें साथ लाये बिस्तर को बिछाकर मुझे लिटा दिया गया। व्हीलचेयर फोल्ड कर पाँव की तरफ लिटा दी गई। भाई साहिब, पिताजी-माताजी बगल में पद्मासन-सा लगाकर बैठ गए। गाँव तक का दो-तीन किलोमीटर का सफर आसमान को देख कर गुजरा।

दरअसल मेरे दोस्त को अपनी कार लेकर स्टेशन पर मुझे लेने आना था, पर उसे रास्ते में देर हो गई। इस बहाने हमें इक्के की सवारी नसीब हुई। गाँव पहुँचकर अभी उतर ही रहे थे कि दोस्त की कार बगल में आ कर रुकी। उसके साथ उसका मजाकिया भाई रोमी भी आया था। खैर, ताँगे में से उतार कर व्हीलचेयर पर बिठाया गया।

हम नहर के साथ करीब 500 गज दूर चलते-चलते गाँव में पहुँच गए। पता चला कि बाबाजी तो कहीं आगे खेतों में आसन लगाये हुए हैं। जो लोग गाँव से वाक़िफ़ हैं, वे समझ सकते हैं कि खेत की एक-डेढ़ फीट की मेड़ पर व्हीलचेयर कैसे चल सकती है? पीछे से भाई साहिब ने चेयर संभाली, बगल से दोस्त और उसका भाई रोमी बारी-बारी व्हीलचेयर के बाजुओं को उठाकर पहियों को हवा में संभाले हुए थे। वो पाँच-छह खेतों का सफर पूरा करना मुश्किल हो गया।

मैं और मेरा दोस्त जसबीर अक्सर स्कूल से भागकर फिल्में देखने जाया करते थे। दोस्त के मुख से अनायास निकल पड़ा, "ये तो गाइड फिल्म का-सा सीन हो रहा है।" देव आनंद साहिब जेल से छुटने के बाद इसी तरह के एक गाँव में साधु समझ लिये जाते हैं और सूखे से ग्रसित गाँव वालों को यह विश्वास हो जाता है कि साधु बाबा जरूर बारिश करवा देंगे। यह बात तस्वीर समेत अखबारों में छपती है, और फिल्म की हीरोइन वहीदा रहमान देव साहिब की तलाश में गाँव की ओर चलते हुए पसीने से लथपथ, आख़िर बाबा के चरणों में थककर चूर हो गिर पड़ती है।

आख़िरकार हम भी बाबा के चरणों में पहुँच ही गए। भीड़ इस कदर बढ़ गई थी कि बाबाजी ने एक ऊँची मचान पर डेरा लगा लिया था। जनता नीचे से उनका आशीर्वाद ले आगे बढ़ रही थी। कभी-कभी उतर कर हाथ फेर कर आशीर्वाद देते थे। मुझे भी ये सौभाग्य प्राप्त हुआ।

कारवाँ वहाँ से मेरी इच्छानुसार मेरठ की ओर दोस्त की कार से चल पड़े। सालों बाद पूरे परिवार से मिलकर जो खुशी मुझे मिली, उसने सारी थकान मिटा दी। मैंने इसे ही बाबाजी के आशीर्वाद का फल मान लिया।

चोट लगने के तीन वर्षों में ये तो मेरी समझ में आ चुका था कि ये जो स्पाइनल कॉर्ड की चोट मुझे लगी है, उसका अब ठीक होना मुमकिन नहीं है, पर माता-पिता और भाई-बहिन का दिल रखने के लिए वो जो भी सम्भावना तलाशते, मैं पूरा सहयोग करता। आख़िर कौन

माँ-बाप अपने 22 साल के जवान बेटे के लिए ऐसा सोच भी सकता है कि उसे ताउम्र व्हीलचेयर पर ज़िंदगी गुजारनी होगी। इस तरह वो अपना दायित्व निभाते रहे और मुझे हॉस्पिटल से अक्सर बाहर जाने का मौका मिलता रहा। इस वजह से इस तरह की चोट

वालों को, जो एक मनोवैज्ञानिक परेशानी महसूस होती है, लोग उन्हें व्हीलचेयर पर किस नजर से देखेंगे, वो फ़ेज़ मेरी ज़िंदगी में आया ही नहीं।

बस रात को मेरठ से ट्रेन पकड़कर मैं बहुत ही खुश अम्बाला को लौट चला। पहली यात्रा मेरे हिसाब से तो पूरी कामयाब थी। अब किसको क्या मिला, ये मुकद्दर की बात है।

साहिर साहिब पहले पहले तो बी-आर-चोपड़ा साहिब के लिए लिखते रहे, बाद में 1970 के दशक में यश चोपड़ा साहिब की भी फिल्मों के लिए गाने लिखे। मुझे बहुचर्चित फिल्म 'काला पत्थर' के दो गीत याद आते हैं:

"एक रास्ता है ज़िंदगी जो थम गए तो कुछ नही "

और

"बाहों में तेरी, मस्ती के घेरे सांसों में तेरी, खुशबू के डेरे"

अध्यायः 4
कमांड हॉस्पिटल लखनऊः एक ख़ास पड़ाव

एक तरह से मैं धीरे-धीरे हालात को बखूबी समझने लगा और उनसे समझौता-सा करने लगा तथा अपने आप को व्हीलचेयर से ज़िंदगी गुजारने के लिए तैयार करने लगा। लेकिन इधर पिताजी ने स्पेशल रिक्वेस्ट पर अपनी नौकरी की आख़िरी पोस्टिंग के लिए कमांड हॉस्पिटल लखनऊ माँग लिया।

लखनऊ हॉस्पिटल में दाखिल रहने के दौरान हम एक कमरे में दो मरीज थे। दूसरे मरीज वीरेन्द्र रूपेरिया को दरअसल आई-एम-ए-में ट्रेनिंग के दौरान स्विमिंग पूल के कम गहराई वाले छोर पर डाइव लगाने की वजह से गर्दन में स्पाइनल कॉर्ड इंजुरी हो गई थी। वह भी करीब-करीब मेरी जैसी ही हालत में था।

शुरू-शुरू में मेरे पास परिवार का कोई सदस्य नहीं था, जो मुझे व्हीलचेयर पर ले जा पाता। क्योंकि पिताजी का तबादला अम्बाला से लखनऊ हुआ था और मैं तथा पिताजी ही लखनऊ आए थे, बाकी सब अम्बाला में ही थे। इस वजह से मेरा ज्यादा समय हॉस्पिटल के बिस्तर पर ही गुजरता था। रूपेरिया मुझसे यह कहता रहता था, "तुम बिस्तर पर ही क्यों पड़े रहते हो?"

एक रोज मैंने पलटकर मज़ाक में कहा, "मैंने कभी तुमसे पूछा है कि तुम हमेशा क्यों घूमते रहते हो?" खैर, पिताजी ने कुछ समय के लिए अपने नीचे काम कर रहे एक सिपाही की ड्यूटी मुझे घुमाने-फिराने के लिए लगा दी। मैं तो पहले से ही अम्बाला में भी हॉस्पिटल में कम और हॉस्पिटल के बाहर ज्यादा घूमता रहता था। वही सिलसिला यहाँ भी शुरू हो गया।

रूपेरिया साहब की सैर हॉस्पिटल के अंदर तक ही महदूद थी। उसका एक साथी मेजर विजय चहड़ उससे तकरीबन रोज मिलने आता था और निकलते वक्त मुझसे भी दुआ-सलाम हो जाती थी। उसने एक रोज कहा, "तुम रूपेरिया को लेकर हॉस्पिटल के बाहर कहीं घुमा कर लाओ और फिर मैं तुम दोनों को अपने ऑफिसर्स मैस में पार्टी दूँगा।"

दूसरे ही दिन मैंने रूपेरिया को एक-आध स्थानीय दोस्तों के साथ, व्हीलचेयर पर बैठे-बैठे लखनऊ के मशहूर इलाक़े हजरतगंज की सैर करा डाली। मुँह भी खूब चटपटा किया। ये सैर आना-जाना मिला कर तकरीबन 10 किलोमीटर की हो गई थी।

मेरा पूरा परिवार अम्बाला से लखनऊ आ चुका था। फिर एक बार मेरा इलाज करके ठीक करने की कोशिशें शुरू हो गईं। उन दिनों एमआरआई तो था नहीं, एक जाँच होती थी, जिसे "माइलोग्राम" कहते थे। इसके लिए मरीज को एक्स-रे टेबल पर लिटा दिया जाता था और उसकी कमर की हड्डी के करीब आख़िर में डाई से भरा इंजेक्शन लगा दिया जाता था। अब टेबल को इस तरह घुमाया जाता था कि सिर की तरफ से टेबल नीचे चला जाए, जिससे डाई धीरे-धीरे नीचे से सिर की तरफ चलने लगे। इस दौरान बराबर एक्स-रे लिये जाते रहते थे। फिर टेबल को तुरंत इतना ऊँचा कर दिया जाता कि डाई दिमाग में न जाए।

इस जाँच के बाद करीब सात-आठ घंटे लेटना मना था, ताकि डाई ब्रेन में न जाए; इतने समय में उसका असर खत्म हो जाए। पिताजी से कहकर आर्मी की एम्बुलेंस मंगा ली। मैं,

वीरेन्द्र के भाई महेन्द्र और मेरा फौजी सहायक एक तरफ की सीट पर बैठ गए, वीरेन्द्र को दूसरी सीट पर लगे स्ट्रेचर पर लिटा दिया।

हॉल पहुँच कर जैसे ही फौजी एम्बुलेंस रुकी और मुझे उठाकर व्हीलचेयर पर बिठाया, तब तक लोगों का मजमा लग गया। एक तो शहर के बीच फौजी एम्बुलेंस, ऊपर से व्हीलचेयर। वीरेन्द्र तो उतरने के लिए मना करने लगा पर उसके भाई ने जबरदस्ती स्ट्रेचर नीचे उतरवा लिया। मैंने भीड़ से थोड़े मज़ाकिया अंदाज़ में कहा, "भाई लोगों, जरा हट जाओ, हवा आने दो, मरीज का मामला है।"

उन्हें भी लग रहा होगा कि ये व्हीलचेयर पर बैठा किसको मरीज कह रहा है। खैर, तुरंत स्ट्रेचर से व्हीलचेयर पर बैठते ही, दोनों की चेयर को धक्का देकर हॉल में पहुँचा दिया गया। फिल्म शुरू हो गई थी। फिल्म का पूरा आनंद लिया गया।

शाम को फिर एम्बुलेंस आ गई। मैं तो वैसे ही चोट लगने के बाद पिछले चार सालों में मजबूत, मोटी खाल का हो गया था। मुझे जनता की नजरों से कुछ ख़ास फ़र्क़ नहीं पड़ा। हाँ, वीरेन्द्र ज़रूर थोड़ी परेशान हुआ। इसके बाद तो हमने तमाम फिल्में देख डालीं—कर्मा, राजतिलक, गिरफ़्तार, नदिया के पार आदि।

माइलोग्राम हो चुका था। बहुत ज़ोर देने पर न्यूरो सर्जन कर्नल टी-के- रॉय ने गर्दन का ऑपरेशन किया। उम्मीदें बँधीं और फिर टूट गईं। उन्हीं दिनों मेरे दिमाग में एक बात आई कि शायद स्विमिंग से फायदा पहुँच सकता है और तमाम विरोध के बावजूद मैं स्विमिंग पूल में जाने लगा। साथ में मेरे भाई या दोस्त रहते थे।

तक़रीबन तीन महीने की मशक्कत के बाद बिना पैरों की मूवमेंट के भी मैं बिना रुके स्विमिंग पूल की पाँच-छह लेंग्थ्स (चक्कर) करने लगा। इससे और कुछ फायदा हुआ या नहीं, लेकिन एक तो मेरा आत्मविश्वास बढ़ा, दूसरे शरीर के जो अंग काम करते थे, उनमें ताक़त अच्छी हो गई। इससे मेरी कमज़ोरी और बैलेंस पर काबू आ गया।

शराब और बेहोशी

इधर, वीरेन्द्र के दोस्त की शर्त के अनुसार, उस हफ़्ते के शनिवार को विजय चहड़ के मैस में जा पहुँचे। सिंगल ऑफिसर को वन-बेडरूम फ्लैट जैसा कमरा मिला हुआ होता है। शराब का दौर शुरू हुआ और मुझे कुछ समय में बड़ी बेचैनी-सी होने लगी।

मैं विजय और अपने सहायक सिपाही की मदद से कमरे के एकमात्र बिस्तर पर लेट गया। लेटे हुए अभी दस एक मिनट हुए होंगे कि रूपेरिया, जो मेरा मज़ाक उड़ा रहा था, की अचानक आवाज़ बंद हो गई। वह अपनी व्हीलचेयर पर बेहोशी की हालत में लटक-सा गया। तुरन्त मुझे अपनी व्हीलचेयर पर बिठाया गया और उसे बिस्तर पर लिटा दिया गया।

चिन्ता इस बात की हुई कि अगले दो घंटे तक भी वह होश में नहीं आया। विजय जे-एंड-के रायफल्स में था। उसने तुरन्त आर-एम-ओ कैप्टन गर्ग को बुलवाया। उन्होंने मुआयना कर कहा कि चिन्ता की वैसे कोई बात नहीं है, लेकिन नशे की बेहोशी है; उतरने में समय लगेगा। मुश्किल ये थी कि अब हॉस्पिटल कैसे पहुँचा जाए। आख़िरकार वैसे तो हम एडमिट थे।

खैर, मैं अपने सिपाही के साथ व्हीलचेयर पर बैठकर तुरन्त हॉस्पिटल पहुँच गया। मैंने यह समझा कर गया कि मैं वहाँ जाकर संभालता हूँ और ऑफिसर्स वॉर्ड का पिछला दरवाजा खुलवाता हूँ, एम्बुलेंस वहीं लगाना। जब तक एम्बुलेंस आकर रुकती और जब तक लोग पूरी बात समझ पाते, हम रूपेरिया को उसके हॉस्पिटल बेड पर लिटा चुके थे।

मैंने फिर से एक बार उसका ब्लड प्रेशर चेक करवाया। विजय चहड़ तकरीबन 11:30 बजे तक वहीं कुर्सी पर बैठा रहा, जब तक कि रूपेरिया ने आँखें खोल कर पानी नहीं माँगा।

अगले रोज रूपेरिया से पहले दिन की घटना के बारे में बात की तो पता चला कि उसे कुछ भी याद नहीं था, यहाँ तक कि बेहोश होने से पहले की बातें भी याद नहीं थीं। बात आयी-गयी हो गई।

कुछ रोज़ बाद मेरे साथ जो फौजी सहायक के रूप में रहता था, उसने कहा कि उसके तबादले का समय आ रहा है। उसने मदद मांगी कि उसे घर के नज़दीक किसी यूनिट में पोस्टिंग करवा दी जाए। मेरे पिताजी के जानकार सूबेदार पराशर उन दिनों पोस्टिंग विभाग में थे। उनके घर जाकर यह अज़हर कर दिया गया। उनका बेटा सुनील पराशर मुझसे मिलने आता रहता था। उन्होंने इस काम को करने की हामी भर ली।

सिपाही विषम्भर बहुत खुश था। उसने मुझे इस खुशी में दारू पार्टी देनी चाही। शाम को मैं, विषम्भर और उसका साथी हवलदार शर्मा बोतल और चिकन लेकर बैठ गए। मुझे पता नहीं, मैं कब बेहोश हो गया। वो लोग मुझे जैसे-तैसे व्हीलचेयर पर संभाल कर लाए और वॉर्ड में बिस्तर पर लिटा दिया।

अगली रोज सुबह उठा तो बड़ा आश्चर्य हुआ कि मैं तो बैठा शराब पी रहा था, यहाँ कैसे आ गया? मुझे भी वीरेन्द्र की तरह कुछ भी पहले दिन का याद नहीं आ रहा था। ज़िंदगी में पहली बार एहसास हुआ कि शराब से कभी-कभी ऐसा भी हो जाता है। अब मैं कई अधिक शराब पीने वालों की यह बात समझ पाता हूँ कि उन्हें वाकई पहले दिन की बहुत-सी बातें याद नहीं रहतीं। यह भी शायद एक कारण है कि शराब पीकर कई बार लोग बड़े खराब, ग़लत और घिनौने काम कर बैठते हैं। बाद में उन्हें याद नहीं रहता और उन्हें लगता है कि लोग ग़लत इल्ज़ाम लगा रहे हैं।

आईएमए क़ैडेट्स के साथ

उधर, आईएमए से ट्रेनिंग में घुटने में चोट के कारण दो क़ैडेट भर्ती हुए—एक स्वर्ना कैलाश और दूसरा शरद गुप्ता। कुछ दिनों बाद सिंगापुर से आया एक और क़ैडेट जुड़ गया, नाम था अरशु।

मैंने चोट के बाद दोबारा से स्विमिंग सीखनी शुरू की थी। हम सब कई बार एक साथ स्विमिंग पूल चले जाते, कई बार बाजार की तरफ निकल जाते, फिल्में देखने चले जाते। दरअसल मेरे पिताजी वहाँ एडमिनिस्ट्रेशन में सीनियर पोस्ट पर थे। इसलिए मुझे ऑफिसर्स वॉर्ड में एडमिट रहते हुए भी हॉस्पिटल से बाहर जाने की खुली छूट थी, क्योंकि सारा स्टाफ परिचित था।

ये सब तो कैडेट्स थे और अभी ऑफिसर भी नहीं बन पाए थे। इन्हें आउट पास मिलना बहुत मुश्किल था। मेरी वजह से ये मेरी व्हीलचेयर को पकड़े-पकड़े साथ निकल जाते थे। मेरे अलावा दो और साथी थे—वीरेन्द्र रूपेरिया और सलिल चतुर्वेदी, जो स्पाइनल कॉर्ड की चोट की वजह से व्हीलचेयर पर थे। इन्हें भी साथ ले लिया जाता था। ये कैडेट्स एक-एक व्हीलचेयर संभाल लेते थे।

शरद गुप्ता और मेरी पसंद पुरानी फिल्मों के गानों में बहुत मिलती थी। हमने हॉस्पिटल के नज़दीक सदर बाजार में एक म्यूजिक शॉप वाले से दोस्ती-सी कर ली थी और उसके यहाँ बैठकर अपनी पसंद के गाने अपने कैसेट में रेकॉर्ड करवा लेते थे। मुझे याद पड़ता है, शरद का एक पसंदीदा गीत था फिल्म नवरंग का होली गीत "मारी पिचकारी छा रा रा।"

शरद और कैलाश को तो अपने घुटने की चोट के कारण मेडिकली अनफिट करार दिया गया और दोनों अपने-अपने घर लौट गए। अरशु वापस सिंगापुर जाकर ऑफिसर बन गया। मेरा और शरद का खूब पत्रचार चलता रहता था। लिखना शायद उसकी विरासत में था। उसके बड़े भाई शेखर गुप्ता उन दिनों इंडिया टुडे के मुख्य पत्रकारों में से थे। उन्हीं दिनों उन्होंने ऑपरेशन ब्लू स्टार पर भी एक किताब लिखी थी, जो बहुत चर्चा में रही।

अक्टूबर के आसपास आईएमए में मिड-टर्म की छुट्टियाँ हुईं। शरद के बैचमेट ज्ञानोदय मिलने आया। वह लखनऊ का ही रहने वाला था। उसके साथ उसके लखनऊ के दोस्त मनुराज सिंह और विनोद यादव आए। ज्ञानोदय तो वापस ट्रेनिंग पर चला गया, पर इन दोनों का बराबर आना-जाना शुरू हो गया। साथ में ज्ञानोदय का छोटा भाई अरुणोदय और दूसरे दोस्त सन्नी, मनोज आदि भी जुड़ते गए।

मेरे लिए तो कॉलेज के दिन जैसे फिर से लौट आए। कभी ताश खेलते, कभी उनके घर राजेंद्र नगर चले जाते, फिल्म देखने निकल जाते। एक बार कूक्रेल पर पिकनिक चले गए, एक रोज दशहरा देखने निकल गए।

उन सब के जाने के बाद भी कई क़ैडेट इस तरह से आईएमए की ट्रेनिंग के दौरान चोट खा कर देहरादून से कमांड हॉस्पिटल लखनऊ आते रहे। इन लोगों के साथ बड़ा अच्छा वक़्त गुजरा।

एक रोज मुझे दिल्ली से शरद का फोन आया कि उसका एक बैचमेट एम-एल-एन-राव वहाँ एडमिट है, उसकी मदद करना बहुत जरूरी है। दरअसल आईएमए में डेढ़ साल की ट्रेनिंग होती है, फिर पास आउट होकर आप ऑफिसर बन जाते हैं। ये ट्रेनिंग छह-छह महीने के तीन हिस्सों में बंटी होती है।

किसी भी छह महीने के हिस्से में आप बीमारी या किसी और वजह से समय पूरा नहीं कर पाते तो आपको रेलीगेट कर दिया जाता है और छह महीने की ट्रेनिंग दोबारा करनी होती है। अगर किसी को दो बार से ज्यादा रेलीगेट कर दिया जाता है तो उसे निकाल दिया जाता है।

आईएमए में दो तरह से लोग क्वालीफाई करते हैं—

ग्रेजुएशन के बाद टेस्ट और इंटरव्यू देकर।

वे जो फौज में पहले से बतौर सिपाही या जूनियर रैंक में नौकरी कर रहे हैं, वे इंटर्नल एग्ज़ाम और इंटरव्यू देकर ऑफिसर बन सकते हैं।

एम-एल-एन-राव ऐसे ही सिग्नल रेजिमेंट का हवलदार रैंक के बाद टेस्ट पास कर अकादमी में ट्रेनिंग कर रहा था। दो बार चोट लगने की वजह से वह पहले ही रेलीगेट हो चुका था। इस बार फिर चोट लग गई थी और अगर वो फिट होकर फाइनल टर्म की ट्रेनिंग पूरी नहीं कर पाता तो निकाल दिया जाता; यहाँ तक कि उसकी हवलदार की नौकरी भी जाती रहती।

मैं अपनी व्हीलचेयर पर बैठ वॉर्ड के उस कमरे की ओर चल पड़ा। पिताजी ने एक फौजी की ड्यूटी मेरी व्हीलचेयर को इधर-उधर ले जाने के लिए लगा रखी थी। पिताजी की वजह से मुझे वीआईपी रूम भी मिला हुआ था। वॉर्ड में एडमिट रहने वाले मुझे डिफेंस मिनिस्ट्री का ऑफिसर समझते थे। उम्र से तो मैं सीनियर फौजी ऑफिसर नहीं लगता था, लेकिन मुझे वीआईपी रूम और एक फौजी सहायक मिले।

जैसे ही मैंने वॉर्ड के उस छह-बेड वाले कमरे में प्रवेश किया, सब सावधान हो मुझे विश करने लगे। एक तरफ के तीन बिस्तरों पर तीन नौजवान लेटे हुए थे और तीनों की एक-एक टाँग ऑर्थोपैडिक बेड के ऊपरी फ्रेम से काफी ऊँचाई पर बँधी हुई थी।

मैंने एम-एल-एन-राव के लिए पूछा तो तीसरे बिस्तर से "यस सर" की आवाज़ आई। मैंने उसे बताया कि शरद का फोन उसकी मदद करने के लिए आया है।

उससे अगले बैड पर नरेश बाना और उसके अगले पर श्री कुमार, तीनों का एक-सा फ्रेक्चर था। मैंने राव के लिए पिताजी से सीनियर एडवाइजर सर्जरी कर्नल टी-डी-पाल से सिफ़ारिश लगवायी कि उसे जल्द-से-जल्द फिट घोषित कर भेज दें। नरेश बाना के एक रिश्तेदार ब्रिगेडियर साहिब थे। उनका फोन आ चुका था। श्री कुमार का भी ठीक हो गया।

तीनों को फिट कर दिया गया। दो-तीन हफ़्ते बाद वे देहरादून लौट कर पासिंग आउट परेड में शामिल हुए और भारतीय फौज के ऑफिसर बन गए।

मजे की बात यह है कि उन दो-तीन हफ़्तों में नरेश बाना और मैं एक-दूसरे से काफी घुल-मिल गए और दोस्ती की नींव पड़ गई। सन् 1985 से लेकर आज तक दोस्ती कायम है। नरेश ने कर्नल बनने के बाद फौज से रिटायरमेंट ले लिया। उसने फौज में रहने के दौरान दिल्ली में अपने मित्र—राजीव मालिक, जो दिल्ली पुलिस में हैं, और देविन्दर सिंह, जो उस वक्त हाई कोर्ट में वकालत कर रहे थे—से पहचान कराई। दोनों को यह ताक़ीद थी कि वे मेरा पूरी तरह से ख़याल रखें।

दोनों ने मेरी और मेरे जानकारों के बड़े काम कराए। किसी की थोड़ी-सी मदद ने मुझे, मालिक ने, एक बहुत अच्छे दोस्त से नवाज़ा।

हॉस्पिटल में रहने के दौरान वहाँ के स्टाफ और एडमिट होने वालों के बीच मेरी बड़ी इज्जत थी। कारण वही—हर किसी की मदद के लिए तैयार रहना। किसी को छुट्टी दिलवानी है, किसी के मेडिकल बोर्ड में मदद करनी है, किसी की आउट लिविंग सैंक्शन करानी है, घर के पास पोस्टिंग करानी है। ये सब पिताजी की मदद से ही होता था।

एक बार मैंने यूँ ही पिताजी से कहा कि अब मैं किसी की मदद के लिए 'हाँ' नहीं करूँगा, क्योंकि मुझे उन्हें परेशान करना पड़ता है।

पिताजी का जवाब आज भी मेरे कानों में गूँजता है—"जब मुझे परेशानी नहीं है, तो तुझे क्या परेशानी है? तुम्हें तो बस मुझ तक लोगों की ज़रूरत पहुँचानी है, करना तो मुझे है।"

दोस्तों, यही बात है जो आज भी मुझे बल देती है और किसी के लिए कुछ भी कर गुजरने की हिम्मत और ताक़त देती है।

हॉस्पिटल में रहते हुए जहाँ एक तरफ ये मेहनत चल रही थी, वहीं दूसरी तरफ तमाम ज्योतिषियों, बाबाओं और महात्माओं को भी देखा जा रहा था, कि शायद कहीं से कोई उम्मीद की किरण दिखाई दे जाए। अगले दो अध्यायों में मैं इसी तरह के लोगों से जुड़ी अपनी कहानी के कुछ हिस्से पेश करूँगा। इसके अलावा ऐसे कुछ ख़ास लोगों की भी बात करूँगा, जो हॉस्पिटल में इलाज के लिए एडमिट रहने के दौरान मिले और जिन्होंने मेरी चोट के बाद की ज़िंदगी में बड़ा असर डाला। उनकी सोच और मेरे हौंसले को काफी नया आयाम मिला।

मुझे दो अलग-अलग गीतकारों के एक ही जज़्बे से जुड़े दो गीत याद आते हैं। पहला, फिल्म सफ़र का—इन्दीवर साहिब का लिखा है, और दूसरा, फिल्म आनन्द के लिए योगेश साहिब का लिखा है।

"ज़िंदगी का सफ़र है ये कैसा सफ़र,
कोई समझा नहीं कोई जाना नहीं।"

"ज़िंदगी कैसी है पहेली हाय,
कभी ये हँसाए, कभी ये रुलाए।"

अध्याय: 5
ज्योतिषियों की भविष्यवाणियाँ

"पड़े भटकते हैं हजारों पंडित, करोड़ों दाना लाखों सयाने,
जो खूब देखा तो यार आख़िर खुदा की बातें खुदा ही जाने।"

यही हकीकत है। जब से होश संभाला है, बस यही सुनते और समझते आए हैं कि 'उसकी' मर्जी के बिना पत्ता तक नहीं हिल सकता। यह भी सुना है कि गुरु वशिष्ठ ने श्रीराम के राज्याभिषेक की तैयारियाँ भी करा दी थीं, लेकिन फिर भी उन्हें चौदह वर्ष का वनवास जाना पड़ा।

ज़िंदगी ठीक-ठाक चलती रहती है। आप कभी अख़बार, किसी पत्रिका में, टीवी पर अपनी राशि का भविष्य पढ़ते रहते हैं और कुछ मिनटों के बाद भूल जाते हैं। कभी किसी ख़ास मौके पर कोई पंडित ज्योतिष आगे जीवन में होने वाली किसी ख़ास घटना के बारे में बताता है, तो उसकी बात कुछ रोज़ के लिए याद रह जाती है। कई लोग ज्यादा ही विश्वास और अंधविश्वास के बीच झूलते रहते हैं और हर छोटे-बड़े काम से पहले अच्छा मुहूर्त आदि निकलवाते हैं।

किन्तु वास्तविकता इस ऊपर के शेर में साफ़ होती है—वो कब क्या करेगा, बस वही जानता है। हम तो बस ग़ालिब की कही बात जानते हैं—

"एक ब्राह्मण ने कहा कि ये साल अच्छा है,
दिल के बहलाने को ग़ालिब ये ख़याल अच्छा है।"

सही मायने में हम दिल बहलाते फिरते हैं। अगर एक की बात नहीं जमती, तो दूसरे या फिर तीसरे को ढूँढते रहते हैं, कि कोई तो ये कहने वाला मिल जाए कि सब अच्छा होगा। वो चाहे बाद में गलत साबित हो जाए, कम-से-कम उतने दिन तो अच्छे कट ही जाते हैं, जब तक वह इंसान झूठा न साबित हो। यही सब कहानी उपाय बताने वालों की भी है, उंगलियों में रंगीन पत्थर पहनाने वालों की भी।

हक़ीकत इस फलसफ़े में है, जैसा मैंने पहले भी जिक्र किया है कि जैसा आप सोचेंगे, वैसा आप करेंगे और उसी के हिसाब से आपको प्राप्ति होगी। किसी ने आपको नीलम पत्थर पहनाया और कहा कि आपका शनि ठीक रहेगा, तो शनिवार के रोज़ आपका यही विश्वास रहेगा कि आपने नीलम पहन रखा है, शनि ठीक रहेगा। इस तरह आप बिना किसी चिंता के मस्त रहते हैं। असल बात आपके सोच की है। आप समझते हैं कि पत्थर काम कर रहा है। मजेदार बात ये है कि दिमाग सब समझता है पर दिल नहीं मानता। दिमाग जनता है कि नशा बुरी चीज़ है, पर दिल नहीं मानता।

मुझे सही तौर पर याद नहीं पड़ता कि मैंने चोट लगने से पहले कभी किसी ज्योतिष या पंडित को जन्मपत्री दिखाई हो या हाथ दिखाया हो। बी-एससी में जब थर्ड डिवीजन आई, तो मुझे यह बिल्कुल भी नहीं लगा कि यह मेरे भाग्य से हुआ है। मुझे मालूम था, उन दिनों जिस तरह की हरकतें मैं कर रहा था, उसका यही नतीजा मिलने वाला था। मेरी तो

जन्मपत्री तक नहीं थी। काफी समय तक यह विवाद था कि जन्म की तिथि 22 अप्रैल है या 22 मई।

कानपुर में 1978 में भारत-पाकिस्तान टेस्ट मैच देखने जाने के दौरान, अपने दोस्त के घर कथा करने आए पंडितजी से जन्मपत्री बनवाई। उन्होंने आगे आने वाले समय के काफी कठिन होने की बात कही थी। 1980 में यह चोट लग गई। अब सिलसिला शुरू हुआ—इलाज का, और इसके साथ-साथ जन्मपत्री, ज्योतिष, अंक-ज्योतिष और न जाने क्या-क्या! पूरे परिवार की बस एक ही इच्छा थी कि शायद कोई यह कह दे कि मैं ठीक हो जाऊँगा।

तरह-तरह के इलाज किए गए—ऑपरेशन, आयुर्वेदिक, होमियोपैथिक, झाड़-फूंक, मैगनेट थेरेपी, उसी तरह तमाम तरह के भविष्यवक्ता और उनके बताए उपायों को पूरा करते रहे मेरे माता-पिता। शायद यही कारण है कि उन दोनों को भगवान ने शान्ति से अपनी शरण में ले लिया और हम बस यूँ ही कुर्सी से लगे रहे। लेकिन जितना मैंने परिश्रम किया, उससे ज्यादा ही मालिक ने दिया। शायद उसने पिछले जन्म के अच्छे कर्मों का हिसाब पूरा किया है। अब अगले जन्म की वो जाने, हम तो उसकी राजी-रजा में कर्म किए जा रहे हैं।

जो कोई एक-आध भविष्यवाणियाँ सच हुई हैं, उनके बारे में जिक्र करना चाहूँगा। चोट लगे करीब चार साल से ऊपर हो चुके थे। एक रोज़, पिताजी के एक जानकार, किन्हीं पंडितजी को लेकर हमारे घर आए। मैं भी हॉस्पिटल से घर पहुँच गया। पंडितजी ने एक चेरी ब्लॉसम की पॉलिश जैसी डिबिया अपने झोले से निकाली और उसको खोलकर उसमें रखे कुछ मोती जैसे आकार की चीजों को हाथ में लेकर कुछ मंत्र पढ़े और फिर वापस डिबिया में रखकर बंद कर दी। डिबिया को कान से लगा लिया।

कुछ देर तक शायद ऊपर वाले से बातचीत कर बोले कि "तुम्हारे तीन ऑपरेशन होंगे और तुम ठीक हो, चलने लगोगे।" जैसा मैंने लिखा, तब तक चोट लगे चार साल हो चुके थे और गर्दन के दो ऑपरेशन चोट लगने वाली जगह पर किए जा चुके थे। उनमें से एक तो कुछ ही महीने पहले वहाँ के कमांड हॉस्पिटल के न्यूरो सर्जन टी-के-रॉय साहिब ने किया था, और उसके बाद यह फैसला लिया जा चुका था कि अब भविष्य में गर्दन को किसी को भी छेड़ने नहीं देना है।

बात आयी-गयी हो गई। एक रोज़ कर्नल टी-के-रॉय साहब मेरे वॉर्ड के कमरे में पहुँचे और कहने लगे कि अगर मैं इजाजत दूँ तो वे मेरी गर्दन की एक एक्सपेरिमेंटल सर्जरी करना चाहेंगे। बस, पूरे परिवार को पंडित की भविष्यवाणी याद आ गई। मैंने तुरन्त हामी भर दी। ऑपरेशन हुआ और दो-तीन महीनों तक भविष्यवाणी के सच होने की उम्मीद भी बनी रही। फिर सब ठंडा पड़ गया।

मजे की बात है कि कुछ महीने बाद टी-के-रॉय साहिब फिर से आए और एक ऑपरेशन करने की इजाजत माँगने लगे। फिर वही ख़याल आया और फिर 'हाँ' कर दी गई, लेकिन नतीजा फिर वही 'ढाक के तीन पात' वाला रहा। तीसरी सर्जरी अब चोट के करीब छत्तीस साल बाद भी नहीं हुई है।

इधर, कुछ स्पाइनल कॉर्ड की चोटों को लेकर रिसर्च में 'स्टेम सेल्स' आदि का काफी जिक्र हो रहा है। उसके तहत तीसरी सर्जरी होते-होते रह गई, लेकिन हो सकता है कि शायद आगे हो जाए।

एक और भविष्यवक्ता, जिनकी कही बातें बहुत सटीक निकलीं, वे हैं 'स्क्वॉड्रन लीडर रणबीर सिंह'। वे 'सिख एयरफोर्स' में इंजीनियर हैं। उनसे मुलाकात करीब सन् 2000 के अक्टूबर महीने के पहले हफ़्ते में हुई।

एक दोस्त का फोन आया कि रणबीर सिंह साहिब उनके पास बैठे हैं और जन्मपत्री और व्यक्ति का चेहरा देखकर भविष्य के बारे में बताते हैं। तुम कुछ जानना चाहो तो तुरंत उनके पास आ सकते हो। मैंने तुरन्त फैसला लिया और ऑफिस से छुट्टी लेकर चल पड़ा।

क्योंकि मेरे पास जन्मपत्री नहीं थी, इसलिए मैंने उन्हें ओखला के चेशाइर होम से अपनी कार में बिठाया और हम नजदीक ही नेहरू-प्लेस पहुँच गए। मेरा दोस्त सतबीर पन्द्रह मिनट में पचास रुपये देकर जन्मपत्री बनवा लाया। मैं कार में बैठते ही अपने जरूरी सवाल तैयार कर चुका था। ड्राइवर और दोस्त को चाय पीने भेज कर मैं और रणबीर कार में ही रह गए।

रणबीर ने जन्मपत्री देखी, दो-तीन सवाल किए, ख़ासकर ऐसी घटनाओं के बारे में जो मेरी ज़िंदगी में पहले ही हो चुकी थीं। यह इस बात की पुष्टि के लिए था कि जन्मपत्री में जन्म की तारीख और समय सही है। उसने फिर कहा कि मुझे इस समय विदेश यात्रा पर होना चाहिए। मैंने उसे बताया कि मेरा पासपोर्ट भी एक्सपायर हो चुका है और दूर-दूर तक विदेश जाने की कोई संभावना नहीं दिख रही है।

मजे की बात है कि दस दिन बाद मुझे अमेरिका के खूबसूरत राज्य 'हवाई' में एक कॉन्फ्रेंस में शामिल होने का निमंत्रण मिला। कमाल यह कि मेरे और मेरे साथ जाने वाले एक व्यक्ति का आने-जाने, रहने और खाने-पीने का खर्च जापान की एक संस्था की तरफ से दिया जाना तय था। नया पासपोर्ट भी बन गया और अमेरिका का वीज़ा भी लग गया। मैं अपने भाई-साहब के साथ तीन दिसंबर को अमेरिका की यात्रा पर चला भी गया।

ये अपने आप में सही ज्योतिष विद्या का उदाहरण है। रणबीर से मैंने पाँच सवाल किए थे। उनमें से चार का जवाब अब तक सब सच हो चुका है। पाँचवाँ सवाल मेरी उम्र को लेकर था—यानी कि हम कब स्वर्ग को रवाना होंगे। उसने इस सवाल का बिल्कुल पक्का जवाब तो नहीं दिया, लेकिन दो-चार साल के हेरफेर में एक समय जरूर बता दिया। उसकी बात सच हो, यह मेरी भी बड़ी हार्दिक इच्छा है।

एक और ख़ास घटना का जिक्र करना चाहूँगा। मैं अपने जान-पहचान वाले अनंत जॉली उर्फ़ पेग्गी के घर गया हुआ था। उसकी बहन को भी गर्दन की चोट से पैरालिसिस हो रखा है। उस दिन ज्योतिषी वहां आए थे। मेरी पहचान इस वजह से थी कि पेग्गी की बुआ, मेरे दोस्त शरद गुप्ता के बड़े भाई शेखर गुप्ता की पत्नी हैं। शेखर भाई पत्रकारिता की दुनिया में मशहूर हैं।

मुझे भी अपने बारे में पूछने का मौका मिला। अलग कमरे में बैठे हुए, उन्होंने मेरा नाम पूछा और फिर बताना शुरू किया—मेरे तीन भाई और एक बहन हैं, माताजी का देहांत हो चुका है, भाभीजी, जायदाद आदि। सब कुछ अक्षरशः सत्य और आश्चर्यचकित करने वाला

था। मैं अपने ठीक होने और नौकरी में तरक्की के बारे में जानना चाहता था, लेकिन जवाब ज्यादा संतोषजनक नहीं मिला।

साल का वह समय आया था जब तनख्वाह में सालाना इजाफ़ा होता है। मैंने पूछा कि कितनी बढ़ेगी। उन्होंने जो राशि बताई, उतनी नहीं बढ़ी। सौ-दो सौ का फर्क होता है, पर वहाँ तो कई सौ का फर्क था। मेरे मित्र डॉ. कालिदत्त दास ने बताया कि इसे 'पिशाच सिद्धि' कहते हैं।

मेरी समझ में जो बात आती है, वो यह है कि जन्मपत्री, हाथ की रेखाएँ, अंक-ज्योतिष का कोई वैज्ञानिक आधार नहीं है। फर्क पड़ता है कि आपको कितना ज्ञानवाला ज्योतिष मिलता है। पुराने शास्त्र आदि संस्कृत में हैं, हिसाब-किताब के लिए गणित अच्छा होना चाहिए। फर्क पड़ता है कि आप इसे शौकिया तौर पर कर रहे हैं या रोज़ी-रोटी।

किसी के भूतकाल की घटनाओं के बारे में बताना, उसके व्यक्तित्व और स्वभाव के बारे में बताना कोई ज्यादा मुश्किल नहीं है। बात अटकती है भविष्य पर। मुझे तो भविष्य की बातें 'खुदा की बातें खुदा ही जाने' जैसी लगती हैं। छोटी-मोटी गोलमोल बातें तो कई लोग बता देते हैं।

असली बात यह है कि कही गई बात पर यदि आप विश्वास कर लेते हैं, तो उसी तरह की सोच और भावनाएँ बनती हैं। आप कर्म करते हैं तो उसी के अनुसार फल भी मिलता है। इसे भविष्यवाणी से जोड़ना चाहें तो आपको कौन रोक सकता है।

मुझे तो साफ़ दिखाई देता है कि जितना कर्म मैंने किया, उसका फल अच्छा मिला। जिस वस्तु की सिर्फ़ उम्मीद और इच्छा थी, लेकिन प्रयास नहीं किया, वह मिला नहीं। लेकिन मुझे कहने में कोई हर्ज़ नहीं कि मोहब्बत की तरह ज्योतिष में भी कुछ हक़ीकत हो या न हो लेकिन एक नशा सा जरूर रहता है।

आप सब को याद दिलाना चाहूँगा एक बहुत ही बेहतरीन फिल्म 'बहू बेगम' के साहिर साहिब के लिखे दो गीत, जिनको रोशन साहिब ने संगीत से सँवारा है:

"दुनिया करे सवाल तो हम क्या जवाब दें।"

...

"हम इंतजार करेंगे, तेरा क़यामत तक।"

अध्याय: 6
कुछ ना भूल सकने वाले इंसान

इंसान की ज़िन्दगी में उसके आसपास के लोगों की सोच और उनका साथ बहुत फर्क डालता है। मेरे हाथ की रेखाओं को देखकर एक बार मेरे साथ एडमिट हुए कर्नल साहब की वाइफ ने यह बतलाया कि मैं उन लोगों में से हूँ जिसे शायद ही कभी कोई प्रभावित कर सके। ऐसा कुछ मुझे अक्सर महसूस भी होता है कि मैं बहुत इम्प्रेसिव व्यक्ति से भी कुछ समय के लिए ही प्रभावित होता हूँ और फिर वह प्रभाव बिल्कुल ख़त्म-सा हो जाता है। यही एक बात मेरे और भी बहुत काम आती है कि जब कभी मैं किसी भी परिस्थिति में बहुत ज्यादा परेशान या किसी व्यक्ति से बहुत ज्यादा गुस्सा होता हूँ, सब एक से दो दिन में ख़त्म हो जाता है और ज़िन्दगी फिर अपने स्वाभाविक तौर पर चलने लगती है।

लेकिन इसका यह मतलब बिल्कुल भी नहीं है कि मैं किसी भी ऐसे शख़्स को आज तक नहीं भूला हूँ जिसने कम-से-कम मेरी चोट के बाद की ज़िन्दगी में एक अच्छा साथ दिया या रास्ता दिखाया। उनमें से कुछ को मैं आज भी याद करता हूँ।

एक व्यक्ति, जिन्होंने मेरी ज़िन्दगी में बड़ा असर डाला, वो हैं ब्रिगेडियर के-डी- खरे। यह चंडीगढ़ हॉस्पिटल में रहने के दौरान स्पाइनल कॉर्ड इंजुरी सेंटर के इंचार्ज थे और ऑर्थोपैडिक सर्जन—काफी खुशमिज़ाज, लेकिन अनुशासन के मामले में बहुत ही सख़्त। मेरे हाथ का एक ऑपरेशन होना था। जुलाई, 1980 के समय से लेकर और जून, 1982 में इस ऑपरेशन तक, मैंने कोई भी फिल्म नहीं देखी थी। यह मेरे लिए बड़ी अजीब-सी बात थी।

उन्हीं दिनों 'उमराव जान' फिल्म रिलीज हुई थी। एक रोज मैं बिना वॉर्ड में बतलाए नाइट ड्यूटी के एक स्टाफ को लेकर व्हीलचेयर पर ही थियेटर की तरफ निकल पड़ा। हॉल तकरीबन दो सौ गज रह गया होगा कि अचानक खरे साहब पीछे से स्कूटर पर आ गए। जून का महीना, तीन बजे के आसपास का समय और चिलचिलाती धूप। मैं पहली बार वॉर्ड से बाहर निकला था। खरे साहब ने पूछा: "कहाँ जा रहे हो?" मैंने साफ तौर पर बता दिया: "उमराव जान फिल्म देखने जा रहा हूँ।" उन्होंने एक और सवाल पूछा: "क्या तुम्हारे पिताजी को यह मालूम है?" मैंने कहा: "नहीं।" पिताजी उन दिनों एक एक्सिडेंट में हाथ फ्रैक्चर होने की वजह से वहीं एक दूसरे वॉर्ड में डॉक्टर खरे के अंडर में ही एडमिट थे।

खरे साहब इतना पूछ कर चले गए। मैंने सबसे पहले तो फिल्म देखी और लौट कर पिताजी के मित्र कर्नल बिसारिया साहब को फोन किया और उन्हें इस घटना के बारे में बताया। उनसे यह गुजारिश की कि वे ब्रिगेडियर खरे साहब, जो उन दिनों मेजर की रैंक पर थे, को फोन कर एक सीनियर होने के नाते ताक़ीद कर दें कि वे पिताजी से कुछ न कहें।

दो रोज बाद जब मैं ऑपरेशन थियेटर में दाखिल हुआ तो खरे साहब सामने ही थे और उन्होंने अपने अंदाज में पूछा: "तुम्हें यहाँ कौन बचाएगा?" और हंस पड़े। बात ख़त्म हो गई।

सालों बाद खरे साहब कर्नल बन गए। यह तकरीबन 1989 की बात है, जब मैं अपनी पहली विदेश यात्रा—लंदन के लिए जाने वाला था, यार-दोस्तों ने मुझसे पार्टी का इज़हार किया। मैं आर्मी हॉस्पिटल में खरे साहब के पास पहुँच गया और उनसे करीब चार बोतल व्हिस्की और छह बोतल बीयर की डिमांड की कि वे मुझे कैंटीन से दिलवा दें। उन्होंने एक सिपाही को आदेश देकर भेज दिया।

सामान आ जाने पर मैंने उनसे बिल की राशि जाननी चाही। उन्होंने एक ऐसी बात कही जो मैं ज़िन्दगी भर नहीं भूल सकता। उन्होंने कहा: "मुझे कितनी खुशी है कि मेरे द्वारा ट्रीट किया एक मरीज, जिसकी एक वक़्त में बचने की भी उम्मीद छोड़ दी थी, वो विदेश यात्रा पर जा रहा है; अतः यह सब मेरी तरफ से गिफ्ट।"

मेरे साथ जो एक दोस्त गया था, वो तो इस वाकये पर रोने तक लगा। लंदन में सब कुछ बहुत अच्छा रहा लेकिन मेरे पैर के अंगूठे में इंफेक्शन हो गया। इस वजह से मुझे वहाँ एडमिट होना पड़ा क्योंकि हालात कुछ ऐसे बन गए कि शायद अंगूठा काटना पड़ता, पर सब कुछ ठीक हुआ। मैं हॉस्पिटल से सीधे एयरपोर्ट आया।

वापस आकर दूसरे ही रोज खरे साहब के पास पहुँच गया। मैंने कहा: "यह हादसा हुआ है।" उन्होंने फिर कहा कि चिंता की कोई बात नहीं है, यह अंगूठा हम संभाल लेंगे, तुम लंदन हो आए, ये मजेदार बात है।

जब आपके आसपास ऐसे हौंसला बढ़ाने वाले लोग हों तो मायूसी कैसे आपकी तरफ आ सकती है। उस पर उन्होंने कहा कि जरूरत तो नहीं है, पर मैं तुम्हें दो दिनों के लिए ऑफिसर्स वॉर्ड में एडमिट कर रहा हूँ, क्योंकि मेरा एक नया एससीआई पेशेंट मनीष जैन एडमिट है। मैं चाहता हूँ कि दो रोज तुम उसके यहाँ रहकर काउंसिलिंग करो।

इस तरह के लोग ज़िन्दगी में मिलते रहे और कभी भी मुझे किसी तरह से भी कमजोर महसूस नहीं होने दिया।

इन्हीं दिनों में कर्नल खरे ने मेरा परिचय कराया कर्नल एच.एस. भट्याल से, जो उस वक़्त बतौर यूरोलॉजिस्ट आर्मी हॉस्पिटल में पोस्टेड थे। उनकी क़ाबिलियत और अच्छे व्यवहार की वजह से वे यहीं ग्यारह साल तक रहे। आम तौर पर तीन से चार साल में फौजी की पोस्टिंग हो जाती है।

मुझे उन दिनों पेशाब के रास्ते में कुछ रुकावट आने लगी थी। यह बड़ी परेशानी थी। उन्होंने न केवल ऑपरेट कर इसे ठीक किया, बल्कि मेरा और भी बड़ा ख़याल रखा। उन्होंने आर्मी से प्रीमेच्योर रिटायरमेंट ले लिया। अब किसी भी हॉस्पिटल में काम करने के लिए खुद का इंस्ट्रूमेंट होना बड़ा जरूरी था। उनके पास कुछ कंपनियों के शेयर थे, जिन्हें बेचकर वे इंस्ट्रूमेंट खरीदना चाहते थे। उन दिनों शेयर बेचने के इक्कीस दिन के बाद पेमेंट मिलती थी। मैंने अपने ब्रोकर से दूसरे रोज ही पैसे दिलवा दिए। यह बात भट्याल साहिब को बड़ी अच्छी लगी।

एक रोज मैं अपने एक और व्हीलचेयर वाले दोस्त सलिल को उनके पास लेकर फरीदाबाद के एस्कॉर्ट हॉस्पिटल गया। दरअसल वह शादी की तैयारी कर रहा था और उसी बाबत सलाह लेना चाहता था। उन दिनों उसके पास एक बेड सोर भी था। वह भी दिखा दिया। उस घाव को कुछ हल्का सा ऑपरेट कर साफ करना था, जो आम तौर पर ऑपरेशन थियेटर में होता है, पर इसमें पाँच-सात हजार का खर्च बैठ जाता। उन्होंने

जरूरी इंस्ट्रूमेंट मंगा कर वहीं ओपीडी रूम के एग्ज़ामिनेशन बैड पर ही यह सब कर दिया और बिल आया मात्र आठ सौ रुपये। वह भी हमारे पास नहीं थे। भट्याल साहिब ने अपने पास से दिए और जब हम लौटने लगे तो उन्होंने पैसे लेने तक नहीं चाहा। आज भी मैं अपने और अपने जानकारों को न्यूरोलॉजी के प्रॉब्लम्स के लिए उनके ही पास भेजता हूँ। हर एक उनसे मिलने के बाद मेरा धन्यवाद करता है। मुझे मालिक ने कई ऐसे बेमिसाल तोहफे इंसान के रूप में दिए, जो मेरे इंसानियत के जज़्बे को बनाए रखते हैं।

एक शख्स, जिनका नाम मेजर वी.के. सिंह था, वे देहरादून के शाही खानदान से ताल्लुक रखते थे, एम.एच. अम्बाला में एक पीडियाट्रिशियन के रूप में काम करते थे और मेरे पिताजी के कलीग थे। वे नियम से रोज मुझे ऑफिसर्स वॉर्ड में मिलने आते थे। कभी भी उन्होंने किसी तरह की सहानुभूति या दया दिखाने की कोशिश नहीं की, हमेशा हौंसला बढ़ाते रहे।

मैं उन दिनों अपने एक हाथ की उंगलियों के ऑपरेशन के बाद, जिनमें पकड़ नहीं थी, उनसे लिखाने की कोशिश में लगा रहता था। मुझे हमेशा से अपने दोस्तों को लंबे-लंबे खत लिखने का शौक था। दूसरे से खत लिखवाना मुझे ज्यादा संतुष्टि या खुशी नहीं देता था।

मेजर वी.के. सिंह ने एक बैंक के कर्मचारी को देखा, जिसका अंगूठा कटा हुआ था। वह बहुत अच्छी तरह से बैंक की सारी लिखाई-पढ़ाई का काम करता था। उन्होंने अगले रोज आकर मुझे यह बात बताई और मुझे पेन पकड़ कर लिखवाने की कोशिश की। क्योंकि पकड़ तकरीबन ना के बराबर थी, इसलिए मुश्किल आई। दूसरे रोज वे एक स्केच पेन ले आए और उसे पकड़ कर केवल लाइनें खींचने की कोशिश करवाए, जो सफल हुआ।

उनके और मेरे बीच यह तय हुआ कि मैं रोज कम-से-कम एक घंटा या जब भी मुझे मौका मिले, लिखने की कोशिश करता रहूँगा। वे रोज दूसरी सुबह आकर इसे देखेंगे। यह एक हथियार था, जिसकी पूरी तरह धार लगाने में मुझे तकरीबन तीन महीने लगे और धीरे-धीरे मैं बखूबी लिखने लगा। मैं आज भी जब-तब लिखते समय उन्हें जरूर याद करता हूँ।

एक रोज मेरे पिताजी के साथ काम करने वाली एक लेडी डॉक्टर के रिटायर्ड पिताजी, कर्नल सेवा राम भार्गव, पेचिस ('डिसेंटरी') की वजह से दिन भर के लिए ऑब्जर्वेशन के लिए ऑफिसर्स वॉर्ड में एडमिट हुए। लेटे-लेटे जब उनका मन नहीं लगा, तो यूँ ही घूमते-फिरते मेरे कमरे में आ गए। बातचीत हुई। उनका एक ही शौक़ था कि जितनी देर हो, किसी से भी बात करते रहें। सिवाय मालिक की बातों के, दूसरी बातें नहीं करते थे।

मज़ेदार बात यह है कि आप जितनी देर उनसे बात करते रहें, कभी ऐसा नहीं होगा कि आप पल भर के लिए भी बोरियत महसूस करें। उनके और मेरे बीच तय हुआ कि वे रोज सुबह अपनी बेटी को जब ड्रॉप करने आते हैं, मुझसे मिलने आएँगे। वे मुश्किल से पाँच-सात मिनट रहते थे और एक रूहानी शेर सुनाकर चले जाते थे। यह कह जाते थे कि अगले दिन मैं तुमसे यह शेर सुनूँगा। यह काम मैं अपनी पूरी ईमानदारी से करता था। अब मुझे मालूम नहीं कि वे इस दुनिया में हैं या नहीं, क्योंकि बहुत सालों से उनसे किसी तरह का कोई सम्बन्ध नहीं बन पाया है, पर हर रोज किसी-न-किसी तरह से वे मेरी यादों में जरूर आते हैं।

उर्दू शेर-ओ-शायरी का मुझे चोट से पहले से शौक़ था, पर उस उम्र में श्रृंगार रस से जुड़े हुए शेर पर ज्यादा तवज्जो होती थी। लेकिन उन्होंने एक नया आयाम मेरे शौक़ में जोड़ा। मज़ेदार बात यह है कि उन शेरों और रुबाइयों के माध्यम से मैं अपनी चोट को भूल-सा गया, क्योंकि मालिक से जुड़ गया और यह सब कुछ गौण लगने लगा। यह भी महसूस होने लगा कि यह सब शायद उसी के एक प्लान के हिसाब से चल रहा है, मुझे अपना किरदार उसमें निभाना है।

साहिर साहिब का एक गाना, जो हर दोस्तों की पार्टी की जान है, वह है फिल्म "आदमी और इंसान" से। इसको याद कर सब दोस्त झूम उठेंगे

"ओ यारा ! दिलदारा मेरा दिल करता
ऐसा कुछ कर पायें यादों में बस जायें"

भागः चार
दिल्ली चेशाइर होम

अध्याय: 1
दिल्ली चेशाइर होम पहुँचना

लखनऊ रहते हुए पिताजी की उम्र 55 वर्ष के करीब पहुँच रही थी और रिटायरमेंट का समय आ गया था। फैसला लिया जाने लगा कि रिटायरमेंट के बाद हम अपने पैतृक स्थान भौंडसी गाँव के पास, गुड़गाँव में सेटल हो जाएँगे। पिताजी वहाँ मेरी चोट से पहले ही मकान बना चुके थे, लेकिन मैंने इरादा कर लिया था कि मैं उनके साथ नहीं रहूँगा।

मुझे पिताजी कुछ महीनों के लिए लखनऊ हॉस्पिटल में छोड़ आए थे और खुद रिटायरमेंट के बाद गुड़गाँव आकर मुझे लाने की तैयारियाँ शुरू कर दी थीं। अलग एसी कमरा, स्पेशल बेड और दूसरी ज़रूरतों के इंतज़ाम करने लगे थे। मैंने लखनऊ से उन्हें एक ख़त लिखा और बहुत साफ तौर पर कहा कि मैं किसी भी हालत में घर पर नहीं रहूँगा। मैंने उनसे कहा कि दिल्ली में चेशाइर होम नाम की एक संस्था है, वहाँ वे मेरे रहने का बंदोबस्त कर दें।

दरअसल, जब मैं कमांड हॉस्पिटल चंडीगढ़ में एडमिट था, उन दिनों मेरे साथ एक दूसरा फौजी पेशेंट अनिल उपाध्याय दिल्ली चेशाइर होम में आ रहा था और उसने मुझसे एक फौजी जर्सी की माँग की थी। बस उसी बात से मुझे याद था कि दिल्ली में चेशाइर होम नाम की संस्था है। न कोई पता, न कोई सुराग।

लेकिन पिताजी ने जगह ढूँढ निकाली। अच्छी बात यह थी कि पिताजी के पुराने कमांडेंट जनरल जगदीश नारायण, जो आर्मी में डीजीएएफएमएस की पोस्ट से रिटायर हुए थे, चेशाइर होम के गवर्निंग बोर्ड पर थे। हालाँकि वहाँ 300–400 लोगों की वेटिंग लिस्ट थी, फिर भी मेरा एडमिशन आसानी से हो गया।

मैं लखनऊ से ट्रेन द्वारा दिल्ली आया और सीधा चेशाइर होम चला गया। यह एक परमानेंट रेज़िडेंशियल होम था, जहाँ हर तरह के हैंडिकैप्ड लोग रहते थे।

1984 या 1985 के आखिर की बात है। ब्रिगेडियर टी-के-रॉय एक कॉन्फ्रेंस में दिल्ली आए थे। लखनऊ लौटकर उन्होंने मुझे बताया कि दिल्ली में एक स्पाइनल इंजरी सेंटर बनने जा रहा है। उसी वक्त से मैंने यह इरादा बना लिया था कि वहाँ नौकरी करूँगा, लेकिन दिल्ली आने पर पता लगा कि अभी तो मात्र फाउंडेशन स्टोन ही रखा गया है।

मेरी इच्छा थी कि इस वेटिंग पीरियड को मैं चेशाइर होम में गुज़ारूँ और जब यह सेंटर बन जाए तो उसे जॉइन कर लूँ।

इतने लंबे समय तक हॉस्पिटल में रहने के दौरान—23 जुलाई 1980 से लेकर 17 अक्टूबर 1987 तक—और फिर आईएसआईसी से जुड़ने तक, मैं दिल्ली चेशाइर होम में ही रहा, यानी अक्टूबर 1987 से लेकर जून 1996 तक।

मैंने यह पाया कि हैंडिकैप्ड व्यक्ति की समाज में न तो बहुत ज़्यादा इज़्ज़त है और न ही ज़रूरत। देखा जाए तो लोग उन्हें बेकार बोझ-सा ही समझते हैं। यह बात मुझे बहुत कचोटती थी। मैंने यह भी देखा कि इन बातों के चलते विकलांग व्यक्ति भी अपने आप को किसी लायक नहीं समझते थे और अपनी भावनाओं व इच्छाओं को दबाकर जीते थे।

मेरा जिस तरह का बैकग्राउंड था और जिस तरह के राजनीतिक और दूसरे ताल्लुक़ात थे, उन्हें देखते हुए मुझे कोई भी बड़ी गैस एजेंसी या पेट्रोल पंप आसानी से मिल सकता था और शायद एक आराम की ज़िंदगी भी हो सकती थी। लेकिन दूसरों के लिए कुछ कर गुजरने का जज़्बा और दूसरी तरफ विकलांगों के प्रति समाज की यह उदासीनता—इन दोनों ने मुझे यह फैसला लेने पर मजबूर कर दिया कि इस क्षेत्र में मुझे हस्तक्षेप करना है।

पिछले सत्रह सालों पर नज़र डालता हूँ तो लगता है कि विकलांगों के ज़ेहन में, उनके परिवारों के ज़ेहन में, समाज के ज़ेहन में और राष्ट्रीय व अंतरराष्ट्रीय मंचों पर मैं वाकई एक बदलाव ला पाया हूँ।

लखनऊ में जब मैं एडमिट था और यह निर्णय ले चुका था कि इंडियन स्पाइनल इंजरी सेंटर बनने पर मैं उससे जुड़ जाऊँगा, तो मैंने उसी हिसाब से अपनी तैयारी भी शुरू कर दी। पिताजी की वजह से मैं ऑफिसर्स वॉर्ड में रहता था, लेकिन दूसरे लोअर रैंक्स के लोग स्पाइनल कॉर्ड इंजरी सेंटर—जो हॉस्पिटल का ही एक हिस्सा था—में रहते थे।

मैं रोज़ दिन में एक बार उस वॉर्ड में जाकर स्पाइनल कॉर्ड इंजर्ड लोगों से मिलता था। उनकी चिंताओं, डर और सवालों के बारे में विस्तार से पूछता था। मैंने पाया कि सेक्स और सेक्सुअल ऑप्शन्स को लेकर लगभग सभी में एक-सी गहरी चिंता थी।

मैं समय निकालकर हॉस्पिटल के डॉक्टर्स और पैरामेडिकल स्टाफ से लगातार जानकारी लेता रहता था, जिससे मेरे ज्ञान में इज़ाफा होता गया। धीरे-धीरे मैंने बहुत कुछ सीख लिया—यहाँ तक कि एमआरआई और एक्स-रे पढ़ना, कुछ दवाओं की जानकारी, ख़ासतौर पर यूरिन इंफेक्शन्स से जुड़ी बातें भी।

इसके बाद मैं दिल्ली चेशाइर होम आ गया। वहाँ अलग-अलग तरह की डिसेबिलिटी वाले लोग रहते थे। उनके साथ रहकर उनकी ज़रूरतों को भी बखूबी समझने लगा और एक सफल काउंसलर बनने की प्रक्रिया आगे बढ़ती रही।

चेशाइर होम में रहने के दौरान कुछ लोगों ने मुझ पर गहरा असर डाला। उनमें एक थे वहाँ के चेयरमैन मेजर जनरल वीरेन्द्र सिंह, जो चेन ऑफ मॉडर्न स्कूल्स के चेयरमैन हैं और दिल्ली के प्रभावशाली व्यक्तियों में गिने जाते हैं। गाँधी परिवार से भी उनके व्यक्तिगत ताल्लुक़ात हैं। इसके बावजूद, डिसेबल्ड लोगों के प्रति उनकी संवेदनशीलता और योगदान ने मुझे बहुत प्रभावित किया। अपनी अत्यधिक व्यस्तता के बावजूद वे रोज़ चेशाइर होम में एक-डेढ़ घंटा ज़रूर बिताते थे।

दूसरे व्यक्ति थे भरत सिंह, जो खुद गर्दन की चोट के कारण वहाँ रह रहे थे। वे आईटीबीपी में ताइक्वांडो के इंस्ट्रक्टर थे और ट्रेनिंग के दौरान घायल हुए थे। मैंने देखा कि चाहे नौकर हो या कोई और, हर किसी की परेशानी, बीमारी या ज़रूरत में वे हमेशा आगे रहते थे। अगर किसी ने माँग लिया, तो उस समय जेब में जो भी होता, बिना सोचे दे देते थे।

मुझे अपने दादाजी की कही एक बात हमेशा याद रहती है— "अगर वो समय नहीं रहा, तो यह भी नहीं रहेगा।" यानी ज़िंदगी बदलाव और उतार-चढ़ाव का नाम है।

मैंने अंग्रेज़ी का मशहूर नॉवेल द गॉडफादर पढ़ा था, जिसके लेखक मारियो पूज़ो हैं। उनकी एक और किताब मैंने पढ़ी थी, जो जुए के विषय पर थी। उसका मुख्य विचार यह था कि अगर वह हारा है तो जीतेगा भी, और अगर जीता है तो हारेगा भी—क्योंकि समय

कभी एक-सा नहीं रहता। इस सोच ने मुझे हमेशा हिम्मत दी। कठिन हालात में मुझे यही लगता रहा कि यह परिस्थिति कुछ दिनों की ही है और बदलेगी।

एक और शौक जिसने मुझे हमेशा ताक़त दी, वह था गीत-संगीत। मैं ख़ासतौर पर पुराने फिल्मी गीत और शायरों की रचनाएँ सुनता रहा हूँ। कैसी भी उदासी हो, एक अच्छा गीत पूरा मूड बदल देता है। यह ऐसा शौक है जिसके लिए किसी पर निर्भर नहीं रहना पड़ता—जब जी चाहे, शुरू हो जाए।

अब मैं अपनी विदेश यात्राओं की बात करना चाहूँगा। मेरी पहली विदेश यात्रा लंदन की थी। दरअसल, चेशाइर होम के फाउंडर ग्रुप कैप्टन लियोनार्ड चेशाइर हर चार वर्ष में पूरी दुनिया के चेशाइर होम्स से लोगों को लंदन बुलाते थे, जिसे लियोनार्ड वर्ल्ड वीक कहा जाता है।

लियोनार्ड चेशाइर मुझ पर गहरा प्रभाव डालने वाले व्यक्तित्व हैं। द्वितीय विश्व युद्ध में हिरोशिमा पर ब्रिटिश रॉयल एयर फोर्स की ओर से एटम बम गिराने वाले दो ग्रुप कैप्टन्स में वे एक थे। उस त्रासदी ने उन्हें भीतर तक झकझोर दिया। बाद में उन्होंने घायल सैनिकों और विकलांगों के लिए जीवन समर्पित कर दिया और दुनिया भर में चेशाइर होम्स की स्थापना की। भारत में ही ऐसे 26 होम्स हैं।

मेरी खुशकिस्मती रही कि अक्टूबर 1987 में चेशाइर होम में एडमिशन के दो महीने बाद ही, दिसंबर में, उनसे व्यक्तिगत मुलाक़ात का अवसर मिला। अपने जीवन के अंतिम वर्षों में उन्होंने "My Last Pilgrimage" नाम से दुनिया भर के चेशाइर होम्स की यात्रा की।

मैं 1989, 1994 और 1998—तीन बार वर्ल्ड वीक में शामिल हुआ। तीसरी बार मैं इंडियन स्पाइनल इंजरी सेंटर जॉइन करने के बाद गया था और मुझे बतौर प्रवक्ता बुलाया गया था। मुझे जो विषय दिया गया था, वह था— "Advocacy and Empowerment."

इस अध्याय के अंत में जिस गीत को मैं अपने दोस्तों को याद दिलाना चाहूँगा, वह है फ़िल्म "Around the World" का शीर्षक गीत, जिसे मैंने मेरठ में खुले आसमान के नीचे व्हीलचेयर क्लब के साथ देखा था—

"दुनिया की सैर कर लो (Around the World in Eight Dollars)"

इसी फ़िल्म का एक और बेहद रूमानी गीत था—

"चले जाना ज़रा ठहरो, किसी का दम निकलता है, ये मंज़र देख के जाना, चले जाना..."

अध्याय: 2
हिल स्टेशन की यात्राएँ

भारत के तमाम हिल स्टेशनों के नाम ज़रूर सुने थे, लेकिन चोट लगने से पहले कोई भी देखा नहीं था। साल 1992, जुलाई का महीना। बड़े भाई साहब की ससुराल, जो रुड़की में है, से उनके नए मकान के गृह प्रवेश के अवसर पर न्यौता आया। मैं अपने सहायक रामचरण से सलाह कर रुड़की की तरफ चल पड़ा।

पहली बार यू.पी. रोडवेज की दिल्ली से रुड़की तक की सवारी की। वहाँ उतरकर सामान के तौर पर एकमात्र सूटकेस को व्हीलचेयर के आर्मरेस्ट पर आगे रखकर दोनों हाथों से पकड़ लिया और रामचरण पीछे से कुर्सी को धक्का देकर चलाता रहा। रात हो चुकी थी। देवी माता का जागरण शुरू हो चुका था। भोजन के बाद वहीं एक चारपाई पर मैं लंबा हो गया और माता की शान में गाई जा रही भेंट का आनंद लेते हुए कब आँख लग गई, पता ही नहीं चला।

सुबह उठे। नाश्ते के दौरान बातचीत हुई और फिर चल पड़े मसूरी की ओर। एक बार फिर बस में रुड़की से देहरादून का सफर तय किया। वहाँ से शेयर की हुई टैक्सी में बैठे और 50–60 किलोमीटर का रास्ता लगभग तीन घंटे में पूरा हुआ। रास्ते में छाई हरियाली, कहीं पहाड़ियों को काटकर बनाए गए ऊँचे-नीचे रास्तों के हिचकोलों का आनंद लेते हुए आगे बढ़ते रहे।

मंज़िल थी मसूरी स्थित "लाल बहादुर शास्त्री अकादमी ऑफ एडमिनिस्ट्रेशन"। मुझे जो सबसे ज़्यादा आश्चर्यजनक बात लगी, वह थी ऊँचाई पर छोटे-बड़े बादलों का घूमना। मैंने कभी सोचा भी नहीं था कि मैं बादलों के ऊपर पहुँच जाऊँगा। बस दिमाग में मेरे सबसे पसंदीदा अभिनेता सुनील दत्त की फ़िल्म "छाया" का गीत गूँजने लगा—

"इतना ना मुझसे तू प्यार बढ़ा, कि मैं एक बादल आवारा, कैसे किसी का सहारा बनूँ, कि मैं खुद बेघर बेचारा।"

इस फ़िल्म में संगीतकार सलील चौधरी ने कमाल का संगीत दिया है।

टैक्सी स्टैंड पर बाकी सभी लोग उतर गए। हमने ड्राइवर से गुज़ारिश की कि हमें अकादमी तक छोड़ दे। मैंने अपने दोस्त विनोद यादव को पहले नहीं बताया था कि मैं उससे मिलने वाला हूँ। गेट से ही उसे खबर भिजवाई और वह तुरंत अपनी क्लास छोड़कर मुझे रिसीव करने आ गया। वह मुझे अपने हॉस्टल के कमरे में ले गया।

लाल बहादुर शास्त्री अकादमी में आई.ए.एस., आई.एफ.एस., आई.पी.एस. और इंडियन फॉरेस्ट सर्विस के अधिकारियों को प्रशासनिक प्रशिक्षण के लिए आना पड़ता है। हालाँकि फॉरेस्ट सर्विस की ट्रेनिंग अकादमी देहरादून में है।

शाम होते-होते हम अपने पुराने दिनों की यादें ताज़ा करते रहे। धीरे-धीरे उसके बाकी साथी भी पहुँच गए और फिर महफ़िल जम गई। उसके कुछ कोर्समेट, जैसे विक्रम सिंह, से मैं विनोद की शादी में पहले ही मिल चुका था। कुछ नए दोस्त शराब के दौर के साथ बनते चले गए।

मैंने पहली बार फरीदा ख़ानम की आवाज़ में यह बेहतरीन ग़ज़ल सुनी—

"आज जाने की ज़िद न करो, यूँ ही पहलू में बैठे रहो।"

इतनी बार कैसेट को रिवाइंड कर सुना कि वह कंठस्थ हो गई।

महफ़िल शुरू हुए कुछ ही देर हुई थी कि एक शख़्स कमरे में दाख़िल हुआ और मुझे देखते ही आगे बढ़कर मेरे पैरों में नतमस्तक हो गया। मैं उसे बिल्कुल नहीं पहचान पाया। उसका नाम कैप्टन संग्राम सिंह था और वह विक्रम सिंह का दोस्त था। दोनों मध्य प्रदेश के रहने वाले थे।

जब लोगों ने उससे पूछा कि वह मुझे कैसे जानता है, तो उसने बताया कि इंडियन मिलिटरी अकादमी (आई.एम.ए.) में ट्रेनिंग के दौरान पैर में चोट लगने की वजह से वह पासिंग आउट से डेढ़-दो महीने पहले कमांड हॉस्पिटल, लखनऊ में एडमिट हुआ था। मैंने वहाँ के सर्जिकल एडवाइज़र कर्नल टी.डी. पाल से रिक्वेस्ट कर उसकी मेडिकल कैटेगरी समय पर अप करवाई, जिससे वह पासिंग आउट परेड में शामिल होकर अफ़सर बन सका। अगर मैं मदद न करता, तो शायद उसे मेडिकल बोर्ड आउट कर दिया जाता या अस्थायी रूप से लोअर मेडिकल कैटेगरी में डाल दिया जाता, जिससे वह अगले बैच में पास आउट होता और छह महीने जूनियर हो जाता।

संग्राम ने तुरंत अपने कमांडिंग ऑफिसर को फोन कर एक दिन की छुट्टी ली और अगले दिन पूरी मसूरी घुमाई। माल रोड के किनारे खड़े होकर नीचे उड़ते बादलों को देखता रहा। मन ही मन मालिक का शुक्रिया अदा करता रहा कि एक अंजान की की गई मदद का कितना रूहानी सुख उसे मिला और उस मौके पर लोगों की नज़रों में मेरी इज़्ज़त कितनी बढ़ गई।

अगले दिन वापस रुड़की पहुँचे और समाज के नियमानुसार भाभीजी को विदा कराकर दिल्ली की ओर प्रस्थान किया। मेरी पहली हिल स्टेशन की यात्रा वाकई यादगार बन गई।

मसूरी की यात्रा से लौटे अभी महीना भर ही गुज़रा था कि चेशाइर होम में साथ रहने वाले साथी भरत सिंह ने मदद माँगी। वह हिमाचल प्रदेश के किन्नौर ज़िले के गाँव "तंगी" के रहने वाले थे। इंडियन तिब्बत बॉर्डर पुलिस (आई.टी.बी.पी.) में काम करते हुए ताइक्कांडो सीखते वक्त उनकी गर्दन में चोट लगी थी और वे 1974 से दिल्ली चेशाइर होम में रह रहे थे। उनकी बड़ी इच्छा थी कि वे एक बार अपनी माँ से मिल सकें। किन्नौर समुद्र तल से लगभग 6000 फीट से ज़्यादा ऊँचाई पर है और रास्ता बेहद दुर्गम है। उन्हें न जाने क्यों यह भरोसा हो चला था कि मैं उन्हें उनके गाँव तक ले जा सकता हूँ।

तैयारियाँ शुरू हुईं। गाँव से उनके बेटे को बुला लिया गया। हम दोनों, एक नौकर और उसका बेटा—चारों लोग पर्वतीय यात्रा पर निकल पड़े। दिल्ली से शिमला जाने वाली बस से पूरी रात सफर कर सुबह शिमला पहुँचे। आगे के लिए टैक्सी की। रास्ते में कुफ़री के पास उनके रिश्तेदारों से मिलते हुए आगे बढ़े।

नारकंडा कुछ ज़्यादा ऊँचाई पर था, वहाँ ठंड का अहसास हुआ। शाम होते-होते राजा वीरभद्र की रियासत "रामपुर बुशहर" पहुँच गए और होटल के कमरे में खाना खाकर लेट गए।

लगभग 24 घंटे के सफर के बाद थक जाना स्वाभाविक था। होटल सतलुज नदी के बिल्कुल किनारे था। उसके बहाव का शोर देर रात तक कानों में गूँजता रहा।

सुबह उठकर जलेबी-समोसों का नाश्ता किया। आगे जाने की सोच ही रहे थे कि यह निराशाजनक ख़बर मिली कि नदी पर पुल टूट गया है और आम यातायात बंद कर दिया गया है। आई.टी.बी.पी. का ट्रेनिंग सेंटर भी किन्नौर में ही है। मैंने वहाँ के लोकल आई.टी.बी.पी. ऑफिस में जाकर मदद माँगी, लेकिन तमाम कोशिशों के बावजूद कोई रास्ता नहीं निकल पाया।

हम दो दिन वहीं रुके, इस उम्मीद में कि पुल ठीक हो जाएगा, लेकिन लगातार बारिश के कारण नदी का बहाव बहुत तेज़ था। मजबूरन तीसरे दिन मन मसोसकर दिल्ली की ओर लौट पड़े।

आते वक्त जो प्राकृतिक सौंदर्य मन मोह रहा था, वही अब कुछ उदास-सा लग रहा था। खूबसूरती और परेशानियाँ दोनों ही मन की अवस्था से जुड़ी होती हैं। वही माँ-बाप, जिनकी गोद में खेलना अच्छा लगता है, उम्र बढ़ने पर कभी-कभी बोझ लगने लगते हैं— यह भी मन का ही खेल है।

नारकंडा लौटते-लौटते सर्दी की ठिठुरन से उदासी दूर हो गई। आँखें सेबों से लदे पेड़ों, खूबसूरत जंगली फूलों और तैरते बादलों के नज़ारे में खो गईं। कभी-कभी नीलगाय, हिरण और खरगोश भी दिख जाते थे। पहाड़ी पेड़ों की पत्तियाँ छोटी लेकिन चमकदार होती हैं और बारिश उन्हें और निखार देती है।

दिल्ली के प्रदूषित, मुरझाए पेड़ों की तुलना में वहाँ की छटा देखते ही बनती थी। इन्हीं नज़ारों को ज़ेहन में समेटे हम दिल्ली लौट आए। यात्रा को सफल या असफल कहना आधा भरे या आधा खाली गिलास के दर्शन जैसा है।

मुझे अफ़सोस ज़रूर है कि मेरा वह दोस्त भरत सिंह अब इस दुनिया में नहीं है और अपनी माँ से मिलने की उसकी इच्छा पूरी नहीं हो सकी।

लेकिन एक अच्छा काम मैं उनके जीवनकाल में कर सका। उनके बेटे योगेश ने कपूरथला (पंजाब) स्थित रेलवे कोच फैक्टरी में जूनियर इंजीनियर की नौकरी के लिए लिखित और मौखिक परीक्षा पास कर ली थी, लेकिन दो साल तक कोई खबर नहीं थी।

मेरे जानकार सरबजीत सिंह साहिब रेलवे में चीफ इंजीनियर थे और इस फैक्टरी की स्थापना में उनका अहम योगदान था। बाद में उग्रवादियों के हमले में उन्हें कमर में गोली लगी और वे व्हीलचेयर पर आ गए। रेलवे ने उन्हें एडमिनिस्ट्रेटर के पद पर बहाल किया। मैंने उनसे गुज़ारिश की और एक महीने के भीतर योगेश का अपॉइंटमेंट लेटर आ गया।

मैं खुद को सौभाग्यशाली मानता हूँ कि भरत सिंह जैसे भले इंसान के कुछ तो काम आ सका।

इन ऊँची पहाड़ियों की मीठी, आनंद देने वाली ठंड को याद करते हुए साहिर लुधियानवी साहब का लिखा फ़िल्म "गुमराह" का गीत याद आता है, जो मेरे पसंदीदा अभिनेता सुनील दत्त पर फिल्माया गया था—

"इन हवाओं में, इन फ़िज़ाओं में, तुझको मेरा प्यार पुकारे, आ जा, आ जा रे..."

अध्याय: 3
हरिद्वार और आगरा की यात्राएँ

चोट लगने से पहले की तो तमाम बातें हो गईं, लेकिन सब जानते हैं कि किसी भी इंसान का व्यक्तित्व या पर्सनैलिटी तेरह-चौदह साल की उम्र तक बन जाता है। उसके संस्कार, आदतें, नेचर—सब में थोड़ा-बहुत ही बदलाव उम्र के साथ आता है। लेकिन बेसिक नेचर में कोई फर्क नहीं पड़ता। सो जैसा मैं चोट के पहले था, वैसा ही बाद में भी रहा। मेरी बड़ी इच्छा थी कि कुछ ख़ास-ख़ास जगहों को विज़िट कर जाऊँ।

मेरे एक जानकार मिस्टर चौधरी, मफतलाल डाइज-केमिकल्स में बतौर मार्केटिंग मैनेजर का काम कर रहे थे। उन्हें बड़ा शौक था कि वो मेरे जैसे साथियों को घुमाने-फिराने ले जाएँ। मैं क्योंकि अक्सर यहाँ-वहाँ शादियों में, मीटिंग्स में आता-जाता रहता था, तो उन्हें लगा कि अगर मैं उनके साथ हो जाऊँ तो एक अच्छा टूर प्लान किया जा सकता है। उन्होंने अपने चार-पाँच मातहत साथियों को भी वॉलंटियर्स के रूप में तैयार कर लिया। निर्णय लिया गया कि दिल्ली से हरिद्वार की यात्रा की जाए।

मैं उन दिनों चेशाइर होम में था, जो विकलांग व्यक्तियों के लिए एक रेजिडेंशियल होम है। वहाँ के अधिकारियों से परमिशन मिल गई। हमने एक बस और एक मिनी ट्रक कर लिया। विचार यह था कि ट्रक में सारी व्हीलचेयर्स आ जाएँगी और बस में हम सब लोग बैठ जाएँगे। करीब 12-14 व्हीलचेयर्स वाले साथी और कुछ लोग ऐसे, जो बैसाखी या कुछ सहारे से चल सकते थे, ग्रुप में शामिल हो गए और इस तीर्थ यात्रा पर निकल चले।

पहला पड़ाव मेरठ में डाला। वहाँ चौधरी साहब के एक मित्र के यहाँ नाश्ते का बंदोबस्त किया गया था। क्योंकि यात्रा बहुत सुबह ही शुरू हो चुकी थी, अतः मेरे सुझाव पर नाश्ता बस में ही अपनी-अपनी सीट पर परोसा गया, जिससे एक तरफ तो उतरने-चढ़ने की परेशानी से बचा जा सके और दूसरी तरफ समय की भी बचत हो। वहाँ से चलकर हरिद्वार तकरीबन तीन-साढ़े तीन के आसपास पहुँचे।

यात्रा बड़ी मज़ेदार रही, क्योंकि सब हँसते-हँसाते—कभी अंताक्षरी चल पड़ती, कभी कोई चुटकुला सुनाने लगता। एक-आध जगह रास्ते में रुककर चाय भी पी गई। शाम को हरिद्वार के गंगाजी के किनारे का दृश्य कुछ अलग ही मोहकता ले लेता है। ढलते हुए सूरज की किरणें जब गंगा के पावन जल-राशि पर पड़ती हैं, तो ऐसा लगता है जैसे चारों तरफ सोने की चादर-सी बिछी हुई हो।

हम लोगों ने गंगाजल से अपने हाथ-मुँह धोए और आरती में शामिल होने की तैयारी कर ली। कहा जाता है कि 'हर की पौड़ी' इसलिए कहते हैं कि भगवान शंकर ने सबसे पहला कदम हरिद्वार में यहीं रखा था और बाद में सम्राट विक्रमादित्य ने अपने भाई, जो संन्यास ले चुके थे—भर्तृहरी—के लिए इस घाट का निर्माण कराया था। आरती शुरू होते ही सारा माहौल एक सम्मोहन-सा सबके ऊपर कर देता है। अपने-आप हाथ जुड़ते चले जाते हैं और चारों तरफ के मंदिरों की घंटियों की आवाज़ों और शंखों की गूँज से जो वातावरण बनता है, उसको शब्दों में आप बयान शायद कर भी दें, लेकिन उसकी अनुभूति के लिए वहाँ एक बार स्वयं जाना ज़रूरी है।

आरती के पश्चात प्रसाद आदि ग्रहण कर पास के ही एक ढाबे पर खाना खाया गया। विचार यह बन रहा था कि दिन-भर की थकान हो चुकी है, अतः चलकर धर्मशाला में विश्राम किया जाए और सुबह उठकर गंगा-स्नान किया जाएगा। पर पूर्णिमा की रात थी और चाँद ने पूरे माहौल पर एक अलग ही रंग बिखेर दिया था। मेरे 4-5 साथियों ने यह निर्णय किया कि हम लोग बाद में धर्मशाला जाएँगे, लेकिन कुछ देर हम इस माहौल का आनंद सम्पूर्ण रूप से लेंगे। कुछ वॉलंटियर्स भी रुक गए।

हम उन सब की मदद से पुल के ऊपर चढ़ गए। 10 बजते-बजते भीड़-भाड़ नाममात्र की रह गई थी। बस गंगा की कल-कल करती लहरों की आवाज़ और उस पर प्रतिबिंबित होती हुई पूर्णिमा के चाँद की चाँदनी। हम लोग कुछ नहीं तो दो घंटे बस यूँ ही बैठे उस नज़ारे का अवलोकन करते रहे। कुछ दूरी पर एक पहाड़ी भी नज़र आ रही थी और चाँद ऐसा लगता था कि उसी के पीछे से निकलकर आया है। इच्छा तो नाममात्र भी नहीं कर रही थी कि वहाँ से हटा जाए, लेकिन वक़्त तो अपनी गति से चलता है, इसलिए करीब 11 बजे हम लोग धर्मशाला की तरफ चल दिए।

सुबह तकरीबन साढ़े पाँच के करीब हम सब लोग गंगा के किनारे पहुँच चुके थे। अब मुश्किल यह आ रही थी कि हम सब व्हीलचेयर वाले साथी किस तरह से स्नान करें? कुछ की सलाह थी कि व्हीलचेयर समेत वॉलंटियर्स ले जाकर डुबकी लगवा लाएँ, पर मुझे यह बात कुछ भा-सी नहीं रही थी। आख़िर मैंने व्हीलचेयर को बिल्कुल किनारे के नज़दीक लगाया। दो वॉलंटियरों को बुलाया और एक-एक हाथ से दोनों की गर्दनों को मैंने मज़बूती से पकड़ लिया। उन्होंने अपना-अपना एक-एक हाथ मेरे घुटनों के नीचे डाल दिया और कुर्सी से ऊपर उठा लिया, और दूसरे हुए हाथ से मेरी कमर को सहारा दे दिया। इसी मुद्रा में हम लोग गंगाजी में उतरते चले गए।

जहाँ जाकर पानी उनके सीने तक आ गया, वहाँ मैंने अपने पैर छोड़ देने के लिए कहा। आप तो जानते ही हैं कि पानी में वज़न का एहसास ख़त्म हो जाता है, और मैंने अपने तमाम पूर्वजों-पितरों के नाम से न जाने कितनी डुबकियाँ गंगाजी के पावन जल में लगाईं। फिर तो जैसे होड़-सी लग गई। हर साथी इसी तरह से गंगाजी में उतरकर स्नान करने लगा। स्नान आदि से निवृत्त हुए तो भूख स्वयं ही लगने लगी। इरादा हुआ कि आज यू-पी की पारंपरिक जलेबी-दही का नाश्ता नोष फ़रमाया जाए।

उसके बाद थोड़ा-सा आसपास के बाज़ार में निकल गए। किसी ने मालाएँ खरीदीं, किसी ने रुद्राक्ष। एक-आध साथी ने शंख भी लिया। सबने एक-एक बोतल गंगाजल भर ली। तकरीबन 12 बजे दिल्ली की ओर वापस चल पड़े।

हरिद्वार की यात्रा को कोई 6-7 महीने ही गुज़रे थे कि फिर एक रोज़ चौधरी साहब तशरीफ़ ले आए और कहने लगे कि इरादा हो तो फिर एक सफ़र पर निकला जाए। इस बार बात आई कि मोहब्बत की यादगार—ताजमहल—देखा जाए। मैंने तब तक ताजमहल नहीं देखा था। इस बार 3 दिन का टूर रखा गया।

पहले रोज़ दिल्ली से चलकर करीब 60 किलोमीटर पर सिकंदरा नामक जगह है, जहाँ मुग़ल बादशाह अकबर का मक़बरा है। हम सब वहाँ उतरे और नीचे मक़बरे तक अपनी-अपनी व्हीलचेयर पर होकर आए। आसपास बड़ी हरियाली रखी गई थी—तरह-तरह के

पेड़, पौधे और फूलों की भरमार। बड़ा ही आनंद आया। वहीं पर सबने नाश्ता किया और फिर चल दिए आगरा की ओर।

आगरा पहुँचने पर पूछा गया कि कोई अकबर के क़िले को देखना चाहेगा? इस पर तकरीबन सबने एक ज़ुबान में हामी भर दी। सबका दिल तो बस ताजमहल देखने को था। समय भी करीब साढ़े चार का-सा हो चला था। अक्टूबर का महीना था, तो तकरीबन सवा छह-साढ़े छह बजे सूरज छिप जाता था। खैर, वहाँ पहुँचते ही सब जल्दी-जल्दी उतरकर ताजमहल के अंदर चले गए।

जी-भरकर एक घंटे कभी किसी कोने में, कभी किसी बगीचे में, कभी फव्वारे के पास फ़ोटोग्राफ़ी चलती रही। मज़ार तक जाने का रास्ता बहुत ही संकरा, खड़ी सीढ़ियों से जाता था, इसलिए ख़तरा लेना ठीक नहीं समझा गया। और व्हीलचेयर वाले साथियों को छोड़कर बाकी जो कोई जाना चाहता था, वो वहाँ चले गए।

ताजमहल को देखकर वाक़ई लगता है कि शाहजहाँ किस क़दर अपनी बेगम मुमताज़ से मोहब्बत करता होगा और किस तरह क़ैद होने के बाद कुछ ही दूर स्थित क़िले की खिड़की से बैठा इस बेजोड़ मोहब्बत की निशानी को देखता रहा होगा। उन दिनों तो यमुना बिल्कुल ताजमहल से सटकर बहती थी। अब तो वहाँ इसका नामो-निशान भी नहीं मिलता। कहते हैं कि चाँदनी रात में ताजमहल को देखने का एक अलग ही मज़ा है।

किसी तरह हम लोग थोड़ी देर करते रहे। हम लोगों को व्हीलचेयर पर देखकर वहाँ के कुछ सिक्योरिटी के लोगों ने भी थोड़ी-सी सहानुभूति रखी। तकरीबन चाँद निकलने तक हमें वहाँ रहने दिया। हालाँकि बाकी पब्लिक को वो निकाल चुके थे। बस 10-15 मिनट चाँदनी में नहाए हुए ताजमहल की तस्वीर को आँखों में भरकर, दिल में बिठाकर हम सब होटल की ओर चल दिए। मुझे लगता है, मेरी ही तरह सब अपने सपनों में उस हसीन लम्हे को देखते और सोचते रहे होंगे।

होटल में खाना खाने के बाद सोने के लिए चले गए और दूसरे रोज़ सुबह उठकर कारवाँ फतेहपुर सीकरी की ओर चल पड़ा। कहते हैं कि अकबर ने एक बार दिल्ली को छोड़कर फतेहपुर सीकरी को अपनी मुग़ल सल्तनत की राजधानी बनाना चाहा। उसने वाक़ई जो इमारत या क़िला वहाँ तैयार किया है, देखते ही बनता है। मुख्य द्वार की काफ़ी बड़ी, चौड़ी और ऊँची सीढ़ियाँ चढ़कर जब अंदर पहुँचे, तो घुसते ही सलीम चिश्ती की मज़ार से क़व्वाली की आवाज़ फ़िज़ा में गूँजती हुई पाई।

उधर ही एक तरफ बंजी जंपिंग का नज़ारा था—एक बिल्कुल पक्के रंग का आदमी, छरहरा बदन, उसकी छाती की उभरी हुई हड्डियाँ उसकी ग़रीबी का एहसास दिलाती हुईं, और वो शख़्स इतनी ऊँचाई से बस एक रस्सी के भरोसे क़िले की ऊपरी मंज़िल से नीचे खोदी हुई खाई में छलाँग लगाता था। वहाँ पहुँचकर मुझे न जाने क्यों ऐसा महसूस होने लगा कि यह जगह मेरी देखी हुई है।

और जब मैंने ये बात चौधरी साहब और दूसरे साथियों से कही, तो उन्होंने याद दिलाया कि अपनी डायलॉग डिलिवरी के लिए मशहूर हीरो राज कुमार की फ़िल्म 'लाल पत्थर' की शुरुआती शूटिंग फतेहपुर सीकरी के इसी आँगन में हुई है। मुझे फ़िल्मों का शौक़ तो हमेशा रहा ही है। यह फ़िल्म तो मेरी यादगार फ़िल्मों में है। किस शाही अंदाज़ में राज कुमार का नौकर ट्रे में जाम और सुराही सजा कर पेश करता है, और जाम हाथ में लेने के

बाद राज कुमार साहब ख़ान साहब को बुलवाने की ताक़ीद करते हैं, और ख़ान साहब गाना शुरू करते हैं—

"उनके ख़याल आए तो आते चले गए, दीवाना ज़िंदगी को बनाते चले गए..."

कुछ देर बाद संगीत से मंत्रमुग्ध होकर अपनी आरामकुर्सी से उठकर तबले पर बैठ गए और गाने के अंत तक बजाते रहे। यह ऐसी यादें हैं जो तन्हाई में भी संगीत-सा बिखेर देती हैं।

सब साथी चिश्ती की मज़ार पर अपनी-अपनी ख़्वाहिश पूरी होने का धागा बाँधने लगे। हमने भी इस अनोखी रस्म में हिस्सा लिया। तकरीबन डेढ़-दो बजे तक हम उस जगह का आनंद लेते रहे और शाम को कारवाँ चल पड़ा—कृष्ण की नगरी मथुरा की ओर।

रास्ते में बस में कुछ ख़राबी आ गई थी, इसलिए मथुरा पहुँचते-पहुँचते कुछ देर हो गई। फ़ैसला हुआ कि खाना खाकर सब आराम कर लें और सुबह कृष्ण मुरारी के दर्शन कर लें। हम इस क़दर थक चुके थे कि पता ही नहीं चला कि कब बेसुध होकर सो गए—ना कोई सपना, ना कोई सोच। हाँ, सुबह सब तरोताज़ा थे। कुछ भक्ति-रस का भी असर था।

जल्द ही नहा-धोकर सब मंदिरों के दर्शन के लिए निकल पड़े। क्या बाँके बिहारी का मंदिर, क्या राधाजी का मंदिर—वहाँ भी हम लोग सब गए। सबने पूरी श्रद्धा और भक्ति के साथ मथुरा की गलियों, तमाम मंदिरों के आगे नतमस्तक होकर अपनी श्रद्धा प्रकट की। सबने प्रसाद के लिए एक-एक किलो पेड़े खरीदे। वहीं दूध और मिठाइयों का नाश्ता किया और चल पड़े वापस दिल्ली की ओर।

अनायास ही मुझे जो गीत याद आ रहा है, वो बहुत पहले देखी फ़िल्म 'कण-कण में भगवान' का है। भरत व्यासजी के लिखे इस गीत को मन्ना डे साहिब ने अपनी अनूठी आवाज़ में गाया—बड़ा ही मधुर और दिल को छूने वाला भजन-रूपी गीत है—

"नज़र नहीं तू आता, फिर भी सबको नाच नचाता।
ऐसी दुनिया को बनाने वाला कौन है?
वो ही श्याम है, घनश्याम है।"

अध्याय: 4
पेट्रोल टैंकर की सवारी: कैप्टन कटोच का साथ

पिताजी की आख़िरी पोस्टिंग लखनऊ में हुई और वहीं से वे रिटायर भी हुए। वहाँ हम मई 1984 से लेकर अक्टूबर 1986 तक, पिताजी के रिटायरमेंट तक तो रहे ही। इसके अलावा पिताजी और परिवार अप्रैल 1987 तक, छोटे भाई-बहन के शैक्षिक वर्ष ख़त्म होने तक, भी वहीं रहे। मैं अक्टूबर 1987 तक रहा।

मेरा 1985 में एक ऑपरेशन हुआ। अभी टाँके नहीं निकले थे कि पिताजी को किसी कारणवश छुट्टी पर गाँव आना पड़ा। पिताजी के एक मित्र कर्नल पुंदीर उन दिनों वहीं स्टेशन वर्कशॉप की कमान संभाले हुए थे। मैं जब कभी एक-दो बार उनको फ़ोन करता, तो पहले उनका एडजुटेंट कैप्टन अजीत कटोच फ़ोन उठाता और परिचय जानने पर पुंदीर अंकल से बात कराता।

हुआ यूँ कि ऑफ़िसर्स वॉर्ड की ड्यूटी पर तैनात नर्स सूर्यमुखी के पति, नेवी के कमांडर साहिब, उनसे मिलने आए। उन दिनों सेंट्रल कमांड के जीओसी साहिब का आदेश था कि कोई भी लखनऊ के बाहर का ऑफिसर सब-एरिया ऑफिसर्स मैस में नहीं रुकेगा। उस नर्स ने मेरी मदद माँगी। पिताजी थे नहीं, शाम के पाँच बजे उसी ऑपरेशन के छठे दिन, टाँके लगी हालत में व्हीलचेयर पर बैठा और जा पहुँचा कर्नल पुंदीर के घर। वे पहली मंज़िल पर रहते थे। तुरंत नीचे आए। पहले तो डाँटा कि मैं ऐसी नाज़ुक हालत में इतनी दूर क्यों आया? मेरे बताने पर उन्होंने मैस में फ़ोन कर दिया और सूर्यमुखी के पति को वहाँ रहने की इजाज़त मिल गई।

मैं तो ऑफिसर्स वॉर्ड में एडमिट था ही। जब करीब नौ बजे वॉर्ड से निकलकर एक्सरसाइज़ के लिए फ़िज़ियोथैरेपी डिपार्टमेंट जा रहा था, मैंने एक यंग ऑफिसर को वेटिंग एरिया में बैठे देखा। करीब तीन घंटे के बाद लौटकर आया, तो वह वहीं विराजमान था। उसने मुझे जाते हुए कुछ पहचानी हुई नज़रों से देखा था और अब लौटते समय भी। मैं उसकी तरफ़ बढ़ गया। मैंने पूछा कि वह इतनी देर से वहाँ क्यों बैठा हुआ है।

उसने तब तआरुफ़ कराया कि वही कैप्टन अजीत कटोच है, जो मेरे पिताजी के मित्र कर्नल पुंदीर साहिब का एडजुटेंट है। उसने बताया कि रात से फ़ूड पॉइज़निंग की शिकायत होने से दस्त वग़ैरह हो गए हैं और बेड खाली होने में वक़्त लग रहा है, इसलिए बैठा हुआ है। मैंने तुरंत सिस्टर इंचार्ज से बात कर उसके लिए बेड का इंतज़ाम कराया। वह दो-तीन दिन एडमिट रहा। इस बीच हम दोनों में बड़ी दोस्ती हो गई।

वह अविवाहित था और सब-एरिया मैस में रहता था। आना-जाना शुरू हो गया। पिताजी रिटायर होकर परिवार के साथ गुड़गाँव शिफ्ट हो चुके थे। बाकी के छह महीने मैं अकेला हॉस्पिटल में रहा। उस दौरान अजीत कटोच और विनोद यादव जैसे दोस्तों का बड़ा सहारा रहा।

दिल्ली आ जाने के बाद भी इन सबसे पत्राचार होता रहता था। एक-दो बार वे मुझे चेशाइर होम में मिलने भी आए। एक बार तो अजीत कटोच और उसका दोस्त विक्रम सिंह मुझसे मिलने चेशाइर होम आए, तो वहाँ फ़ौज की तरह से साफ़-सफ़ाई का काम चल रहा

था। मैंने बताया कि दरअसल अगले रोज़ मिस यूनिवर्स सुषमिता सेन को वहाँ आना था। वे उसके एक सप्ताह पहले ही मिस यूनिवर्स के ख़िताब से नवाज़ी गई थीं। मेरे दोस्त अजीत ने दिल्ली में रुकने का एक और दिन बढ़ा दिया और बाक़ायदा हम तीनों दोस्तों ने सुषमिता के साथ तस्वीर खिंचवाई। विक्रम आजकल लंदन में बस गया है।

उन्हीं दिनों अजीत की शादी तय हो गई और मुझे चंडीगढ़ से लगे पंचकुला में उसकी शादी में शामिल होने का निमंत्रण मिला। मैं तय तारीख़ पर अपने एक सहायक के साथ दिल्ली बस स्टैंड से बस पकड़कर निकल पड़ा। बड़े आराम से चले जा रहे थे कि अचानक रास्ते में डेराबस्सी नाम की जगह से कुछ आगे जाकर बस ख़राब हो गई। सब नीचे उतर आए। सरकारी बस थी, इसलिए कंडक्टर की मदद से सब दो-दो, चार-चार कर पीछे से आने वाली बसों में चढ़ गए।

मेरे लिए भरी बस में घुस पाना बड़ा मुश्किल था। आख़िरकार मेरे सहायक ने आते हुए एक पेट्रोल टैंकर को रुकने का संकेत किया। वह रुक गया। उसमें बैठे लोगों ने एक साथ मिलकर मुझे ड्राइवर के बगल वाली अगली सीट पर बैठा दिया। व्हीलचेयर और एकमात्र सामान—सूटकेस—भी रख लिया गया। टैंकर शिमला जा रहा था और पंचकुला रास्ते में ही पड़ता था। तय हुआ कि मुझे सड़क पर ही उतार देगा। उसके पूछने पर बताया कि मुझे सेक्टर 12 में जाना है। तो उसने कहा कि वह तो सड़क के बहुत नज़दीक है, इसलिए वह मुझे दोस्त के घर ही उतार देगा।

शाम छह बजे के लगभग टैंकर दोस्त के घर के सामने रुका। वहाँ शादी की तमाम तैयारियाँ चल रही थीं। मुझे अजीत कटोच भी दिखाई दे रहा था। वे सब कुछ दूर रुके पेट्रोल टैंकर को अजीब-सी नज़र से देख रहे थे कि यह किसलिए आया है। मेरे सहायक ने स्वयं उतरकर व्हीलचेयर उतारी और उसे अच्छी तरह खोलकर उतारने की तैयारी करने लगा, तो दोस्त समझ गया और दौड़कर आ गया।

मेरे कुर्सी पर बैठते ही सब हँसने लगे और पूछने लगे कि इस सवारी से कैसे आना हुआ। मैंने ड्राइवर को कुछ पैसे देने चाहे, पर उसने लेने से इनकार कर दिया, हालाँकि पचास रुपये देने तय हुए थे। ड्राइवर को मेरा हौसला और दोस्त की शादी के लिए इतनी मुश्किलों के साथ आने का जज़्बा बड़ा अच्छा लगा। दोस्त ने उसे और उसके साथ वालों को कोल्ड ड्रिंक पिलाकर विदा किया।

हम सब रात आठ बजे बारात के साथ लड़की के घर की ओर चलने की तैयारी में लग गए। रास्ते भर खूब डांस हुआ, यहाँ तक कि दोस्त भी एक बार घोड़ी से उतरकर साथ-साथ नाचने लगा। बड़ा मज़ा आया। खाने के वक़्त मुझसे कुछ ही दूर रुमाली रोटी तैयार हो रही थी। मैंने यह पहले भी खाई थी, पर बनते हुए पहली बार देख रहा था। देखने लायक़ नज़ारा होता है—जिस तरह से रोटी बनाकर उसे हवा में एक उँगली की मदद से घुमाकर छोड़ा जाता है। उसके लिए बड़े अभ्यास की ज़रूरत होती है।

दोस्त ने अपने पड़ोसी का घर भी ले रखा था। रात को वहीं आराम किया गया।

सुबह नाश्ता आदि करके मैं दिल्ली लौट आया। इस बार बस ने ठीक जगह तक पहुँचा दिया। दोस्त की शादी, रुमाली रोटी का बनना और पेट्रोल टैंकर की सवारी ने इस यात्रा को एक यादगार यात्रा बना दिया।

विनोद यादव का साथ और उसकी शादी

लखनऊ कमांड हॉस्पिटल में रहने के दौरान हम गर्दन की चोट खाए दो लोग एक साथ ही रहते थे। दूसरे का नाम था वीरेंद्र रूपेरिया। उसे यह चोट आईएमए की ट्रेनिंग के दौरान स्विमिंग पूल में कम गहरे पानी में डाइव करने से लगी थी। यह बात 1984 की है।

उसी साल दिसंबर के महीने में उसके बैच का एक जूनियर साथी ज्ञानोदय मिलने आया, जो लखनऊ का ही निवासी था। उसके साथ दो दोस्त—मनुराज सिंह और विनोद यादव—भी आए। वह तो छुट्टियों के बाद ट्रेनिंग पर चला गया, पर विनोद, मनुराज और ज्ञानोदय के छोटे भाइयों से खूब दोस्ती हो गई। उनके यहाँ आना-जाना, उनके पूरे परिवार से जान-पहचान—बड़े अच्छे नज़दीकी रिश्ते बन गए।

मनुराज तो अगले साल आईएमए में सेलेक्ट हो गया और ट्रेनिंग पर चला गया, पर विनोद से मित्रता बढ़ती चली गई। अगली बार जब ज्ञानोदय लौटकर आया, तो लखनऊ के मशहूर पिकनिक स्पॉट कुकरैल जाना हुआ, जहाँ घड़ियाल पाले जाते हैं। वे देखने में तो मगरमच्छ जैसे ही होते हैं, पर उनके मुँह के—ठीक नाक के ऊपर—एक छोटा घड़े का-सा आकार बना होता है, जो उन्हें घड़ियाल की संज्ञा देता है।

हम और विनोद कई बार साथ पिक्चर देखने निकल जाते, कभी यूँ ही हज़रतगंज निकल पड़ते, दशहरे के मौके पर रावण-दहन देखते। बाद में उसका सेलेक्शन इंडियन फ़ॉरेस्ट सर्विसेज़ में हो गया और मैं भी पिताजी के रिटायरमेंट के बाद दिल्ली आ गया। बीच-बीच में विनोद दिल्ली से गुज़रता, तो ज़रूर मिलने आता।

कुछ सालों बाद उसकी शादी का निमंत्रण आया, जो उसके पैतृक निवास फ़ैज़ाबाद में होनी थी। शादी की तारीख़ से एक दिन पहले मैं अपने उसी सहायक ईशाचरण के साथ ट्रेन में सवार होकर चल पड़ा। मैंने विनोद को कोई इत्तिला नहीं दी थी। फ़ैज़ाबाद स्टेशन पर उतरा, तो गलती समझ में आई। स्टेशन पर या तो दो-चार ऑटो रिक्शा थे या सामान्य रिक्शे। हमने अभी तक दोनों की ही सवारी नहीं की थी।

ख़ैर, पता किया तो जाना कि शहर स्टेशन से कोई ज़्यादा दूर नहीं था। मैंने अपने साथ आए सहायक ईशाचरण से बात की और अपना सूटकेस व्हीलचेयर के हत्थों पर रखकर दोनों हाथों से संभाल लिया, और वह व्हीलचेयर को पीछे से धक्का देने लगा। पता शादी के कार्ड में था ही। करीब दो किलोमीटर का सफ़र पूरा कर, करीब चालीस मिनट में उसके घर पहुँच गए।

आवाज़ देने पर दोस्त बाहर आया, तो एकबारगी परेशान-सा हुआ, फिर खुशी से उछल पड़ा। यह शिकायत ज़रूर कर रहा था कि आने की ख़बर क्यों नहीं की—वह स्टेशन तक कार भेज देता। हम तो ऐसा कई मौकों पर दूसरे के यहाँ भी करते रहे हैं। उसने अपने सारे घरवालों और दूसरे दोस्तों से मिलवाया और नाश्ता-पानी हुआ। शादी की बारात तो शाम को जानी थी, सो हमने थोड़ा आराम फ़रमाया।

शाम को बारात चल पड़ी फैजाबाद के सर्किट हाउस की तरफ। वहीं पर जयमाला का इंतज़ाम था। भोजन भी वहीं होना था। रास्ते भर हर किसी का नाचने का अपना-अपना अंदाज़ था। मुझे हमेशा बारात के बैंड की धुन में एक अलग ही मज़ा आता है। अधिकतर लोग ज़्यादातर धुनों पर—जिन्हें ख़ास तौर पर मेरी तरह नाचना नहीं आता—भांगड़ा

स्टाइल में ही हाथ-पैर चलाते हैं। पते की बात होती है आपके अंदर उस वक़्त के उन्माद और खुशी की। मेरी व्हीलचेयर के एक पहिए की हवा निकल गई, जो बाद में पंचर निकला, पर उसका नाच पर कोई प्रभाव नहीं पड़ा। तारीफ़ करनी पड़ेगी मेरे सहायक ईशाचरण की, जो व्हीलचेयर को संभाल-संभाल कर चलाता गया और बीच-बीच में नाच में भी शामिल हो लेता था। रास्ते में एक साइकिल पंचर लगाने वाले की दुकान पड़ी। शायद जिस फुर्ती से उसने पंचर लगाया, वो अपने आप में गिनीज़ बुक रिकॉर्ड में जाना चाहिए। दस मिनट में हम फिर बारात में शामिल होकर नाच रहे थे।

बारात सर्किट हाउस पहुँची। जयमाला की रस्म शुरू हो गई। मुझे तमाम लोगों से मिलवाया गया। मैं विनोद से पाँच-छह साल बड़ा हूँ, इसलिए तमाम यूनिवर्सिटी से आए विनोद के साथी उत्तर प्रदेश की रस्म के अनुसार पैर छूकर अभिनंदन कर रहे थे।

मुझे विनोद की शादी की जो सबसे बड़ी याद है, वह इस बात की है कि उसकी शादी में शायद ही कोई ऐसा तबका होगा, जिसकी नुमाइंदगी कोई-न-कोई न कर रहा हो। लखनऊ यूनिवर्सिटी का अध्यक्ष, पत्रकार, नेता, दादागिरी टाइप के लोग, आईपीएस, आईएएस—सभी तबकों से समाजसेवी—हर तरह का व्यक्ति वहाँ मौजूद था। मैंने अन्य किसी भी शादी में ऐसा नहीं पाया। यह विनोद के व्यक्तित्व और उसकी लोकप्रियता को दर्शाता है कि वह कितना मिलनसार और दूसरों की किसी भी मदद के लिए हर पल तैयार रहने वाला व्यक्ति है।

शादी के अगले रोज कुछ लोगों का—यूनिवर्सिटी से आए अध्यक्ष कमलेश और कुछ साथियों का—फैजाबाद से लगे श्री रामचंद्रजी की नगरी अयोध्या जाने का प्रोग्राम तय हुआ। अयोध्या के राजघराने से भी विनोद की शादी में लोग सम्मिलित हुए थे। हम अयोध्या के राजा साहिब के महल गए, सरयू नदी और मंदिरों के दर्शन किए और उन्हीं के साथ वहाँ से लखनऊ आए। अपने पुराने दूसरे साथी ज्ञानोदय और मनुराज के परिवार वालों से भेंट कर वापस दिल्ली लौट आए। यह एक यादगार यात्रा थी और एक तीर्थयात्रा भी।

आजकल वह कोलकाता में है और मैं तीन बार उससे मिलने जा चुका हूँ। हर बार उसे उतना ही प्यार करने वाला इंसान पाता हूँ। पहली बार एक कॉन्फ्रेंस के सिलसिले में 1998 में भाई साहिब के साथ उसके यहाँ गया था। रहने का बंदोबस्त अंग्रेज़ों के समय के सरकारी ग्रेट ईस्टर्न होटल में था और कॉन्फ्रेंस भी वहीं थी। मैंने कॉन्फ्रेंस के रोज़ अपने भाई साहिब को विनोद के ऑफ़िस भेज दिया। उसे मालूम नहीं था कि मैं कोलकाता आया हूँ। उसने तभी आधे दिन की छुट्टी ली और होटल आ पहुँचा। कॉन्फ्रेंस के बाद अपने घर ले गया। वहीं खाना-पीना हुआ।

रात को एयरपोर्ट चलने के लिए टैक्सी में बैठने के बाद मैं उसे अलविदा कहने की तैयारी कर ही रहा था कि तब तक वह भी टैक्सी में बैठ चुका था। मैंने कहा कि वहाँ एयरपोर्ट पर तो अंदर जाने नहीं देंगे। दोस्तों, जो उस दोस्त ने कहा, वह मैं मरते दम तक नहीं भूल सकता। कहने लगा— "जो यहाँ से एयरपोर्ट तक साथ रहेगा, उसका क्या? दोस्त के साथ तो एक-एक पल अपनी जगह है!"

मैं दुआ करता हूँ कि सबको ऐसे दोस्त नसीब हों। मेरी भी गिनती इसी तरह के लोगों में होती है। शायद इसीलिए हम दोनों एक-दूसरे को इतना पसंद करते हैं।

यूँ तो दोस्ती पर तमाम गीतकारों ने गीत लिखे हैं, पर न जाने इस वक़्त मेरे ज़ेहन में जो गीत गूँज रहा है, वह है फ़िल्म "नमक हराम" से, जिसमें सदी के दो महानायकों—राजेश खन्ना और अमिताभ बच्चन—की बेहतरीन अदाकारी देखने को मिली है। किशोर कुमार साहिब के गाए गानों में यह एक मील का पत्थर कहा जा सकता है। यही बात आर.डी. बर्मन साहिब के लिए भी कही जा सकती है—

"दिए जलते हैं, फूल खिलते हैं,
बड़ी मुश्किल से मगर दुनिया में दोस्त मिलते हैं।"

अध्याय : 5
श्री सत्य साईं बाबा, पुट्टापर्ती

बात सन् 1995 के अगस्त महीने के आसपास की है। मेरा अभिन्न मित्र मेजर के.बी. खुराना दिल्ली में आर्मी इंटेलिजेंस में काम कर रहा था और दिल्ली में ही पोस्टेड था। उसे लाल किले के अंदर ही मकान मिला हुआ था और ऑफिस भी साथ में ही था। वैसे तो वह 47 आर्म्ड रेजिमेंट से था और टैंकों के दस्ते पर रहता था। किसी सीनियर ऑफिसर से कुछ कहा-सुनी होने की वजह से उसका तबादला मिलिटरी इंटेलिजेंस में हो गया था। मैंने शुरू में ज़िक्र किया है कि मेरे चोट लगने के हादसे वाले रोज़ मैं इसी के घर से उठकर गया था, क्योंकि पिछली रात अपने एक और दोस्त अनिल के साथ इसी के घर रुका था। ख़ैर, ये बाद में फौज में अफ़सर बन गया। मैं अक्सर लाल किला इसके घर आता-जाता था। इसकी पत्नी मीका और दो बेटियाँ—अमरीन और साना—के साथ बड़ा ही आनंद आता था।

दोस्त की बात, मुझे इस हालत में देखकर कुछ परेशान तो होता ही था। एक रोज़ उसने कहा कि वह मुझे सत्य साईं बाबा के स्थान पुट्टापर्ती आश्रम ले जाना चाहता है। चोट लगने के पंद्रह वर्षों में यह तो मैं बख़ूबी समझता था कि मेरी यह चोट लाइलाज है और यह भी समझ रहा था कि दोस्त के दिल में था कि शायद कोई चमत्कार साईं बाबा के दरबार में हो जाए। यूँ भी चमत्कारों के लिए तो वह मशहूर थे ही। मुझे घूमने का हमेशा से शौक रहा है और दोस्तों के साथ तो और भी। मैं, मेरा दोस्त और बड़े भाई साहिब ब्रह्मजीत तयशुदा रोज़ ट्रेन में सवार होकर निकल पड़े।

हम लोग दिल्ली से करीब तीस घंटे का सफ़र करके सिकंदराबाद पहुँचे। वहाँ एक ऑफिसर्स मैस में हमारा रुकने का इंतज़ाम था। के.बी. के जान-पहचान के एक ब्रिगेडियर साहिब ने हमें स्टेशन से लाने-ले जाने के लिए गाड़ी का भी इंतज़ाम कर रखा था। ब्रिगेडियर साहिब साईं बाबा के बड़े कट्टर भक्त थे और वह पहले से ही आश्रम पहुँचे हुए थे।

दूसरे रोज़ सुबह उठकर हम ट्रेन से आगे की यात्रा पर चल पड़े और धर्मावरम नाम के स्टेशन पर उतरकर प्लेटफॉर्म से जैसे ही बाहर आए, तो देखा तमाम बसें खड़ी थीं, जो भक्तों को वहाँ से तीस किलोमीटर दूर पुट्टापर्ती आश्रम ले जा रही थीं। हम भी एक बस में बैठकर चल पड़े। रास्ते में देखा कि बाक़ायदा इंटरनेशनल स्टैंडर्ड का एयरपोर्ट बना हुआ था। हमारे देखते-देखते एक हवाई जहाज़ उतरा भी। कुछ दूरी पर एक बहुत बड़ा सुपर स्पेशियलिटी हॉस्पिटल था, जिसमें बताया गया कि बाहर के देशों से साईं बाबा के भक्त डॉक्टर वहाँ लोगों का इलाज करने आते थे। उन दिनों भी कोई हार्ट स्पेशलिस्ट यूरोप से आए हुए थे। इन सबके साथ-साथ प्रकृति के नज़ारे, स्टेडियम आदि देखते हुए पुट्टापर्ती जा पहुँचे।

एक कमरा लिया। सोने का इंतज़ाम ज़मीन पर ही था। खाने-पीने के लिए भी तमाम दानियों ने इंतज़ाम कर रखा था। कुछ देर आराम करके हम शाम की आरती के लिए एकत्रित होने लगे। श्री सत्य साईं बाबा ने एक आरामदायक ऊँची कुर्सी पर आसन ग्रहण

किया। भजन तो पहले ही शुरू हो गए थे, अब और ज़ोर पकड़ने लगे। अंत में आरती हुई और फिर बाबाजी ने आसन से खड़े होकर मंदिर से बाहर आकर सबको दर्शन दिए। उनकी जय-जयकार चारों ओर गूँजने लगी।

शाम के समारोह के बाद थोड़ा घूमे-फिरे और फिर खाना खाकर आराम के लिए कमरे में चले गए। दूसरे रोज़ सुबह उठकर जल्दी-जल्दी नहा-धोकर छह बजे तक हम सब फिर सुबह की आरती के लिए एकत्रित हो गए। फर्क यह था कि बाबाजी का आसन मंदिर के बाहर के प्रांगण में एक ऊँचे स्थान पर था, जो भक्तों को किसी भी तरफ़ से दिखाई देता था। भजन-गीत पूरी लय और श्रद्धा के साथ गाए जा रहे थे और जनता भी हमारी तरह साथ-साथ गाने की कोशिश कर रही थी। मुझे कुछ भजनों की पंक्तियाँ तो याद भी थीं।

दरअसल बैरकपुर में रहते समय, जब 1972–73 में कक्षा आठ में पढ़ रहा था, उस वक़्त मेरे दोस्त गोपाल के घर हर शनिवार को साईं बाबा का कीर्तन होता था। उसके माता-पिता साईं के बड़े भक्त थे। उन दिनों कोई भी गीत, भजन बड़ी जल्दी याद हो जाता था।

भजन आदि के बाद सुबह की आरती हुई और फिर बाबाजी उठकर जनता के बीच कभी इधर, कभी उधर जाते और कभी किसी भक्त को चमत्कार से—कभी घड़ी, कभी कोई मूर्ति, कभी भभूति तो कभी अंगूठी—हवा में हाथ घुमा कर निकालते और तोहफ़े के रूप में दे देते। हम भी आस लगाए बैठे थे कि कब हमारी तरफ़ आएँ। क्योंकि अपनी जगह से उठना मना था और सब पूरी श्रद्धा से इस नियम का पालन कर रहे थे। बाबाजी बहुत नज़दीक आए, उम्मीद जागी, पर वे लौट गए। हम तक नहीं आए। हम भी उनकी मर्ज़ी मानकर चुप बैठे रहे। सुबह का भी समारोह समाप्त हो गया।

दर्शन हो चुके थे। हमने नाश्ता किया। घूम-फिर कर बाबाजी के बनाए अलग-अलग स्थानों को देखा। कुछ भजन की किताबें, मालाएँ आदि खरीदीं। कमरे की चाबी और बिस्तर लौटा कर स्टेशन जाने के लिए बस में बैठ गए। हम रात को सिकंदराबाद पहुँचकर स्टेशन के पास ही एक होटल में रुक गए। सुबह उठकर सिल्क की मशहूर साड़ियाँ खरीदने बाज़ार गए। मैंने कई साड़ियाँ लीं और एक साड़ी अपने दोस्त की पत्नी के लिए भी ली। मैं उसकी शादी में नहीं जा पाया था और इसलिए शादी के तोहफ़े के स्वरूप भेंट की। दोपहर दो बजे के बाद दिल्ली के लिए ट्रेन थी, सो वापस चल पड़े।

आजकल शिर्डी के साईं बाबा को लेकर बड़ा विवाद चल रहा है। मुझे बड़ा अफ़सोस होता है कि किसी की श्रद्धा पर सवाल उठाया जाए। मैं तो एक ही बात जानता हूँ— "जाकी रही भावना जैसी, प्रभु मूरत देखी तिन तैसी।"

मुझे तो हर जगह, हर रूप में अपने भोले भंडारी नज़र आते हैं। 1977 में बनी शिर्डी की फ़िल्म "साईं बाबा" में भी अनूप जलोटा और दिलराज कौर की आवाज़ में एक मनमोहक भजन है—

"भोला भंडारी सांई भोला भंडारी,
शिव भोला शिव भोला
शिव भोला भंडारी"

भागः पाँच
इंडियन स्पाइनल इंजरी सेंटर

अध्याय: 1
इंडियन स्पाइनल इंज्यूरीज़ सेंटर से जुड़ना

दिल्ली चेशाइर होम तो एक पड़ाव था। दरअसल मंज़िल तो इंडियन स्पाइनल इंजरीज़ सेंटर थी। वहाँ इसलिए रुकना पड़ा क्योंकि आईएसआईसी का निर्माण कार्य अभी चल रहा था। वहाँ उस समय के डायरेक्टर जनरल एयर मार्शल ए.एस. चहल साहिब पिताजी के साथ ही आर्मी मेडिकल कोर में हुआ करते थे। मैं उनसे मार्गदर्शन लेता रहता था कि यहाँ जॉइन करने के लिए क्या तैयारियाँ करनी चाहिए। उन्होंने मुझे एक साल का कंप्यूटर एप्लिकेशन कोर्स करने की सलाह दी।

मैंने चेशाइर होम से लगे डॉन बॉस्को टेक्निकल स्कूल से शाम की कक्षाओं में यह ट्रेनिंग पूरी कर ली। चहल साहिब के कहने पर मैंने सेंटर के मैनेजमेंट को नौकरी के लिए एप्लिकेशन लिखी। उसे पढ़कर उन्होंने जो टिप्पणी की, वह मैं कभी नहीं भूलता। उनका कहना था कि लिखने में 'I' और 'My' यानी 'मैं' और 'मेरा' जैसे शब्दों का प्रयोग न्यूनतम होना चाहिए। यह बहुत बड़ी सीख थी, जो मुझे उसी समय मिली।

उन्हीं दिनों आईएसआईसी ने बाहर के टेम्परेरी एकॉमोडेशन में ओपीडी की सुविधाएँ शुरू कर दी थीं। मेरा एक फौजी फिजियोथेरेपिस्ट जानकार ए.के. सिंह वहाँ था। यहाँ वैकेंसी निकली हुई थी। मैंने चहल साहिब से रिक्वेस्ट की और उसे रख लिया गया।

कुछ हफ़्तों बाद मैं ओपीडी में होशियार सिंह नाम के व्यक्ति को दिखाने लाया। यह शख़्स पूर्व प्रधानमंत्री और उस समय के वित्त मंत्री मनमोहन सिंह साहिब के घर खानसामा हुआ करता था। कमर की हड्डी में टीबी हो जाने के कारण कमर के नीचे का हिस्सा पैरालाइज़ हो गया था। उसे चेशाइर होम में भर्ती कराया गया था। समय रहते बीमारी का पता चल गया और इलाज शुरू हो गया, जिससे वह दोबारा चलने-फिरने लगा। लेकिन उसे फिजियोथेरेपी की और ज़रूरत थी।

चहल साहिब ने उसे ओपीडी के लिए नियुक्त डॉक्टर एच.एस. छाबड़ा के पास भेज दिया। इसी तरह मेरी और डॉक्टर छाबड़ा की पहली मुलाक़ात हुई।

उसी दिन होशियार सिंह की थैरेपी करते हुए मेरी ए.के. सिंह से बातचीत हुई। उसने बताया कि आईएसआईसी के असली सर्वेसर्वा मेजर एच.पी.एस. अहलुवालिया साहिब हैं और यहाँ जॉइन करने के लिए उनसे पहचान बनानी होगी। मैंने तुरंत प्रयास शुरू कर दिए। उन दिनों मेजर साहिब साउथ ब्लॉक के कमरा नंबर 7 में बैठते थे। वे तब तक फौज की नौकरी में थे, इसलिए उनके सेक्रेटरी मिस्टर टंडन फोन उठाते थे। कभी-कभार बात भी करा देते थे। मैं हर बार मिलने का समय माँगता रहा।

कई हफ़्तों की कोशिश के बाद एक दिन बताया गया कि वे एक घंटे बाद अपने बापा नगर स्थित निवास पर लंच के लिए जा रहे हैं और यदि मैं वहाँ पहुँच सकूँ तो खाना खाकर वापस ऑफिस लौटने से पहले पंद्रह मिनट मिल सकते हैं। उन पंद्रह मिनटों में मैंने उनके दिल में अपनी जगह बना ली। उसी का परिणाम था कि कुछ खास लोगों की तमाम खिलाफ़त के बावजूद मुझे यहाँ नौकरी मिली और लोगों की सेवा करने का अवसर भी।

आईएसआईसी के निर्माण कार्य के दौरान मैं ओपीडी में डॉक्टर छाबड़ा के पास पेशेंट दिखाने चेशाइर होम से आता-जाता रहता था। तब तक डॉक्टर छाबड़ा की शादी नहीं हुई थी। मुझे याद है कि मेरी रिक्वेस्ट पर वे मेरी गर्लफ्रेंड की सहेली शबनम की माँ को देखने उनके घर गए थे। उनके पैर में फ्रैक्चर था और ट्रैक्शन लगा हुआ था। इसके बाद डॉक्टर छाबड़ा खुद ही उन्हें देखने जाया करते थे। शबनम ने एक बार पूछा कि डॉक्टर साहब अब मम्मी को इतनी बार क्यों देखने आते हैं—इसका जवाब पाठक अपने हिसाब से सोच सकते हैं।

उन दिनों मैं शेयर मार्केट में अच्छी-ख़ासी कमाई कर रहा था। दरअसल 1985 की शुरुआत में, कमांड हॉस्पिटल लखनऊ में रहते समय, मेजर सूद साहिब वहाँ एडमिट हुए थे। किडनी की गंभीर समस्या के कारण उन्हें हेल्थ ग्राउंड्स पर फौज से बोर्ड आउट किया जा रहा था। उन्होंने मुझसे गुज़ारिश की कि मैं किडनी स्पेशलिस्ट डॉक्टर यशपाल जी से कहकर उनके मेडिकल बोर्ड की प्रतिशतता बढ़वा दूँ। पिताजी के कहने पर डॉक्टर यशपाल ने ऐसा कर दिया। इसके बदले में मेजर सूद ने मुझे शेयर मार्केट में निवेश करना सिखाया। वे दो महीने वहाँ रहे और मुझे काफ़ी ज्ञान दिया।

अगले दो वर्षों में मैं पूरे हॉस्पिटल में शेयर मार्केट एक्सपर्ट के रूप में जाना जाने लगा। कई डॉक्टर मुझसे सलाह लेते, कुछ तो मुझे अपने घर खाने पर बुलाकर इस विषय को विस्तार से समझते।

इधर डॉक्टर छाबड़ा का भी निवेश का मन बना। इस सिलसिले में वे अपनी पत्नी के साथ मुझसे चेशाइर होम मिलने आए। करीब तीस हज़ार रुपये निवेश किए, लेकिन मिसेज़ छाबड़ा को नुकसान का डर था, इसलिए दोनों ने कदम पीछे खींच लिए।

मैं आईएसआईसी बराबर आता-जाता रहा। 5 नवंबर 1995 को उद्घाटन समारोह में भी शामिल हुआ। योजना यही थी कि सेंटर पूरी तरह शुरू होते ही मैं भी जॉइन कर लूँ।

इधर चेशाइर होम में नए एडमिनिस्ट्रेटर कर्नल भल्ला आ चुके थे। वे मेरे दोस्त कैप्टन राजन पासी के मामा लगते थे, इसलिए उनसे थोड़ी नज़दीकी हो गई। एक शाम चेशाइर होम के भीतर उनके निवास के लॉन में चाय पीते समय मैंने उनसे वहाँ के डायरेक्टर जनरल मेजर जनरल के.एम. ढोडी के बारे में एक बात साझा की। यह बात मुझे टेक्निकल एडमिनिस्ट्रेटर विंग कमांडर कुमार साहिब ने बताई थी।

उनका कहना था कि वे एक बार बोर्ड मेंबर, पूर्व आर्मी चीफ जनरल वी.एन. शर्मा के घर गए थे। वहाँ जनरल शर्मा ने बताया कि ढोडी साहिब को उनकी सलाह पर फौज से प्रीमेच्योर रिटायरमेंट लेनी पड़ी थी, क्योंकि उन्होंने आर्म्ड कोर की एक झूठी टैंक एक्सरसाइज़ कागज़ों पर दिखाकर पैसों का घपला किया था। बात फैलते ही उन्होंने फौज छोड़ दी, वरना कोर्ट मार्शल हो सकता था। यह कितना सच था, कितना झूठ—कहना कठिन है।

कर्नल भल्ला और उनकी पत्नी ने इस बात को बढ़ा-चढ़ाकर जनरल ढोडी तक पहुँचा दिया। अगले ही दिन मेरे ख़िलाफ़ कार्रवाई शुरू हो गई। पिताजी को बुलाकर मुझ पर कई सच्चे-झूठे आरोप लगाए गए और पंद्रह दिन के भीतर चेशाइर होम छोड़ने का आदेश दे दिया गया। हम तो अगली सुबह ही वहाँ से निकल गए, क्योंकि मैं वैसे भी माता-पिता की इच्छा के विरुद्ध अलग रह रहा था।

अगले ही दिन मैंने मेजर अहलुवालिया साहिब से मिलकर सारी घटना बताई और यहाँ जॉइन करने की इच्छा प्रकट की। उनके अधीन काम करने वाले मिस्टर विक्रमदत्त मुझे यहाँ नहीं आने देना चाहते थे। एक महीने तक दौड़भाग चली। अंततः मैंने यह बात सीधे मेजर साहिब से कह दी। उन्होंने तुरंत विक्रमदत्त को बुलाकर मुझे जॉइन कराने का आदेश दे दिया।

उस समय दो रिसर्च प्रोजेक्ट आए हुए थे। मुझसे पसंद पूछी गई। मैंने यूएसए–आईएसआईसी के "प्रोजेक्ट इंस्पायर" को चुना। इंटरव्यू बोर्ड में मिस्टर विक्रमदत्त, सोशल साइंटिस्ट डॉक्टर नागी, एल.एन.जेपी हॉस्पिटल के मनोविज्ञान विभागाध्यक्ष प्रोफेसर जिलोहा और भारत में ऑर्थोपेडिक्स के जनक माने जाने वाले प्रोफेसर सुंदरम थे। वर्षों की तैयारी काम आई। हर सवाल का उत्तर दिया। कुछ दिनों बाद अपॉइंटमेंट लेटर मिला और 2 सितंबर 1996 को मैं आईएसआईसी का स्टाफ मेंबर बन गया।

31 जुलाई 1999 को प्रोजेक्ट समाप्त हुआ और पुनः एयर मार्शल चहल तथा जनरल सेठना के इंटरव्यू के बाद हमें स्थायी स्टाफ का दर्जा मिला।

इन वर्षों में कई लोग आए-गए, लेकिन मुझे जो सम्मान और स्थान मिला, उसमें डॉक्टर छाबड़ा की भूमिका अत्यंत महत्वपूर्ण है। वे मेरे लिए प्रेरणा हैं। चौबीस में से सोलह घंटे काम करने वाला इंसान मैंने डॉक्टर छाबड़ा के रूप में ही देखा। उनकी मेहनत और समर्पण अपने आप में मिसाल है। उन्होंने मेरे लिए जो किया, उसे शब्दों में लिखना संभव नहीं—पर इस माध्यम से उनका आभार अवश्य व्यक्त करता हूँ।

मैं कुछ और साथियों का भी ज़िक्र करना चाहूँगा—मोनिका वालेचा, पुनीत सहोटा, प्रभा, मौसम, शिवा जसोटिया, सुभाषिनी, अनुराधा। इनके रहते मैंने कभी टिफिन नहीं लाया। ये सब अपने खाने में से मेरे लिए निकालते थे—हर दिन दावत-सी होती थी। बाद में अधिकतर लोग नौकरी बदलकर चले गए। कुछ नई साथी, जैसे ममता, जुड़ीं। किसी की कही बात मन को लग गई और तब से मैं टिफिन लाने लगा।

रविंद्र यादव, योगेश, अरुण बेदी, आलोक रावत, जितेंद्रनाथ—इन सबका भी बड़ा सहयोग रहा। नामों की सूची बहुत लंबी है। कुछ खास लोगों का उल्लेख मैं अगले अध्याय में अवश्य करूँगा, जिनका मेरी ज़िंदगी और सोच पर गहरा प्रभाव पड़ा।

अंत में साहिर लुधियानवी साहिब का फिल्म चित्रलेखा का गीत याद आता है, जिसे रोशन साहिब ने संगीतबद्ध किया था। इसकी ये पंक्तियाँ जीवन का बड़ा दर्शन सिखाती हैं—

"मन रे, तू काहे ना धीर धरे, ये निर्मोही मोह ना जाने जिनका मोह करे।
उतना ही उपकार समझ, जो जितना साथ निभा दे,
जनम-मरन का मेल है सपना, ये सपना बिसरा दे।
कोई ना संग मरे, मन रे तू काहे ना धीर धरे।"

अध्याय: 2
अमेरिका की हवाई यात्राएँ

सन् 2000 के दिसम्बर के महीने में अमेरिका की पहली यात्रा करने का मौका मिला— इंसिडेंट ऑफ रणबीर सिंह्स प्रिडिक्शन्स अबाउट पासपोर्ट। हुआ यूँ कि मेरा पासपोर्ट '99 में ही एक्सपायर हो चुका था और न जाने क्यों मेरे मन में यह बात घर कर गयी थी कि अब आगे कोई विदेश यात्रा के चान्स नहीं हैं। अचानक मेरे मित्र के एक मित्र, स्क्वॉड्रन लीडर रणबीर सिंह, ने कुछ भविष्यवाणी की कि मैं बहुत जल्द विदेश यात्रा पर जाऊँगा।

इस बात के मुश्किल से महीने भर के अन्दर मुझे जापान इंडिपेंडेंट लिविंग सेंटर की तरफ से सूचित किया गया कि मेरा नाम अमेरिका के मशहूर हवाई द्वीप पर होने वाली इंडिपेंडेंट लिविंग कॉन्फ्रेंस के लिए चुना गया है। मेरा और मेरे साथ जाने वाले का सारा खर्च जापान इंडिपेंडेंट लिविंग वहन करेगा।

समय बहुत कम था। आनन-फानन में पासपोर्ट तैयार किया। शेयर मार्केट ने उन दिनों माली हालत बहुत खराब कर रखी थी। टिकटों के लिए करीब एक लाख रुपये का इंतज़ाम चाहिए था। पचास हज़ार मैंने एक दोस्त से उधार लिये, बाकी पचास ऑफिस से उधार लिये और हवाई यात्रा पर चल पड़े। साथ में मेरे बड़े भाई साहब बतौर हेल्पर गये थे। टिकट का पैसा मुझे वहाँ जाकर मिल जाना था।

कुछ गिनती के हेर-फेर की वजह से और कुछ समय के फर्क की वजह से हम लोग कॉन्फ्रेंस से एक दिन पहले ही पहुँच गये। अब मुश्किल यह थी कि होटल की बुकिंग अगले रोज़ से थी। एक दिन का होटल का किराया करीब सात हज़ार रुपये था। बड़ी दुविधा में पड़े। तभी एक अमेरिकन, माइक कॉलिंस, अपनी बैटरी से चलने वाली पावर्ड व्हीलचेयर पर हैट लगाये बड़े शान से हमारे पास आया और हमसे पूछा कि क्या परेशानी है? क्योंकि हम दोनों भाई चेहरे से ही परेशान लग रहे थे।

माइक कॉलिंस ने होटल वालों से बात की और हमें उसी रोज़ से होटल में रहने देने की सिफ़ारिश की। माइक कॉलिंस दरअसल इंडिपेंडेंट लिविंग के एग्ज़ीक्यूटिव डायरेक्टर के तौर पर मनोनीत थे। एक तरह से कॉन्फ्रेंस के होस्ट वही थे। वैसे भी हमें कॉन्फ्रेंस के समय से एक दिन पहले ही लौटना भी था। तो एक तरह से पेमेंट उतने दिन की ही होनी थी, लेकिन एक दिन का आगे-पीछे था।

दोनों भाई जैसे ही होटल के कमरे में प्रवेश किये, एसी अपने आप चल पड़ा। एक दीवार, जो ज़्यादातर होटलों में पूरी शीशे की होती है, उससे हवाई शहर का नज़ारा देखते ही बनता था। भाई ने खिड़की खोलकर अवलोकन करना चाहा तो एसी अपने आप बन्द हो गया। 2013 में तमाम यात्राओं के बाद तो यह कुछ नया नहीं लगता, लेकिन सन् 2000 में वाक़ई आश्चर्यचकित कर देता था। नलका चलाओ तो कुछ न हो, लेकिन नलके के नीचे हाथ ले जाओ तो पानी अपने आप चल पड़ता है।

इन सब चीज़ों का अद्भुत आनन्द लेते हुए हम लोग दूसरे दिन की तैयारी करने लगे। होटल बिल्कुल समुद्र-तट पर था। हवाई बीचेज़ दुनिया की सबसे मशहूर बीचेज़ में से हैं।

लोग कॉन्फ्रेंस के वक्त के बीच में जब भी वक्त मिलता, बीच पर जाकर धूप और समुद्र से उठती हुई लहरों का आनन्द लेने से नहीं चूकते थे।

कॉन्फ्रेंस के अगले दिन बाक़ायदा हवा-ए-डान्स देखने को मिला, जो अपने आप में एक ख़ास अहमियत रखता है। उसी दिन शाम का डिनर होटल से तक़रीबन दो किलोमीटर के फासले पर एक "अक्वेरियम" नामक स्थान पर था। अक्वेरियम में जैसे कि मछलियाँ रखी जाती हैं, लेकिन यह अक्वेरियम अपने आप में एक अजूबा था। तक़रीबन आधे मील के रेडियस में फैला हुआ, बड़ी-से-बड़ी और छोटी-से-छोटी हर तरह की मछली वहाँ देखी जा सकती थी। हमने व्हेल भी देखी, सील भी देखी।

वहीं बीच-बीच में अच्छे लॉन्स थे। उन्हीं में से एक में खाने-पीने का बन्दोबस्त था। एक स्टेज बनाया गया था, जिस पर कुछ वाद्य बजाने वाले बैठे गिटार और काँगो-बाँगो बजा रहे थे। बीयर आदि का भी बन्दोबस्त था। संयोजक तमाम अलग-अलग देशों से आये पार्टिसिपेंट्स से रिक्वेस्ट करते रहते थे कि वे स्टेज पर अपने देश का कोई गाना या कोई नृत्य—कुछ भी—पेश करें।

इधर हम दोनों भाई भी हल्के-हल्के सुरूर में तो थे ही। कुछ पुरानी यादें ताज़ा होने लगीं और दोनों स्टेज पर जा चढ़े। मैंने देव आनन्द की मशहूर फ़िल्म टैक्सी ड्राइवर का एक गीत छेड़ दिया—

"चाहे कोई खुश हो, चाहे गालियाँ हज़ार दे,
मस्त राम बन के ज़िन्दगी के दिन गुज़ार दे।"

भाई साहब ने उस पर मस्त डान्स किया। तालियों का शोर गूँज उठा।

वापसी यात्रा कुछ परेशानियों में गुज़री। दरअसल हमारी बुकिंग जापान एयरलाइंस में थी। दिल्ली से सिओल तक की उड़ान एयर इंडिया से थी और आगे जापान एयरलाइंस से। लौटते में जापान एयरलाइंस को हांगकांग तक पहुँचाना था और वहाँ से एयर इंडिया की कनेक्टिंग फ़्लाइट थी। एयरपोर्ट पर दिन भर इंतज़ार कर शाम को एयर इंडिया की फ़्लाइट पकड़ने चले तो पता चला कि हमारा कन्फ़र्म्ड रिज़र्वेशन नहीं है और प्लेन में बिल्कुल भी जगह नहीं है।

मैंने भाई साहब से बहुत कहा कि वहीं एक होटल में कमरा ले लेते हैं, लेकिन वे बिल्कुल नहीं माने। कहने लगे, "बेकार पैसा नहीं फेंकना।" वह रात हमने एयरपोर्ट पर गुज़ारी। यहाँ तक कि दूसरी रात भी वहीं रहना पड़ा।

मुश्किल यह थी कि रात को लेटने के लिए वही तीन जुड़ी हुई कुर्सियाँ थीं। क़िस्मत से बीच का हैंडरेस्ट पीछे को चला जाता था, लेकिन तीसरी कुर्सी के दोनों हैंडरेस्ट फ़िक्स थे। दो कुर्सियों पर तो सिर और धड़ आ गया, बाकी पैरों को किसी तरह मोड़ कर तीसरी कुर्सी के बाजुओं के नीचे से निकालकर सीधा कर दिया जाता था। सौभाग्य से कुर्सियाँ गद्देदार थीं, इसलिए वे दो रातें कट गयीं।

तीसरे रोज़ किसी तरह फ़्लाइट में जगह मिल पायी, वह भी क़िस्मत से। इसलिए कि एक जान-पहचान की एयर होस्टेस ने हमें पहचान लिया और जहाज़ के कैप्टन से बात कर सीट दिलवा दी। इन तमाम परेशानियों के बावजूद वह एक ऐसी यात्रा है, जो आज भी हम दोनों भाई जब कभी फ़ुर्सत में साथ बैठते हैं, तो उसके तमाम रंगों को याद करते हैं।

मायामी

2000 में मई के महीने में, मायामी (अमेरिका) में स्पाइनल कॉर्ड इंजरी पर एक सीएमई (कंटिन्यूड मेडिकल एजुकेशन) प्रोग्राम था। मेरी बड़ी इच्छा थी कि उसे अटेंड करूँ। एक साथी अपने खर्चे पर चलने को तैयार भी हो गया, पर उसकी शर्त यह थी कि वह कॉन्फ्रेंस के बाद एक-आध हफ़्ते रुक कर आएगा और मुझे अकेले ही लौटना होगा।

हम मायामी पहुँच गये। प्रोग्राम एक खूबसूरत होटल के ऑडिटोरियम में था और उसी होटल में रहने का बन्दोबस्त भी था। कॉन्फ्रेंस तो बहुत लाभदायक रही, लेकिन मायामी तो अपने बीचों के लिए मशहूर है। यहाँ तक कि होटल का भी अपना प्राइवेट बीच एरिया था। मेरी सालों की तमन्ना थी कि मैं कभी समुद्र-तट के किनारे अकेला बैठूँ।

शाम ढलते-ढलते बीच बिल्कुल खाली हो गया और मैं अपनी व्हीलचेयर पर बिल्कुल अकेला रह गया। यहाँ तक कि मैंने अपने साथी को भी बिल्कुल ताक़ीद कर दी कि वह आधा घंटा बाद मुझे लेने आ जाए। तब तक मैं इस शान्त वातावरण में समुद्र की लहरों की अठखेलियाँ और उन लहरों के उस सन्नाटे में गूँजती आवाज़ को मंत्रमुग्ध हो देखता रहा।

हुआ कुछ यूँ कि शाम को समुद्र में ज्वार के कारण धीरे-धीरे समुद्र की लहरें पहले तो मेरे पैरों के पास तक पहुँचीं, फिर हर बार बढ़ते-बढ़ते कुर्सी से आगे निकल गईं। जब वे वापस लौटती थीं, तो ऐसे लगता था कि वे मुझे चेयर समेत वापस खींच ले जाएँगी। कुछ देर के लिए तो डर के मारे बुरी हालत हो गई, लेकिन जब मैंने देखा कि मेरी तकरीबन आधी कुर्सी तट की रेत में धँस चुकी है, तो फिर मुझे आनन्द-सा आने लगा।

हर बार लहर आती और जाते वक्त लगता कि मैं भी साथ जा रहा हूँ। समुद्र का पानी पैरों और कपड़ों को भिगो देता। ऐसा लगता कि जैसे मैं सावन में हल्की-हल्की बरसात में झूला झूल रहा हूँ।

अगले रोज़ कॉन्फ्रेंस की समाप्ति दोपहर में ही हो गई। ऑर्गनाइज़र्स हमें बस में बैठाकर समुद्र के उस भाग पर ले चले, जहाँ पर तमाम छोटी-बड़ी नावें, स्टीमर्स आदि चल रहे थे। मुझे भी एक मोटरबोट में एक बकेट चेयर में बिठा दिया गया और उसमें लगी दो बेल्ट्स से बाँधकर बिल्कुल सुरक्षित कर दिया गया।

अन्य पाँच-छह लोग भी बैठ गये। मोटरबोट चल दी, समुद्र का सीना चीरती हुई। मैं उस वक़्त का वर्णन नहीं कर सकता। जब कोई बड़ी लहर आ जाती थी और वह छोटी-सी मोटरबोट को उछाल देती थी, तो कुछ डर और कुछ कौतूहल की मिली-जुली भावनाएँ उत्पन्न होती थीं। उस दृश्य की याद आज भी सिहरन पैदा कर देती है।

अगले रोज़ विमान से हम अमेरिका की फ़िल्म नगरी हॉलीवुड, लॉस एंजिलिस चले गये। मुझे हवाई यात्रा के दौरान बने दोस्त माइक कॉलिंस ने वहाँ बुलाया था और उसने मुझे एक पावरफुल व्हीलचेयर गिफ़्ट दी। मुझे अपनी व्हीलचेयर वहीं छोड़नी पड़ी, क्योंकि एक ही व्हीलचेयर साथ लाने की अनुमति होती है।

अब मुझे अपने दोस्त से विदा लेना था। मुश्किल यह थी कि हमें यह अंदाज़ा नहीं था कि लॉस एंजिलिस में इतनी ठंड होगी। मैंने अपना ब्लेज़र उतारकर अपने दोस्त को दे दिया, क्योंकि उसके पास कोई भी गरम कपड़ा नहीं था। पावर्ड व्हीलचेयर ने यह आसानी

कर दी थी कि मुझे कहीं भी आने-जाने में दिक्कत नहीं हो रही थी। बटन दबाओ और कहीं भी चल पाओ। वहाँ दो दिन रहने के दौरान अच्छी-ख़ासी चलाने की प्रैक्टिस भी हो गई थी, इसलिए बड़े इत्मिनान से मैं दिल्ली अकेले ही यात्रा कर गया।

लास वेगास में 50वाँ बर्थडे!

एक बहुत ही यादगार सफ़र और मेरा 50वाँ जन्मदिन। हुआ यूँ कि एक ख़ास कॉन्फ्रेंस में हिस्सा लेने का इन्विटेशन मिला। कॉन्फ्रेंस वेन्यू था अमेरिका का फ़ोएनिक्स नाम का स्टेट। मैंने यह तुरन्त कबूल किया। एक तो कॉन्फ्रेंस यौन इश्यूज़ को लेकर थी, दूसरे मेरा आईएसआईसी का पुराना साथी और अब बहुत ही अभिन्न मित्र, डॉक्टर पंकज गौड़, वहाँ से क़रीब एक घंटे भर के सफ़र पर रह रहा था।

हमने 18 मई 2009 को ब्रिटिश एयरवेज़ की फ़्लाइट पकड़ी। कई सालों बाद दुनिया के सबसे बिज़ी लंदन के हीथ्रो एयरपोर्ट को देखने का मौका मिला। हर एक मिनट में एक फ़्लाइट उड़ती या उतरती है। दो घंटे उस शानदार एयरपोर्ट पर गुज़रे और फिर उड़ चले फ़ोएनिक्स की ओर। एयरपोर्ट पर पंकज पहुँचा हुआ था। उसकी कार में बैठकर होटल पहुँचे। शाम ढल चुकी थी।

फ़ोएनिक्स में अमेरिका के दूसरे कई बहुत ठंडे इलाक़ों की बनिस्बत यहाँ कम ठंड पड़ती है और यहाँ ज़्यादातर लोग रिटायरमेंट के बाद सेटल होते हैं, यानी कि ज़्यादातर बुज़ुर्ग हैं। दोनों ने दोस्ती के नाम जाम टकराए और फिर न जाने कब-कब के गड़े मुर्दे उखाड़ फेंके। पंकज उन गिने-चुने लोगों में है जिन्होंने मेरे सोचने के तरीके और अंदाज़ पर बहुत सकारात्मक प्रभाव डाला है और सोच को एक मैच्योरिटी दी है।

खा-पीकर सो गये। दूसरे दिन उसने हमें कॉन्फ्रेंस की जगह पर छोड़ दिया और ख़ुद अपने काम पर निकल गया। कॉन्फ्रेंस अगले रोज़ ख़त्म कर शाम को हम उसके घर के लिए चल पड़े। उन दिनों उसके माता-पिता भी भारत से उसके पास आए हुए थे। पंकज और उसकी पत्नी में अमेरिकी माहौल का काफ़ी प्रभाव आ चुका था, लेकिन फिर भी दिल है हिन्दुस्तानी—वही गर्मजोशी से भरी मेहमाननवाज़ी।

लगा ही नहीं कि भारत से दूर हैं। दोस्त के पास एक शानदार कार, थ्री-बेडरूम हाउस—सब कुछ जो एक आम मिडिल क्लास परिवार चाहता है, मौजूद था। इकलौते बेटे ने कुछ रोज़ पहले ही अपनी स्कूली शिक्षा पूरी की थी। उसका पूरा नाम उसके दो गुणों को पूरी तरह से चरितार्थ करता है। सबसे मिलना हुआ, बातें हुईं।

उससे अगले रोज़, 22 मई को, हम पूरे 50 साल के होने वाले थे। दोस्त ने पहले से ही प्रोग्राम बना रखा था। हम 21 मई को क़रीब तीन बजे कूच कर गये जुआरियों के शहर "लास वेगास"। शाम के ढलने से पहले ही पहुँच गये। दोस्त ने एक कोने से दूसरे कोने तक रास्ता तय किया। भूख लग रही थी। कुछ गरमागरम सैंडविच खाए और कॉफ़ी का स्वाद लिया ही था कि हवाई जहाज़ उड़ने की आवाज़ आई। देखा, सड़क के दूसरी ओर एयरपोर्ट था और उसके साथ-साथ खूबसूरत पहाड़ियाँ।

शाम ढलने लगी और लाइटें जल उठीं। हमने कार पार्क कर दी। मैं व्हीलचेयर पर शिफ़्ट हो गया। मैं, मेरा दोस्त और मेरा केयर अटेंडेंट—हर एक जुआघर में अन्दर जाते,

वहाँ की रौनक देखते, कहीं-कहीं जुआ भी खेलते। 12 बजे से थोड़ा पहले एक रेस्टोरेंट-से मिलते-जुलते कोने में जा पहुँचे और फिर दोस्त पंकज के साथ जन्मदिन के नाम का जाम टकराया।

फिर पूरी रात इसी तरह इधर-से-उधर घूमते रहे। एक जुआघर "पेरिस-पेरिस" के नाम से था, काफ़ी बड़े एरिया में फैला हुआ। उसकी छत पर तमाम तारे और चाँद बने हुए थे और बिजली की मदद से बिल्कुल प्राकृतिक-से लगते थे। रोशनी का कुछ ऐसा इंतज़ाम था कि अन्दर घुसते ही लगता जैसे शाम का समय है। काफ़ी देर वहाँ बैठे रहे। आइसक्रीम खाई और चल दिये।

एक जगह सर्कस के जोकरनुमा लोग तमाम तरह की कलाकारी दिखा रहे थे। लास वेगास अमेरिका का एकमात्र शहर है जहाँ सड़कों पर भी खुलकर शराब पी जा सकती है। चारों ओर तवायफ़नुमा लड़कियाँ आपको मौज-मस्ती के लिए लुभाने की कोशिश करती दिखाई देती हैं। लोग बेइन्तहा पैसा जुए और जिस्मफ़रोशी में लुटाते देखे जा सकते हैं।

सुबह के पाँच बज चुके थे। हमने कॉफ़ी पी और कार में अपने दोस्त के घर की ओर चल पड़े। बहुत सालों से लास वेगास को देखने की इच्छा थी—पूरी हो गई। कुछ ऐसा माहौल, जैसे कुछ किलोमीटर के इलाक़े में कोई मेला या नौचंदी लगी हो। शराब, शबाब, कबाब—सब कुछ मुहैया था।

वेगास से लौटकर आराम किया। रात भर की आवारागर्दी ने थका तो दिया ही था। शाम को उठे तो दोस्त के परिवार ने केक और खाने-पीने की तमाम चीज़ों का बन्दोबस्त कर रखा था, सो जन्मदिन पूरी शानोशौकत से मनाया गया। इधर भारत में कांग्रेस ने 2009 के लोकसभा इलेक्शन 206 सीटों से जीत लिया। मनमोहन सिंह जी राष्ट्रपति भवन में प्रधानमंत्री की शपथ ले रहे थे। टेलीविज़न ने तो अब सब दूरियाँ मिटा दी हैं।

हम तो दूसरी सुबह दुनिया के सात अजूबों से भी ज़्यादा मशहूर "ग्रैंड कैन्यन" देखने चल पड़े। ग्रैंड कैन्यन की तरफ़ जाते वक्त हम एक छोटे-से इलाक़े "जिरोम" से होते गये थे, जिसे कभी फ़्रांसीसियों ने बसाया था और वहाँ की इमारतों में फ़्रांसीसी वास्तुकला साफ़ झलकती थी। चलते ही बारिश शुरू हो गई। उसके रुकते ही आसमान में मीलों लम्बा इन्द्रधनुष बन गया और हम उसे कार में चलते-चलते बहुत दूर तक निहारते रहे।

एक अजूबा-सा लगता है—इतनी गहरी प्राकृतिक कटाई। यहाँ तक कि कई पत्थरों के नाम महाभारत के पांडवों के नाम पर हैं। बहुत नीचे बहती हुई नदी, हेलिकॉप्टरों की मदद से पूरे ग्रैंड कैन्यन का नज़ारा—सब कुछ मंत्रमुग्ध तो करता ही है, पर आश्चर्यचकित भी करता है।

लौटते वक्त दोस्त ने लम्बा रास्ता लिया। हम एक और खूबसूरत शहर "सैडोना" का अवलोकन करते हुए आए। पूरे रास्ते बारिश होती रही, इसलिए कार से उतरना सम्भव नहीं हो पाया, पर प्राकृतिक सौन्दर्य देखते ही बनता था। बारिश के बावजूद चहल-पहल में कोई कमी नहीं थी। सैडोना हॉलीवुड के कई सितारों की आरामगाह है। पिछली बार अमेरिकी राष्ट्रपति चुनाव में ओबामा साहिब को चुनौती देने वाले "जिम केरी" साहिब की रिहाइश भी यहीं है।

इन सारे प्राकृतिक स्थलों और अजूबों को देखने का मज़ा तो अपनी जगह रहा ही, पर सबसे ज़्यादा आनन्द हम दोनों दोस्तों के साथ रहा। उसमें सोने पे सुहागा रही तीन-तीन,

चार-चार घंटे की कार यात्राएँ, जिनके दौरान हम दोनों की पसन्द के पुराने हिन्दी फ़िल्मों के गाने पूरी यात्रा भर चलते रहते थे। इस मामले में हम दोनों की पसन्द बिल्कुल एक-सी है।

बीच-बीच में बारिश, इधर गानों की धुन और हाथ में कॉफ़ी—ज़िन्दगी के बेहतरीन तोहफ़ों में और क्या बाक़ी रह गया था। यह एक यादगार ट्रिप रही। ज़िन्दगी के 50 वसन्त तो पूरे हुए ही, पर साथ ही एक यादगार सफ़र भी मिला। मैं इसे अपना सबसे अच्छा विदेशी दौरा मानता हूँ।

जो गाना हम दोनों ने सबसे ज़्यादा पसन्द किया और जो मेरे दोस्त पंकज को बहुत प्रिय है, वह देव आनन्द साहिब की फ़िल्म काला पानी से, मजरूह साहिब का लिखा और एस.डी. बर्मन साहिब के संगीत में रफ़ी साहिब का गाया हुआ गीत है—

"हम बेखुदी में तुमको पुकारे चले गये
साग़र में ज़िन्दगी को उतारे चले गये,
हम..., "

अध्याय: 3
जिम कॉर्बेट पार्क विज़िट

इंडियन स्पाइनल इंजरीज़ सेंटर, जहाँ मैं कार्यरत हूँ, में हर वर्ष एक इंटरनेशनल कॉन्फ्रेंस होती है—इंटरनेशनल स्पाइनल इंजरीज़ कॉन्फ्रेंस (ISSICON)। एक साल यह दिल्ली में होती है और दूसरे साल भारत के किसी अन्य शहर में। इस साल यह कोयम्बटूर, तमिलनाडु में हुई और अगले वर्ष दिल्ली में ही होगी।

साल 2006 के अप्रैल महीने में यह दिल्ली में ही हुई थी। मेरे काउंसलिंग के गुरु प्रोफेसर स्टैन्ली को एक प्रवक्ता के तौर पर शामिल होना था। मैं उनके अंडर ट्रेनिंग के लिए साल 2001 में बोस्टन, अमेरिका गया था। उन्होंने मेरी बड़ी आवभगत की थी। अपने घर ले गए थे, जो एक टीले पर बना हुआ था। साथ ही एक बड़ा-सा तालाब बना हुआ था, जिसमें एक छोटी-सी नाव थी। घर के चारों ओर खूबसूरत और खुशबूदार पेड़ और फूलों के पौधे लगे थे। मेरी बड़ी इच्छा थी कि किसी तरह मैं भारत में भी उनकी कुछ ऐसी ही आवभगत कर सकूँ।

इस बार वे अपनी पत्नी जैकी और बेटे जिम के साथ आ रहे थे। ये डॉक्टर स्टैन्ली डुशआर्म पेशे से साइकोलॉजिस्ट हैं। उनकी बड़ी इच्छा थी कि वे एक बार शिव महादेव की अपनी बनाई नगरी में श्मशान में किसी मुर्दे का सम्पूर्ण विधि से होता क्रियाकर्म देखें और दूसरे, झीलों के शहर उदयपुर के मशहूर किले को तब्दील किए गए होटल "लेक व्यू" में दो दिन निवास करें। मैंने उनकी लिस्ट में "जिम कॉर्बेट पार्क" जाना भी जोड़ दिया।

कॉन्फ्रेंस ख़त्म होने वाली शाम को ही वे परिवार समेत यू.पी. के मुरादाबाद शहर से आगे रामनगर के साथ लगे जिम कॉर्बेट के लिए चल पड़े। आपस में तय हुआ कि वे एक रात किसी होटल में रहेंगे और थोड़ा घूम-फिरेंगे। मैं दूसरे रोज़ दोपहर तक पहुँच जाऊँगा और फिर हम कॉर्बेट के 18 मील अन्दर फ़ॉरेस्ट विभाग के ख़ास "डिकाला" नामक रिज़ॉर्ट में रहेंगे। वह स्थान मेरे फ़ॉरेस्ट विभाग में कार्यरत दोस्त विनोद यादव ने बुक करा दिया था।

शाम को पहुँचे और ताज़ा-दम होकर चाय लेकर बैठ गए। सरकारी मेहमान थे, तो ख़ास देखभाल हो रही थी। शहर के शोरगुल से दूर, धीरे-धीरे पहाड़ी के आगोश में छिपते सूर्य की लालिमा लिए किरणें, बीच-बीच में अपने-अपने घोंसलों में लौटते पंछियों के झुंड आकाश में दिखाई दे जाते, कुछ जानवरों की आवाज़ें भी सुनाई पड़ रही थीं। हिदायत थी कि अँधेरा होते ही अन्दर ही बने रेस्टोरेंट में खाना खाकर अपने-अपने कमरों में चले जाएँ और दरवाज़ों को अच्छी तरह से बन्द कर लें। जिम कॉर्बेट एक टाइगर रिज़र्व है और हम जंगल के ज़ोन 4, यानी काफ़ी अन्दर के इलाके में थे। कभी भी कोई जंगली जानवर आकर हमला कर सकता था।

वे तीनों एक कमरे में थे। मैं, मेरे बड़े भाई साहिब और उनकी बेटी चारू के अलावा मेरे सबसे छोटे भाई का लड़का नीणू मेरे साथ गया था। देर रात तक मज़ाक कर, बच्चों को डरा-डराकर खुश हो, आख़िर थक-हारकर सो गए।

सुबह छह बजे उठकर हाथी पर सवार होकर जंगल की सैर कर टाइगर की तलाश में जाना था कि शायद कहीं मिल जाए। यह सवारी दो घंटे की थी और मेरे लिए तो बहुत मुश्किल थी, किन्तु मैं इस पक्के इरादे से गया था कि हाथी पर बैठकर सवारी ज़रूर करूँगा। सब लोगों के लिए तो सीढ़ी से चढ़कर एक मचान-सी बना रखी थी और हाथी उसकी बगल में आकर खड़ा हो जाता था। हम शाही मिज़ाज वाले हर वक़्त कुर्सी पर विराजमान। आख़िर हाथी को झुककर ज़मीन पर बैठना पड़ा। फिर हम दो-चार लोगों के सहयोग से उस पर सवार हुए और 10–15 मिनट जमकर सवारी की।

उसके बाद दोस्त, उसका बेटा, पत्नी, मेरे भतीजे और भतीजी ने हाथी पर आसन जमा लिया। मैं और भाई साहिब अपनी क्वालिस गाड़ी में एक गार्ड के साथ बैठ निकल पड़े—जंगल में टाइगर की तलाश करने। तमाम तरह के जंगली जानवर देखने को मिले। सबसे भयभीत करने वाला था जंगली हाथियों का एक पूरा झुंड, जो अचानक सामने आ गया। पर टाइगर से न हमारी मुलाक़ात हो सकी, न ही हाथी वाले काफ़िले की। दोपहर तक सब लौट आए। फिर फ़ैसला हुआ कि वापस दिल्ली निकल चला जाए, क्योंकि अगले रोज़ मेरे दोस्त और उसके परिवार को वाराणसी कूच करना था।

वे तीनों दो दिन वाराणसी की यात्रा कर सीधे दिल्ली एयरपोर्ट पर मिले। फिर हम सब उड़ चले उदयपुर की ओर। रास्ते में हवाई जहाज़ जयपुर ज़रूर रुका, पर शाम ढलते-ढलते उदयपुर पहुँच गए। मेरा ख़ास दोस्त अनिल राठी मुझे अपनी शानदार टाटा सफ़ारी कार से लेने आया हुआ था। उधर मेरे मित्र स्टैन्ली डुशआर्म को लेने के लिए होटल "लेक व्यू" से शानदार मर्सिडीज़ लेने आई हुई थी।

हुआ यूँ कि स्टैन्ली ने अमेरिका से ही "लेक व्यू" होटल बुक करने की कोशिश की, लेकिन कामयाब न हो सके। मेरे मित्र अनिल ने यह काम आसानी से कर दिया। वह उदयपुर में एक व्यापारी के नाते अपना एक मुक़ाम रखता था। उसकी वहाँ ग्रीन मार्बल की माइंस थीं और वह एक हैसियत का मालिक था। उसका घर पहली मंज़िल पर था, इसलिए मेरे रहने का इन्तज़ाम उसने अपने क्लब में किया था। छोटी-छोटी पहाड़ियों से घिरा यह खूबसूरत क्लब, उसी में एक सुंदर स्विमिंग पूल—मुझे तो वहाँ रहना बड़ा रास आया।

खाना खाकर काफ़ी देर तक दोनों दोस्त खूब बातें करते रहे। मैं सुबह उठकर तुरन्त स्विमिंग पूल में उतर गया और घंटे भर तक खूब मस्ती की। तब तक दोस्त अपने घर ले जाने के लिए आ गया। कई जगह से गमले हटाने पड़े, पर आख़िरकार पहली मंज़िल पर फ़तह पाई। नाश्ता किया और फिर निकल पड़े भारत देश के सच्चे सपूत, वीर शिरोमणि महाराणा प्रताप की जन्मस्थली "चितौड़गढ़"। उनकी याद में एक-से-एक मूर्तियाँ और मुग़लों के साथ युद्ध के अनेकानेक अवशेष इस बात का सबूत थे कि हल्दी घाटी की लड़ाई किस क़दर घमासान रही होगी। राणा प्रताप के घोड़े चेतक की भी छवि देखने को मिली।

शाम के खाने पर हमने स्टैन्ली, उनकी पत्नी जैकी और बेटे जिल को बुला रखा था। क्लब के स्विमिंग पूल के पास इन्तज़ाम था। स्टैन्ली और उनका परिवार "लेक व्यू" होटल में पूरा आनन्द ले रहे थे और दिन में नौका-विहार भी किया। हमने भी न जाने कितनी खूबसूरत झीलों का नज़ारा किया, कुछ जगह फ़ोटोग्राफ़ी भी की।

बाद में क्लब लौटते हुए बाज़ार का रुख किया। दोस्त ने मेरे लिए एक पीले रंग की टाई खरीदी। उन दिनों खाकी पैंट पर आसमानी रंग की शर्ट, पीली टाई और नेवी ब्लू ब्लेज़र का नया-नया स्टाइल चला था। मेरे पास बस टाई की ही कमी थी। फिर दोनों एक म्यूज़िक शॉप में चले गए और तमाम कैसेट्स खरीद डाले—देव आनन्द की फ़िल्मों से, रफ़ी के गीत, आशा भोंसले, जगजीत सिंह की ग़ज़लें और न जाने क्या-क्या।

डिनर से पहले शराब और कबाब का दौर शुरू हुआ। फिर तो बातों-ही-बातों में दोनों परिवार ऐसे घुल-मिल गए कि ऐसा प्रतीत होता था मानो सालों से एक-दूसरे को जानते हों। उनकी फ़रमाइश पर मैंने हेमन्त कुमार साहिब का गाया एक गाना भी गाया। शायद शराब का उन्माद कुछ ऐसा था कि—

"ये नयन डरे-डरे, यूँ जाम भरे-भरे, मुझे पीने दो, कल की किसको ख़बर, एक रात हो के निडर।"

क्लब में बस गिनी-चुनी मेज़ों पर लोग खाना खा रहे थे। मेरे गाते वक़्त बिल्कुल शान्ति हो गई। गाना ख़त्म होने पर जो तालियाँ बजीं, तो बस आनन्द दूना हो गया।

इधर मेरे दोस्त अनिल को ज़्यादा चढ़ गई। खाना शुरू करवा दिया गया। मेरा अज़ीज़ दोस्त अनिल, जैसा कि अक्सर नशे में लोग एक ही बात को बार-बार दोहराते हैं, बस स्टैन्ली से यही कहता रहा—"मेरे दोस्त का ख़याल रखना।" यानी मेरा ख़याल। स्टैन्ली मेरा दोस्त होने के साथ-साथ एक साइकोलॉजिस्ट भी है। उसने मुझसे लौटती यात्रा में यही कहा—"तुम्हारा मित्र वाक़ई बहुत पक्का दोस्त है। इतने नशे में भी उसे तुम्हारा ही ख़याल था।"

अनिल राठी के नाम एक शाम

अब मेरा वह दोस्त इस दुनिया में नहीं रहा। वक़्त से पहले, कुछ तो उसके शराब के नशे की लत ने और फिर दुर्भाग्य से नाक के अन्दर हो गए कैंसर ने उसकी जान ले ली। यह लिखते वक़्त भी मेरी आँखें नम हो रही हैं। वाक़ई अच्छे लोग दुनिया में कम दिनों तक ही रहते हैं।

आज का लिखना मैं मालिक से अपने मित्र की आत्मा की शान्ति की प्रार्थना के साथ ख़त्म कर रहा हूँ। शाम के पाँच बज रहे हैं, दिसम्बर की 23 तारीख़ हो गई है। शाम बड़ी जल्दी ढल जाती है। आजकल कश्मीर और शिमला में पड़ने वाली ठंड की वजह से कोहरा भी छाने लगा है। मेरी इच्छा हो रही है कि कुछ देर एकान्त में बैठकर अपने दोस्त के साथ बिताए दिनों की यादों में खो जाऊँ—

आज साहिर साहिब का लिखा फ़िल्म सज़ा का एक बहुत ही दिल को छू लेने वाला गीत याद आता है—

"तुम न जाने किस जहाँ में खो गये,
हम भरी दुनिया में तनहा हो गये।"

अध्याय: 4
इंडियन स्पाईनल इंजॅरीज सेंटर में ख़ास लोग

इंडियन स्पाईनल इंजुरीज़ सेंटर में रहते हुए कुछ ऐसे ख़ास लोगों का ज़िक्र करना चाहूँगा, जिनका मेरी ज़िन्दगी और यहाँ रहते पायी कामयाबी में बड़ा योगदान है। ज़हन में सबसे पहला नाम आता है सेंटर के चेयरमैन मेजर एच-पी-एस-अहलुवालिया का। वह एक ऐसी शख़्सियत हैं जिनसे मैं बहुत ज़्यादा मुतासिर हुआ। ये वो शख़्स हैं जिन्होंने एवरेस्ट पर विजय प्राप्त करने वाले पहले भारतीय होने का गौरव प्राप्त किया। अर्जुन अवॉर्ड से नवाज़े गए और फिर पद्मश्री से। एवरेस्ट की विजय के मात्र चार महीने के अन्तराल में भारत-पाक युद्ध के दौरान इन्हें कमर में गोली लगी। स्पाइन की क्षति से ये व्हीलचेयर पर ज़िन्दगी गुज़ारने पर मजबूर हुए। लेकिन अपने हौसलों की उड़ान को इन्होंने क़ैद नहीं होने दिया। जब इन्हें इलाज के लिए स्टॉक मेंडिविल, लंदन भेजा गया, तो उन्होंने मन-ही-मन यह धारणा कर ली कि ऐसा ही एक सेंटर वो भारत में बनाएँगे। कई वर्षों की अथक मेहनत और लगन से 1995 के नवम्बर महीने में इसका उद्घाटन हुआ। उसके कुछ वर्षों बाद उन्हें इस उपलब्धि के लिए पद्मभूषण से नवाज़ा गया।

आईएसआईसी के रिसर्च प्रोजेक्ट के दौरान यूएसए की तरफ़ से एक इन्वेस्टिगेटर के तौर पर डॉक्टर स्टैनले डुशर्मे का आना हुआ। उनके साथ मैंने दो-तीन प्रोग्रामों में स्टेज शेयर किया, जो पुणे और कोलकाता में हुए थे। एक तरफ़ वह व्यक्ति मेरे बोलने के अन्दाज़ से प्रभावित हुआ और मैं उसके अन्दाज़ से। हम दोनों में अच्छी जान-पहचान हो गयी। उनके लौट जाने के बाद भी बराबर पत्राचार चलता रहा। उन्होंने मुझे ऑफ़र किया कि मैं ख़ास तौर पर सेक्सुअलिटी काउंसलिंग की ट्रेनिंग के लिए उनके पास बोस्टन, यूएसए आ सकता हूँ। मैं गया भी। आज जो भी एक्सपर्टीज़ मेरी इस क्षेत्र में है और जो प्रशंसा मैं लोगों से पा रहा हूँ, वह इसी ट्रेनिंग और उनकी गाइडेंस की वजह से है। उसके बाद हम लोग कभी-कभार इंटरनेशनल कॉन्फ़्रेन्सों में मिलते रहे और एक तरह से बहुत क़रीबी दोस्ती हम दोनों के बीच हो गयी।

जिस शख़्स की मैं ख़ास तौर पर बात करना चाहूँगा और जिसने मुझे काफ़ी हद तक प्रभावित किया, वो हैं डॉक्टर पंकज गौड़। इस व्यक्ति ने मेरे साथ ही आईएसआईसी में रिसर्च प्रोजेक्ट जॉइन किया था। हम दोनों बहुत गहरे मित्र बन गए थे। मुझे क्योंकि कॉलेज के दिनों में चोट लगी थी, तो मेरा व्यवहार और सोचने का अन्दाज़ एक बेफ़िक्र विद्यार्थी की तरह ही था और वह आईएसआईसी जॉइन करने तक भी बदला नहीं। पंकज ने मुझे दुनियादारी की समझ दी—दूसरों के प्रति बराबरी का भाव और तमाम तरह की दुनियावी समझ मेरे अन्दर पैदा की। लोगों के साथ बेहतर तौर पर पेश आना, एडजस्ट होना और किसी भी परिस्थिति में हँसकर निकल जाना, यह काफ़ी हद तक उसके साथ रहकर ही आया।

उसी दौरान एनआईडीडीआर, यूएसए के रिसर्च प्रोजेक्ट में हमारे इमीडिएट बॉस विक्रम दत्त को भी मैं भूल नहीं सकता। आज जो नेटवर्किंग मेरी दिल्ली के तमाम डिसएबिलिटी से जुड़े इंडिविजुअल्स, एनजीओ या दूसरे गवर्नमेंट ऑफ़िशियल्स से बनी है,

वह उन्हीं की वजह से हो पाई है। या यूँ कहूँ कि डिसएबिलिटी और ख़ासतौर पर स्पाइनल कॉर्ड की सही समझ और उस दिशा में कुछ काम कर पाने का सही रास्ता उन्होंने ही दिखाया।

डॉक्टर कालिदत्त दास एक और शख़्स हैं जिन्होंने मुझे आईएसआईसी में एक अलग ही इज़्ज़त दिलवाई है। आज मुझे आईएसआईसी स्टाफ के अधिकतर सदस्य "सर" कहकर सम्बोधित करते हैं। शुरुआत उन्होंने की और फिर तो सब छोटे-बड़े "सर" कहकर ही सम्बोधित करने लगे। यह उन्हीं की वजह से है कि उनके साथ के बाकी डॉक्टर भी—जैसे डॉक्टर ऋताभ, डॉक्टर महापात्र, डॉक्टर दीपक रैना, डॉक्टर रस्तोगी—मुझे "सर" कहकर सम्बोधित करते हैं। फिर जूनियर की बात ही क्या। एक ख़ास बात यह भी है कि मेरे द्वारा लाए गए मरीज को वीआईपी की तरह ट्रीट किया जाता है, जिससे बहुत से लोगों की नज़र में मेरी बड़ी इज़्ज़त बनी है। वो मुझे एक प्रोफ़ेशनल के तौर पर भी पूरा रिकग्निशन देते हैं। हर आने वाले पुराने मरीज को अधिकतर पहले मुझे रेफ़र करते हैं, फिर उससे ख़ुद बात करते हैं। इससे मरीज और उसके परिवार के दिमाग़ में मेरी एक ख़ास जगह बनती है।

वो मेरे एक सहकर्मी से ज़्यादा दोस्त हैं, जिनसे हर तरह की दिल की बातें साझा की जा सकती हैं। लेकिन अगर मुझसे कोई यह पूछे कि "आपके यहाँ सबसे अच्छा डॉक्टर कौन है?", तो मैं नाम लूँगा डॉक्टर दीपक रैना साहिब का। जहाँ एक तरफ़ वे अहं से भरे हुए लगते हैं, वहीं विनम्रता में कोई कमी नहीं। क़ाबिलियत का यह आलम है कि ज़्यादातर जूनियर डॉक्टर उनके साथ जुड़ना चाहते हैं। बहुत साफ़गोई से काम लेते हैं और उनमें इंसानियत भी भरपूर है।

मेरी मुलाक़ात एक रूपिन्दर सिंह (राज) नामक व्यक्ति से हुई, जो पंजाब के एक गाँव में कबड्डी टीम का कोच था। उसके एक खिलाड़ी को गर्दन में स्पाइनल इंजरी हो गयी। उसे लेकर वे आईएसआईसी आए। वह पेशेंट क़रीब सात महीने हॉस्पिटल में रहा। मज़े की बात यह है कि उसके अपने परिवार के लोग तो मुश्किल से उसके साथ रहे होंगे, लेकिन राज की वजह से एक-ना-एक टीम प्लेयर उसकी देखभाल के लिए हॉस्पिटल में रहता था। उसके तीन-चार लाख रुपये के इलाज का खर्च भी इन लोगों ने आपस में इकट्ठा करके पूरा किया। मैं नहीं समझता कि ऐसे लोग दुनिया में कितने होते हैं।

राज से दोस्ती हो गयी। उसे विदेश यात्राओं का बड़ा शौक था। परिवार और आर्थिक स्थिति—दोनों तरफ़ से कोई कमी नहीं थी। हम दोनों थाईलैंड, मलेशिया, हांगकांग और सिंगापुर की यात्राओं पर गए। मैं वहाँ ख़ासतौर पर कॉन्फ्रेन्सों या सेमिनारों में हिस्सा लेता था और वह मेरी पूरी देखभाल करता था। साथ-ही-साथ, ज़्यादातर खर्च भी वही उठाता था। लेकिन फिर वही बात—विधाता की मर्ज़ी समझ में नहीं आती। दो साल पहले एक एक्सीडेंट में उसके स्पाइनल कॉर्ड में चोट लगी और कुछ ही दिनों में उसका देहान्त हो गया। इन तमाम लोगों से मिलकर ज़िन्दगी का एक मतलब समझ में आया—

"अपने लिए जिए तो क्या जिए,
तू जी ऐ दिल ज़माने के लिए।"

एक और शख़्स, जिनसे मेरी मुलाक़ात श्री श्री रविशंकर द्वारा चलाए गए 'आर्ट ऑफ़ लिविंग' कोर्स के दौरान हुई, वे थे विंग कमांडर महाजन। कोर्स के दौरान ऐसे प्रोग्राम होते थे कि आठ-दस लोग हफ़्ते भर दिन-भर साथ रहते थे और आपस में इंटरैक्ट करने के कई मौके मिलते थे। उसी दौरान मिस्टर महाजन से थोड़ी-सी निकटता बनी।

कुछ महीनों बाद श्री श्री रविशंकर जी मॉडर्न स्कूल, बारहखम्बा रोड पर तशरीफ़ ला रहे थे। महाजन साहब मिलने आए और पूछा कि क्या मैं प्रोग्राम में चलना चाहूँगा। मैंने सहज रूप से कहा, "ठीक है, मैं उस दिन अपनी गाड़ी लेकर आ जाऊँगा। हम उन्हें वसन्तकुंज से पिक करके मॉडर्न स्कूल चलेंगे।" इस पर वे ज़ोर से हँस पड़े और बोले कि वे तो मुझे लिफ़्ट ऑफ़र करने आए थे, और यहाँ मैं उन्हें लिफ़्ट देने की बात कर रहा हूँ। इससे वे बहुत प्रभावित हुए और अपनी पत्नी की स्मृति में बनाई सामाजिक संस्था 'सद्भावना सरोज' की तरफ़ से मुझे "Person Who Inspires Others" के रूप में फ़ेलिसिटेट किया।

आज जो मैं अपनी आत्मकथा—या कहिए अपने विचार—काग़ज़ पर रख पा रहा हूँ, वह उन्हीं की मदद से सम्भव हो पाया है।

अध्याय: 5
इंडियन स्पाइनल इंजुरीज़ सेंटर की दूसरी पारी

2006 के अंतिम महीनों में तबीयत बहुत खराब हो गयी, क्योंकि दोनों किडनियों में हाइड्रोनेफ्रोसिस हो गया। हीमोग्लोबिन तकरीबन 6 हो गया और शरीर भी काफी कमजोर हो गया। लेकिन कुछ देर से ही सही, पर वक़्त से पता लग गया। इलाज भी शुरू हो गया। कुछ लोगों ने तो यहाँ तक कहना शुरू कर दिया कि शायद बचना मुश्किल है। डॉक्टर छाबड़ा, जो स्पाइनल सर्जन होने के साथ-साथ आईएसआईसी मेडिकल डायरेक्टर भी हैं, उन्होंने मेरी बहुत कमजोर शारीरिक हालत को देखते हुए यूँ ही कमेंट किया कि लगता है इनिंग्स ख़त्म होने वाली है। मैंने जवाब दिया था कि "अभी तो दूसरी इनिंग्स खेलूँगा।" ऐसा करके भी दिखाया। यूँ कहूँ कि मेरी सेकेंड इनिंग्स पहली से अधिक कामयाब रही।

मुझे अपनी पहली सीखी हुई ग़ज़ल के एक शेर की हमेशा याद रहती है— "मौत की सरहदों से गुजर आए हम, पूछते-पूछते ज़िन्दगी का पता।"

क्योंकि चोट लगने के बाद और एक-आध बार बचपन में भी कुछ ऐसे हालात हुए हैं, कि हर बार यही कुछ होता रहा।

जनवरी 2007 में पहली बार मैंने अपना लैपटॉप खरीदा और अपनी प्रेज़ेंटेशन्स बनाना सीखा। उन्हीं दिनों एक ग्रुप, जो कुछ साल पहले बना था—एशिया स्पाइनल कॉर्ड नेटवर्क (एएसकोएन)—की चौथी कॉन्फ्रेन्स बांग्लादेश में होनी थी। मैं बीमारी की वजह से अमेरिका की लम्बी यात्रा नहीं कर पा रहा था। अस्कोन की कॉन्फ्रेन्स से मुश्किल से तीन हफ़्ते पहले मैंने बांग्लादेश जाने का इरादा कर लिया। मेरी विज़िट को इस शर्त पर स्पॉन्सर मिला कि मैं कॉन्फ्रेन्स के बाद लगभग एक-दो दिन वहाँ रहकर तमाम एशिया के देशों से आए प्रोफेशनल लोगों की काउंसलिंग करने की ट्रेनिंग कराऊँगा।

ट्रेनिंग के दौरान कुछ ऐसा प्रभाव डाल पाया कि उसके बाद तो क्या श्रीलंका, क्या नेपाल, थाइलैंड, मलेशिया, जापान, वियतनाम—जिस भी देश के लोग उस पहली ट्रेनिंग में मौजूद थे—उन सभी देशों से मुझे एक-एक करके निमंत्रण मिला। लगभग दो साल के समय में ही मैंने इस पूरे बेल्ट पर अपने आप को स्थापित कर लिया। इधर बीच-बीच में अमेरिका, लंदन, इटली और अन्य यात्राएँ होती रहीं। आज मैं कह सकता हूँ कि एक तरह से इस क्षेत्र में काम करने वाले प्रोफेशनल्स में मुझे अपने नाम से जाना जाता है, जो मेरे लिए वाकई एक उपलब्धि है।

बांग्लादेश से मार्च 2007 की कॉन्फ्रेन्स से लौटने के बाद मेरे एक ऑफिस के साथी प्रवीण दूबे के चचेरे भाई राजेश द्विवेदी उर्फ़ बॉबी का फोन आया। मेरी बॉबी से कोई बहुत ज्यादा मुलाक़ात नहीं थी। कभी-कभार प्रवीण के साथ आ जाता था। हालाँकि एक बार वह प्रवीण और उसका एक दोस्त संजीव कंडू मेरे साथ लुधियाना के नजदीक रूपिन्दर सिंह के गाँव गए थे। फिर अगले रोज़ वहाँ से पचास किलोमीटर दूर फगवाड़ा में हम मेरे एक पुराने पेशेंट सोनू के भाई की शादी में शामिल हुए। फिर शाम को वहाँ से वाघा बॉर्डर पहुँचकर बीएसएफ के चेंज ऑफ़ गार्ड के दौरान झंडा उतारे जाने का आकर्षक दृश्य देखा और शाम को अमृतसर पहुँच कर कार के अंदर से ही गोल्डेन टेम्पल को रोशनी में

नहाया हुआ देखा। रात को विश्राम के बाद सुबह स्वर्ण मंदिर में माथा टेका और फिर जलियाँवाला बाग जाकर वहाँ हुए जनरल डायर के नरसंहार के निशानात देखे। फिर लस्सी-पराठे का नास्ता कर शाम तक दिल्ली आ पहुँचे।

बॉबी ने एक डॉक्टर संदीप कपूर का पता निकालकर उनसे थोड़ी नजदीकी बना ली थी। कपूर साहिब सुबह अपनी मेडिकल प्रैक्टिस करते हैं और दोपहर के बाद जन्मपत्री के आधार पर ज्योतिष। उन्हीं से मिलाने के लिए मुझे फोन किया गया। उस दिन डॉक्टर कपूर के यहाँ बैठे और बीयर पी। मेरी भी उनसे अच्छी जान-पहचान हो गयी। हमने अपनी पत्री तो दिखाई ही और भी बहुत लोगों का भला किया। उन दिनों से ना जाने कैसे मेरे और बॉबी के बीच घनिष्ठता बढ़ती चली गयी। पिछले सात सालों में हम स्कूल के दिनों के जैसे दोस्त बन गए हैं। दिन में एक मुलाक़ात तो जरूरी-सी हो गयी है। अगर वह कहीं बाहर गया है तो फोन पे अवश्य बात होगी। वह जहाँ मुझे दोस्त की तरह चाहता है, वहीं एक बड़े भाई के रूप में मेरी इज़्ज़त भी करता है। सही कहूँ तो गुर्दों की उस ख़तरनाक बीमारी से निकल कर इन सात सालों में जो कामयाबी मैंने पाई है, उसमें उसका बहुत सहयोग है। मेरी कैसी भी ज़रूरत या इच्छा हो, दिन-रात तैयार खड़ा रहता है।

उसके दोस्त संजीव की मोबाइल फोन की दुकान है और वह भी मेरा बड़ा ख़याल रखता है। हम तीनों कई बार एक साथ घूमने निकल जाते हैं। एक बार मथुरा के मशहूर गोपेश्वर मंदिर गए। यह शिवजी का एकमात्र मंदिर है। कहा जाता है कि एक बार महादेव की इच्छा थी कि विष्णु के कृष्ण अवतार को देखें, तो वे एक गोपी का भेष बदलकर रास में सम्मिलित हुए। उसी समय से इस मंदिर में शिवलिंग को गोपी की तरह सजाया जाता है।

आईएसआईसी में मेरे साथ या बाद में जिन लोगों ने जॉइन किया था, उनमें से गिने-चुने ही रह गए हैं। बदलाव तो प्रकृति का नियम है—कोई जाता है तो दूसरा आता है। नए लोगों में जिनसे नजदीकी बनी, वे हैं ममता, सोनी, नेकराम, अंशुल और हेमन्त। यूँ मेरा स्वभाव है कि मेरे हर किसी से अच्छे रिश्ते रहते हैं। नेकराम और अंशुल ने ख़ास तौर पर मेरा बड़ा ख़याल रखा है। हर अच्छे-बुरे वक़्त में साथ दिया है। सोनी वैसे तो यहाँ से जा चुकी है और अब बात तक नहीं होती, पर उसने काफी साथ दिया। ख़ासकर यहाँ से जाने से पहले आख़िरी दो साल तो कुछ ज्यादा ही नजदीकी रही। फिलहाल प्रभा और ममता के अलावा सबसे अधिक घनिष्ठता नेकराम के साथ है। ये तीनों मेरा बहुत साथ दे रहे हैं। बीच में मेरे एक ऑपरेशन के लिए खून की ज़रूरत थी और ममता के पति ने खून दिया। प्रभा मेरे लिए जब-तब कभी बादाम, कभी अखरोट, कभी काजू और नमकीन की कमी नहीं होने देती। नेकराम भी हर तरह से पूरा ध्यान रखता है, चाहे वह मेरी व्हीलचेयर आदि को लेकर हो। वह मुझे एक बड़े भाई की तरह मानता है और रिश्ते में दोस्ती का जज़्बा भी शामिल है।

आईएसआईसी की दूसरी इनिंग, जहाँ प्रोफेशनल तौर पर बहुत कामयाब रही, वहीं मेरे शेरो-शायरी, पुराने फिल्मी गीत और ग़ज़ल का शौक भी फिर से ताजा हो गया। कई महफ़िलों में जाने का मौका मिला। अच्छे समझदार लोगों से मुलाक़ात हुई और सोच का दायरा भी बढ़ा। कई मौकों पर ख़ास कार्यक्रमों का संचालन करने का अवसर भी मिला। मेरे साथ पढ़े कुछ दोस्त दिल्ली में पोस्टेड हो गए, कुछ यहाँ आकर रहने लगे। यानी ज़िन्दगी बड़े मजे से कट रही है।

सेहत को लेकर थोड़ी ऊपर-नीचे होती रहती है, पर जैसे-जैसे चोट की संभाल की जानकारी बढ़ी और तजुर्बा हुआ, गाड़ी ठीक-ठाक पटरी पर चल रही है। इधर अपने काम का दायरा भी बढ़ाया है। स्पाइनल कॉर्ड इंजुरी को लेकर जिन समस्याओं का आम लोगों को सामना करना पड़ता है, उस तरफ भी ध्यान देना शुरू किया है। ख़ास तौर पर यह देखा कि ऐसी कौन-कौन सी सुविधाएँ सरकार के स्तर पर पॉलिसी, नियम और क़ानून के जरिए दी जा सकती हैं, जो ऐसे लोगों की ज़िन्दगी में बड़ा बदलाव ला सकती हैं और उनकी रोजमर्रा की ज़िन्दगी की गुणवत्ता पर प्रभाव डाल सकती हैं।

काफी हद तक सफलता भी मिली। उदाहरण के तौर पर सरकार ने माना कि इस चोट वालों के इलाज और पुनर्वास के लिए पर्याप्त सुविधाएँ नहीं हैं। सरकार ने हर राज्य में स्पाइनल इंजुरी सेंटर खोलने की पहल कर दी है। हम कोशिश में लगे हैं कि इस वर्ष से चेयरमैन मेजर एच-पी-एस अहलुवालिया साहिब के जन्मदिन, 6 नवम्बर को 'नेशनल स्पाइनल इंजुरी अवेयरनेस डे' के रूप में मनाया जाए। आगे डब्ल्यूएचओ को इस बात के लिए तैयार किया जाए कि एक वर्ल्ड स्पाइनल इंजुरी अवेरनेस डे घोषित किया जाए, जिससे आम जनता जागरूक हो सके।

साहिर साहिब का जो गीत इस वक्त ज़हन में आया है, वह फिल्म 'नया दौर' से है और ओ-पी नैयर साहिब ने संगीतबद्ध किया है। उनकी धुनें लोगों को नाचने पर मजबूर कर देती हैं—

"साथी हाथ बढ़ाना,
साथी हाथ बढ़ाना साथी रे,
एक अकेला थक जाएगा,
मिलकर बोझ उठना,
साथी हाथ बढ़ाना..."

अध्याय: 6
पोखरा, नेपाल की कॉन्फ़्रेन्स

आईएसआईसी में रहते हुए मुझे तमाम जगहों पर विदेशों में जाकर कॉन्फ़्रेन्सों में बोलने का मौका मिला, पर नेपाल चार-चार बार जा चुका हूँ। यूँ तो हर बार की यात्रा मेरे लिए अलग मायने रखती है, लेकिन नेपाल में पोखरा नामक मशहूर हिल स्टेशन में हुई कॉन्फ़्रेन्स का अनुभव अलग ही रहा।

2011 के जून के आख़िर में मैं हवाई जहाज से नेपाल की राजधानी काठमांडू उतरा। एसआईआरसी नेपाल के पुराने जान-पहचान वाले ड्राइवर ने एम्बुलेंस लेकर मुझे रिसीव किया। मैंने गाड़ी में बैठते ही गुज़ारिश की कि गाड़ी को शिवजी के मशहूर मंदिर पशुपतिनाथ वाली सड़क से होते हुए नोरलिंक गेस्ट हाउस ले चले।

पता चला कि पूरे नेपाल में कम्युनिस्टों ने बंद लगा रखा था और वाहनों की आवाजाही पर पूरी तरह रोक थी। एम्बुलेंस होने की वजह से जाने दिया गया। महादेव को दूर सड़क से प्रणाम कर चिरपरिचित 'नोरलिंक गेस्ट हाउस' पहुँचे। मेरे मित्र और गुरु प्रोफेसर स्टेनले और लिवबिलिटी नामक आयरलैंड की संस्था से स्टीफेन पहले ही पहुँच चुके थे। शाम को सबने एक साथ मिलकर रात का खाना खाया। दो-एक जाम भी चले, पर मैंने पेट खराब होने के डर से यात्रा के दौरान शराब नहीं पी।

सुबह जल्दी उठकर नाश्ता किया और सब एम्बुलेंस में बैठकर एयरपोर्ट चल पड़े। रास्ते में कम्युनिस्ट कार्यकर्ताओं ने गाड़ी रोक ली। ड्राइवर ने नेपाली भाषा में बताया कि हम डॉक्टर हैं और पोखरा कॉन्फ़्रेन्स के लिए जा रहे हैं। किसी तरह से समझा-बुझा कर एयरपोर्ट पहुँच, पोखरा के लिए फ्लाइट पकड़ी।

हवाई जहाज उतरने के बाद देखा कि हमें रिसीव करने के लिए कोई गाड़ी नहीं बल्कि कुछ लोग साइकिल लेकर आए थे। सामान साइकिल पर रखा और पैदल चल पड़े। बाकी सब झील के नज़दीक होटल की ओर चल पड़े। मेरा और मेरे साथी का रहने का बंदोबस्त एससीआई री-हैबिलिटेशन सेंटर के गेस्ट हाउस में किया गया था, क्योंकि कॉन्फ़्रेन्स वहीं होनी थी और मेरी सहूलियत का ध्यान रखा गया था। यह सब कम्युनिस्टों के बंद की वजह से ही था।

गेस्ट हाउस बिल्कुल हिमालय पर्वत की फैली चोटियों की तलहटी में बना हुआ था। एयरपोर्ट से आकर थोड़ा आराम किया। मुझे व्हीलचेयर पर ही करीब पाँच किलोमीटर धक्का देकर लाया गया था। ढलते सूरज का नज़ारा, गर्मी के मौसम के बावजूद पर्वत पर जगह-जगह अभी भी काफी बर्फ जमी हुई थी। मैं कई घंटे बैठा, अपने लैपटॉप पर पसंद के गाने सुनता रहा और प्रकृति की अद्‌भुत छटा का आनंद लिया।

खाना समय से कुछ जल्दी खाकर सो गया। सुबह उठकर कॉन्फ़्रेन्स के लिए अपनी पावरपॉइंट प्रेज़ेंटेशन आदि संभाल, री-हैबिलिटेशन सेंटर की तरफ चल पड़ा। देखा कि तमाम देश-विदेश से आए मेहमान साइकिल चलाकर होटल से वहाँ तक पहुँचे। अगले दो दिन भी यही सिलसिला जारी रहा।

कॉन्फ्रेन्स बहुत सी कीं, लेकिन यह साइकिल की सवारी, वह भी हिल स्टेशन पर, एक अलग ही अनुभव था। मेरा तो इन बड़े-बड़े शहरों की अपेक्षा ऐसी जगहों पर कॉन्फ्रेन्सों में भाग लेने का दिल करता है।

कॉन्फ्रेन्स ख़त्म होने वाले दिन शाम को मैं भी साइकिल पर सवार, अपने साथियों के साथ अपनी व्हीलचेयर पर चल पड़ा। मेरे रहने का इंतज़ाम भी आख़िरी रात के लिए होटल में ही कर दिया गया था। पूरे शहर का नज़ारा लेते हुए शांति से होटल पहुँचे, क्योंकि बंद की वजह से सड़क पर किसी तरह की खुराफात करना समझदारी नहीं थी। होटल के अंदर ही शाम को महफ़िल जमी। मैंने भी एक-दो जाम लिए।

सुबह उठकर सब झील के किनारे पहुँचे और फिर नाव में बैठकर करीब घंटे भर तक खूब आनंद लिया। एक तरफ झील के पानी में चलती नाव और झील से लगी बर्फ से ढकी पहाड़ियाँ—मन करता था कि सफ़र कभी ख़त्म ना हो। लेकिन अच्छी हो या बुरी, सबका अंत तो आता ही है।

बारह बजे के लगभग एक स्पेशल बस हम सब को एयरपोर्ट ले जाने के लिए आई। हम काठमांडू पहुँच, अपने पसंदीदा नोरलिंक गेस्ट हाउस पहुँचे। अगले दिन वहाँ भी एक वर्कशॉप किया। दूसरे रोज़ एयरपोर्ट के लिए थोड़ा समय पहले निकलकर रास्ते में महादेव पशुपतिनाथ का चौथी बार दर्शन किया, पूजा-अर्चना की और प्रसाद ग्रहण कर दिल्ली की फ्लाइट पकड़ी। अब बस यही इंतज़ार है कि कब शिव बाबा पाँचवीं बार पशुपतिनाथ रूप के दर्शन का अवसर देंगे।

ऐसे नजारों को देखकर साहिर साहिब का एक गीत याद आता है, जो सुनील दत्त जी पर फिल्माया गया था—

"ये वादियाँ, ये फ़िज़ाएँ बुला रही हैं हमें..."

अध्याय: 7
नागपुर सीआईआईएमएस और आईबीएन-7

"रघुकुल रीत सदा चली आई,
प्राण जाय पर वचन न जाई।"

यह चौपाई आज के वक्त में कबाड़ के सामान की तरह प्रतीत होती है। ख़ास तौर पर नई दिल्ली में, जिसका इतिहास बहुत पुराना है, लेकिन संस्कृति का कोई ओर छोर नहीं है। दिल्ली कितनी बार उजड़ी, कितनी बार बसी, इसकी अपनी कोई संस्कृति नहीं। किसी को दिए वचन या किसी से किए गए वादे का कोई मतलब नहीं।

लेकिन सब जानते हैं कि किसी भी इंसान का व्यक्तित्व या पर्सनैलिटी तेरह-चौदह साल की उम्र तक बन जाता है। उसके संस्कार, आदतें, नेचर में उम्र के साथ थोड़ा-बहुत बदलाव आता है, लेकिन बेसिक नेचर में कोई फर्क नहीं पड़ता। मेरा जन्म एक राजपूत परिवार में हुआ। यह बात कम-से-कम भारतवासी जानते हैं कि राजपूत अपनी जान से ज्यादा अपने वचन को अहमियत देते हैं। कुछ किताबें जो स्कूल में पढ़ीं, उनमें राजपूत राजा महाराणा प्रताप जैसे नाम और उनका अपनी बात पर मर मिटने का जज़्बा मेरे अन्दर भी है—कि अगर किसी से कोई वादा कर दिया, तो हर हाल में निभाना है।

हुआ यूँ कि नागपुर के एक हॉस्पिटल, सीआईआईएमएस से एक फिजियोथैरेपिस्ट यहाँ आईएसआईसी में आईं। दरअसल, वे अपने हॉस्पिटल के एक सीनियर अफसर के इलाज के सिलसिले में पूछताछ करने आई थीं, जिनको एक एक्सिडेंट में स्पाइनल कॉर्ड इंजुरी हो गई थी। मुझसे भी उनकी बातचीत हुई और वह काफी प्रभावित हुईं। वापस नागपुर लौटकर उन्होंने अपने मैनेजमेंट से बात की और मेरे द्वारा वहाँ एक दिन का स्पेशल वर्कशॉप करने का निर्णय लिया गया। तारीख पक्की हुई—26 नवम्बर 2011।

इधर अक्टूबर के अंत में मैं श्रीलंका गया था, और उसी दौरान मेरे नितम्ब यानी जाँघ के नीचे की तरफ चोट लग गई। लौटते ही दूसरी कॉन्फ्रेन्स के लिए कोलकाता जाना पड़ा, और वहीं से अपने स्कूल के 150 साल पूरे होने के उपलक्ष्य में इलाहाबाद भी गया। इन दस दिनों में घाव बहुत गहरा हो गया और ऑपरेशन करने का निर्णय लिया गया। स्पाइनल कॉर्ड इंजुरीस केस में इसे 'प्रेशर सोर' कहते हैं। इसकी सही देखभाल न हो तो इंफेक्शन होकर मौत तक हो सकती है।

मैं बड़ी दुविधा में था—एक तरफ मेरी सेहत का मामला, दूसरी तरफ नागपुर वर्कशॉप में जाने का वादा। परेशानी यह थी कि यह कोई कॉन्फ्रेन्स नहीं थी, जिसमें मैं वक्ता था, बल्कि बस एक दिन का वर्कशॉप और केवल मुझे ही करना था। हालाँकि मेरे कहने पर इसे दो दिन का कर दिया गया। मेरे अलावा दो-तीन वक्ता और हो गए, लेकिन मुझे दो-तीन लेक्चर देने थे।

जब ऑपरेशन की बात चली तो मैंने नागपुर को खबर भेजी कि या तो वर्कशॉप मेरे बिना कर लिया जाए या तारीख आगे बढ़ा दी जाए। दोनों के लिए मनाही हो गई। मेरे बिना वर्कशॉप नहीं हो सकता था और तारीखें भी बदली नहीं जा सकती थीं।

एससीआई की चोट जब गर्दन में लगती है तो एक कॉम्प्लिकेशन 'ऑटोनॉमिक डिस्रिफ्लेक्सिया' होने के चांस बहुत होते हैं। प्रेशर सोर में होने वाले दर्द से यह कॉम्प्लिकेशन होता है, और व्यक्ति का ब्लड प्रेशर एकदम बढ़ जाता है। दर्द, पसीना, बेचैनी तो होती ही है, गर्मी में भी ठंड लगने लगती है। रोज सुबह दर्द की गोली खाकर किसी तरह 11 से 25 नवम्बर तक का समय निकाला।

नागपुर में 26 और 27 नवम्बर का वर्कशॉप कराया। सुबह मेरा भतीजा सिद्धार्थ, जो साथ गया था, घाव की ड्रेसिंग कर मुझे तैयार कर देता और दर्द की दवा लेकर हम वर्कशॉप करने निकल पड़ते। शाम को वहीं हॉस्पिटल के डॉक्टर अच्छी तरह ड्रेसिंग कर देते। इस तरह तमाम परेशानियों का सामना कर अपना वादा पूरा किया।

खुशी की बात यह है कि वर्कशॉप तो कामयाब रहा ही, मुझे कुछ बहुत अच्छे इंसानों से मिलने का मौका भी मिला। वहाँ के डायरेक्टर करीब 80 वर्ष के थे और अब भी न्यूरो सर्जन की प्रैक्टिस कर रहे थे। रोज ओपीडी में 15 से 20 केस देखते थे। उनके अलावा कुछ यंग न्यूरो सर्जन कविता लिखने का शौक रखते थे। उन्होंने मेरी हिम्मत बढ़ाने के लिए कुछ पंक्तियाँ पढ़ीं—

"फैलाए पंखों की परवाज़ बहुत देखी मैंने,
क्या ऊँचा उड़ने को जरूरी होते हैं डैने,
खुद्दारियों ने दुश्वारियों को तिनकों सा उड़ा डाला,
भरम-ओ-नियम दुनिया के सब तोड़ दिए मैंने।"

नागपुर से लौटकर मैंने घाव का ऑपरेशन कराया और जनवरी के मध्य तक सब ठीक हो गया। इधर एक बड़ी खुशखबरी मिली—मेरा नाम आईबीएन-7 टीवी न्यूज चैनल ने 'सुपर आइडियल अवॉर्ड्स' पाने वालों की लिस्ट में शामिल किया। कहा गया कि यह ट्रॉफी और एक लाख रुपए मशहूर अभिनेता सलमान ख़ान साहिब के हाथों से मार्च के पहले सप्ताह में मुंबई के ताज होटल में प्रदान किए जाएँगे।

बदकिस्मती से घाव फिर एक बार खराब हो गया और दोबारा ऑपरेशन की सलाह मिली। फिर मार्च के पहले हफ्ते तक दर्द की गोलियाँ खाकर काम चलाया। ईनाम हासिल किया। उसके बाद ही ऑपरेशन कराया।

आईबीएन-7 की सुपर आइडियल की ट्रॉफी मिलने की खुशी तो बहुत है, पर जो आनंद मुझे अपना वचन पूरा कर नागपुर में दूसरों के लिए कुछ करने से मिला, उसकी तुलना नहीं की जा सकती। आईबीएन-7 के ताज होटल में हुए प्रोग्राम के दौरान कुछ फिल्मी हस्तियाँ भी आयीं, जिनमें सलमान ख़ान साहिब और सुभाष घई शामिल थे। मैंने ट्रॉफी ग्रहण करते वक़्त दो-तीन शेर पढ़े। उनके जवाब में आशुतोष राणा साहिब ने भी एक शेर पढ़ा, जो मुझे बहुत पसंद आया—

"नज़र को बदल दो नज़ारा बदल जाता है,
सोच को बदल तो सितारा बदल जाता है,
और कश्ती बदलने की ज़रूरत नहीं है,
दिशा को बदल दो किनारा बदल जाता है।"

अध्याय: 8
डब्ल्यूएचओ जिनीवा विजिट

3 दिसंबर 2013, मेरी ज़िन्दगी का एक ख़ास दिन है। मुझे कुछ दिन पहले निमंत्रण आया कि वर्ल्ड हेल्थ ऑर्गनाइजेशन (WHO) के लिए स्पाइनल कॉर्ड इंजुरी पर लिखी गई रिपोर्ट 'इंटरनेशनल पर्सपेक्टिव ऑन स्पाइनल कॉर्ड इंजुरी' के लॉन्च के मौके पर मुझे 10 मिनट बोलना है। यह लॉन्च WHO हेडक्वार्टर्स, जिनीवा में होना है। मेरे और मेरे केयर असिस्टेंट के लिए फ्लाइट की टिकटें और होटल में रहने का इंतज़ाम 'स्विश पैराप्लेजिक रिसर्च' की ओर से किया गया।यह 214 पृष्ठों की रिपोर्ट 'इंटरनेशनल स्पाइनल कॉर्ड सोसाइटी' और 'स्विश पैराप्लेजिक रिसर्च' से जुड़े करीब 200 एक्सपर्ट्स द्वारा तैयार की गई थी। सौभाग्य से मैं भी उनमें से एक हूँ।

मैंने अपने भतीजे सिद्धार्थ को अपने साथ ले जाने का फैसला किया, ताकि वह मेरी देखभाल कर सके और यह देख सके कि उसके चाचा ने इस हालत में भी किस कदर प्रेरणात्मक ज़िन्दगी जी है। हेल्थ से जुड़े प्रोफेशनल्स में कितने लोग हैं, जिन्हें इस मुकाम तक पहुँचने का अवसर मिलता है कि हेल्थ की दुनिया में सर्वोच्च संस्था के मंच से बोलने के लिए आमंत्रित किया जाए।

स्पीच देते वक़्त, मुझे ऐसा लगा जैसे सरस्वती देवी मेरे गले में उतर आई हों। यूँ तो मैंने पचासों जगह लेक्चर्स और स्पीचें दी हैं, लेकिन जिस प्रभावशाली अंदाज़ में उस रोज बोला, वह खुद मुझे भी आश्चर्यचकित कर गया। मैं पूरे एशिया से वहाँ अकेला बोलने वाला था, लेकिन मुझमें असली जोश एक भारतीय होने का था। मेरे लिए यह ज़िन्दगी का एक कभी ना भुला सकने वाला लम्हा था। इस मुकाम पर पहुँच कर यह महसूस हुआ कि सालों पहले जिस उद्देश्य के साथ मैं इस क्षेत्र में उतरा था, उसके साथ सही मायने में न्याय कर पाया हूँ। किताब के लॉन्च पर बोलने वालों में करीब 10 लोग थे। मुझे तीसरे नंबर पर बोलना था। मेरे बाद, जिन बाकी 7 लोगों ने स्पीच दी, उन्होंने मेरी स्पीच से कोट किया, जो इस बात का सबूत है कि मैंने निश्चित रूप से कुछ खास कहा, जिसका सब पर असर हुआ। प्रोग्राम ख़त्म होने के बाद भी तमाम लोगों ने मुझे बधाई दी।

मेरे भतीजे सिद्धार्थ ने भी महसूस किया कि मेरी आवाज़ में सही ओज और ठहराव है। उसके बाद हम दोनों जिनीवा शहर घूमने निकल पड़े। क्योंकि अगली सुबह ही हमें वापसी की फ्लाइट पकड़नी थी, इसलिए समझदारी इसी में समझी कि बाजार में फिजूल घूमने के बजाय अपने होटल के कमरे में आराम करें। जिनीवा की मशहूर झील और उसमें उठता हुआ फव्वारा अपने आप में देखने लायक नजारा था। तापमान करीब-करीब एक डिग्री था।

इस मुकाम पर मुझे फ़िल्म 'इम्तिहान' का एक गीत याद आता है, मजरूह सुल्तानपुरी जी का लिखा, किशोर कुमार जी का गाया और सचिन देव बर्मन साहिब का संगीत—

'रुक जाना नहीं तू कहीं हार के,
काँटों पे चल के मिलेंगे साए बहार के।"

भागः छः
स्पाईनल कॉर्ड इंज़री

अध्याय: 1
स्पाईनल कॉर्ड इंज़री

मेरी चोट को स्पाईनल कॉर्ड इंज़री कहते हैं, यानी रीढ़ की हड्डी से जुड़ी मेरूदंड में लगने वाली चोट। इस से इंसान अक्सर अपने शरीर के जरूरी अंगों पर कंट्रोल खो देता है। रीढ़ की हड्डी में जहां भी चोट पहुँचती है, वहाँ से नीचे पैरालिसिस हो जाता है। गर्दन में चोट है तो हाथ और पैर दोनों पर असर होता है उसे क्वाड्रिप्लेजिक कहते हैं। चोट गर्दन से नीचे लगे तो केवल पैरों पर असर होता है और उसे पैराप्लेजिया कहते हैं। जितनी घातक चोट होगी, उतना ही दोबारा चल पाना मुश्किल होता जाता है। दुनिया भर के सर्वेक्षणों के अनुसार केवल 4 से 5 प्रतिशत लोग वापस चलने में कामयाब होते हैं।

15 वर्ष से लेकर 40 वर्ष के आयु वर्ग में यह सबसे अधिक लगती है। मुश्किल यह है कि इसका कोई इलाज पूरी दुनिया में कहीं नहीं है। इन चोटों का लगने का मुख्य कारण है रोड ट्रैफिक एक्सीडेंट्स, पेड़ों, बिल्डिंगों, गाड़ियों और फैक्टरी आदि में काम करते हुए ऊँची जगहों से गिरना, कम गहरे पानी में डाइव करना, किसी भारी सामान का कमर पर गिरना, चाकू या बंदूक की गोली कमर में लगने से, ख़तरनाक एडवेंचर स्पोर्ट्स जैसे गुब्बारे के साथ उड़ना, कूद (जम्पिंग) करना। कई बार फुटबॉल आदि खेलों में भी ये चोटें लग जाती हैं। इसके अलावा कमर में टीबी हो जाने से या रसौली आदि बनने से भी स्पाईनल कॉर्ड को नुकसान पहुँच सकता है और पैरेलिसिस हो सकता है।

आपको विश्वास नहीं होगा कि दुनिया भर में हर साल ढाई से पाँच लाख तक लोग स्पाईनल कॉर्ड की चोट से बाधित होते हैं। भारत में हर वर्ष लगभग दस हज़ार लोग इस चोट का शिकार होते हैं और जैसा मैंने बताया, केवल 5 से 6 प्रतिशत लोग ही वापस चल पाते हैं, बाकी सभी लोग व्हीलचेयर पर आ जाते हैं। हर वर्ष इतनी ही बड़ी आबादी पहले से चोट खाए लोगों में शामिल होती जाती है। समाज का, सरकार का और हममें से हर एक इंसान का फर्ज है कि ऐसी घटनाओं को होने से रोकें, ऐसे लोगों को किसी सामान्य व्यक्ति की तरह प्यार और इज्जत दें तथा उनको समाज की मुख्यधारा में जुड़ने का पूरा-पूरा अवसर प्रदान करें, जिससे कि वे परिवार पर बोझ ना समझे जाएँ। वे पढ़ें-लिखें, नौकरीपेशा बनें, अपना और दूसरों का मार्गदर्शन करने के काबिल बनें।

जानने वाली बात यह है कि थोड़ी सावधानी और जानकारी आपको इस जीवन भर के कष्ट और मजबूरी से बचा सकती है। आप स्कूटर, मोटरसाइकिल आदि चलाते वक्त हेलमेट जरूर पहनें, कार चलाते समय बेल्ट लगा कर रखें, ड्राइव करते वक्त मोबाइल फोन का बिल्कुल भी उपयोग ना करें, शराब पीकर वाहन ना चलाएँ, ज्यादा स्पीड से ना चलें। इसी तरह घर की छतों पर कुछ फीट ऊँची दीवार जरूर बनाएँ। ऊँचाई पर काम करने वाले लोग अपने आप को रस्सी आदि बाँधकर गिरने से सुरक्षित रखें या फिर सुरक्षा के लिए नीचे जाली इत्यादि का पर्याप्त बंदोबस्त रखें। खुली छतों पर ना सोएँ, पानी की गहराई के अंदाज के बिना उसमें गोता ना लगाएँ, कहीं पर भी हो रहे चाकू, पिस्टल आदि की लड़ाई वाली जगह पर दारोगा बनने की कोशिश ना करें, खेलते वक्त भी ऐसी चोटों के होने के ख़तरे से बचाव रखें। ये सावधानियाँ जिंदगी भर के दर्द और परेशानी से बचाव हैं।

एक और जानकारी जो मैं आम लोगों तक पहुँचाना चाहूँगा, वह यह है कि कई बार ये रीढ़ की हड्डी की चोट यानी स्पाईनल कॉर्ड इंज़री इतनी ज्यादा नहीं होती, नुकसान असल में चोट लगने वाली जगह से हॉस्पिटल ले जाने के दौरान जो गलत-सही तरीका अपनाया जाता है, उससे बढ़ जाता है। जिससे पैरालिसिस हो जाता है। इसलिए आम जनता को ये सीखना है कि वे ऐसे मौके पर सही तरीका अपनाएँ और दूसरों का भी इस मामले में मार्गदर्शन करें। यहाँ सब कुछ तो लिखकर समझा पाना सम्भव नहीं है, लेकिन इतना जरूर बताना चाहूँगा कि दुर्घटना की जगह से किसी भी इंसान को इस तरह से उठाना है जैसे आप किसी बड़ी भारी मोटी लकड़ी को तीन-चार लोग मिलकर उठाएँगे। यानी शरीर कहीं भी बीच से मुड़ना नहीं चाहिए। दूसरी बात यह कि अगर चोट खाए व्यक्ति के हाथ नहीं चल रहे हैं तो गर्दन को वहाँ उपलब्ध वस्तुओं से हिलने-डुलने से रोकें।

मैं दो बातों का जिक्र करना चाहूँगा। एक किताब है 'इंटरनेशनल पर्सपेक्टिव ऑफ स्पाईनल कॉर्ड इंज़री' ।PSCI जिसे डब्ल्यूएचओ और इंटरनेशनल स्पाईनल कॉर्ड सोसाइटी ISCOS ने लिखकर तैयार किया है और जिसमें मैंने भी कुछ योगदान दिया है। पिछले वर्ष 3 दिसंबर को इस किताब का विमोचन डब्ल्यूएचओ के हेडक्वार्टर स्विट्ज़रलैंड के जिनीवा सिटी में हुआ। मुझे भी इस मौके पर अपने विचार प्रकट करने के लिए बुलाया गया था। दूसरी है वेबसाइट[www.elearnsci.org], जिसे ISCOS ने ही तैयार किया है और इसमें भी मेरा थोड़ा-सा योगदान है। पढ़े-लिखे लोग इन सब माध्यमों से ज्ञान और सूचना पाकर अमल में ला सकते हैं और दूसरों के साथ इस ज्ञान को बाँट सकते हैं।

इस वर्ष यानी 26 मई, 2014 को स्पाईनल कॉर्ड इंज़री से बाधित हम दोस्तों ने राष्ट्रीय स्तर की संस्था का प्रारम्भ किया है, जिसकी वेबसाइट है [www.thespinalfoundation.in], हमारी कोशिश है कि स्पाईनल कॉर्ड इंज़री से संबंधित जानकारी को स्थानीय भाषाओं में सब तक पहुँचाया जा सके। मैं इस संस्था का उपाध्यक्ष हूँ। यह बड़ा जरूरी है कि जो भी इस किताब के इस भाग को पढ़ रहा है, वह इन तमाम माध्यमों से पूरी-पूरी जानकारी ले।

स्पाईनल कॉर्ड की चोट किसी को भी, कभी भी लग सकती है। अतः कुछ देर के लिए सब कुछ भूलकर यह सोचिए कि पल भर पहले तक आप चलते-फिरते इंसान थे और इस चोट के बाद पूरी जिंदगी एक व्हीलचेयर पर बैठ कर गुजारनी होगी, वह भी बिना पेशाब पर कंट्रोल और बिना पैखाने पर कंट्रोल, और अगर ज्यादा देर एक स्थिति में बैठे रह गए तो प्रेशर सोर यानी कि शरीर पर घाव बन जाएँगे। यह किसी को भी लग सकती है। आपको, आपकी पत्नी को, जवान बेटी-बेटे को, किसी को भी। तो क्यों ना समय रहते इस चोट के बारे में सारा ज्ञान लिया जाए, बचाव के सारे रास्तों पर चला जाए, दूसरों का भी मार्गदर्शन किया जाए। इस किताब को लिखने का मेरा यह भी एक मुख्य मकसद है।

मैं निसार अख्तर साहिब के लिखे एक नगमे (संगीतकार सी. अर्जुन) को याद करना चाहूँगा

"गम की अंधेरी रात में दिल को ना बेकरार कर,
सुबह ज़रूर आएगी, सुबह का इंतज़ार कर।"

अध्याय: 2
मेरा नज़रिया, मेरा पैगाम

स्पाईनल कॉर्ड की चोटें बहुत युवा लोगों को प्रभावित करती हैं। क्योंकि ज्यादातर चोटें 15 से 40 साल के लोगों को लगती हैं और उनमें अधिकतर पुरुष होते हैं, जो कई बार परिवार के इकलौते कमाने वाले होते हैं। एक तरफ वो लोग हैं, जो बहुत अमीर घरानों से ताल्लुक रखते हैं और अपने लिए कुछ भी मुहैया करा सकते हैं। दूसरी तरफ बहुत ही गरीब तबके के लोग हैं, जो ज्यादातर स्पाईनल कॉर्ड इंजरी और उसके जटिलताओं की वजह से मृत्यु को प्राप्त हो जाते हैं। लेकिन एक बहुत बड़ा तबका मध्यम वर्ग का है, जिनमें से मैं भी एक हूँ। यहाँ मुश्किल यह आती है कि न तो आपके पास अंधाधुंध पैसा है कि आप कुछ भी ले सकें, जो जरूरत से ज्यादा भी हो सकता है, और न ही इतना कम कि आप मन मसोसकर एक तरफ बैठ जाएँ। ज्यादातर मिडिल क्लास के लोग 'एक किताब वाले घर' हैं। मेरा मतलब है कि वे लोग, जिन्होंने रामायण, गीता, महाभारत और अन्य ग्रंथों को पढ़ा है और उनमें लिखी बातों से अपने आप को प्रभावित पाया है, और जीवन की हर होने वाली अच्छी-बुरी घटना को उसी चश्मे से देखते हैं।

माँ-बाप के लिए यह होता है कि उन्हें अपने विकलांग बच्चे की पूरी जिम्मेदारी उठानी होती है। उसी तरह परिवार के अन्य सदस्य भी अपने विकलांग सदस्य की जिम्मेदारी उम्र भर उठाते हैं। अक्सर देखा गया है कि वे यह कोशिश नहीं करते कि अपने विकलांग सदस्य को स्वावलंबन की ओर बढ़ने में मदद करें और अपनी जगह समाज में स्थापित करें। इन्हीं कारणों से मुझे यह फैसला लेना पड़ा कि परिवार से अलग रहना बहुत जरूरी है। इससे दोनों को फायदा हुआ। माता-पिता और परिवार के अन्य लोगों को मेरी चिंता तो हमेशा रही, लेकिन मैं अपने निर्णय लेने में मजबूत हो सका। माँ-बाप की छत्रछाया में सुरक्षित जीवन से निकल कर तमाम चुनौतियों के होते हुए भी जीना सीख लिया।

मैं यह मानता हूँ कि स्पाईनल कॉर्ड की इंजरी के बाद जीवन बिल्कुल भी आसान नहीं है, लेकिन ऐसा भी नहीं है कि आप थोड़ी मेहनत कर लें और रास्ता नहीं हो। अगर आप कुछ करने से पहले यह सोच लें कि यह मेरे लिए मुश्किल है, तो फिर आप उस काम को न करने के बहाने खोजने लगते हैं। दूसरी तरफ, अगर आप यह फैसला लेते हैं कि मुझे यह काम करना है, तो फिर आप उसे करने के रास्ते निकालना शुरू करते हैं।

एक विचारक ने 90-10 का प्रिंसिपल रखा है: मात्र 10 प्रतिशत जिंदगी में ऐसा है जो हमारे बस के बाहर है, यानी हम कहाँ पैदा होंगे, कुछ हालात जैसे कि चोट लगना आदि। लेकिन बाकी का 90 प्रतिशत व्यक्ति के खुद के ऊपर निर्भर करता है। इसमें परिवार, दोस्तों और आसपास के लोगों का सहयोग बहुत जरूरी है। लेकिन वह तभी काम आएगा, जब आप खुद एक रास्ता तय करने को तैयार हों। जब मैंने यह इरादा कर लिया, तो हालात अपने आप अनुकूल होते चले गए। मैंने सब कुछ योजना के अनुसार किया और अपने कदमों के बारे में माता-पिता तथा परिवार के अन्य लोगों को बखूबी समझा पाया।

कहते हैं की एक माँ अपने बेटे को लेकर गांधी जी के पास गई थी। उसने कहा कि बेटा बहुत चीनी खाता है और अगर गांधी जी कह दें, तो बेटा अधिक चीनी खाना छोड़

देगा। गांधी जी ने बच्चे से सीधे बात नहीं की। उन्होंने दो दिनों तक चीनी छोड़ दी। फिर बच्चे से कहा। यही बात मुझ जैसे काउंसलरों पर भी लागू होती है। अगर मैं खुद उस हालात से सफलतापूर्वक नहीं निकल पाया और बेहतरीन जीवन की तरफ नहीं बढ़ पाया, तो मेरी कोई भी बात दूसरे पर असर नहीं डालेगी।

आज जब मैं खुद सफल जीवन जी रहा हूँ, तो आधा काम मेरा वर्तमान व्यक्तित्व ही पूरा कर देता है। लोग मुझे रोल मॉडल के रूप में देखते हैं। और मैं भी पूरे विश्वास के साथ उनसे कह पाता हूँ कि अगर मुझ जैसा व्यक्ति, जो चोट के समय केवल एक विद्यार्थी था और 33 साल के बाद भी पेशाब-पैखाने पर नियंत्रण नहीं है और खुद ज्यादा काम नहीं कर सकता, फिर भी शायद ही कुछ ऐसा हो जिसमें मैं हिस्सा ना ले रहा हूँ। चाहे वह यात्राएँ हों, बड़े मज़मे हों, फिल्म देखने जाना हो, दोस्तों के साथ पार्टी करनी हो, या किसी लड़की से दोस्ती करनी हो, कुछ भी ऐसा नहीं है जो मैंने नहीं किया या नहीं कर रहा हूँ।

किसी भी इंसान की जिंदगी में ज्यादातर यही बातें हैं। अगर उसे यह लगने लगे कि वो नहीं कर पाएगा, तो वह मायूस हो जाता है और डिप्रेशन में चला जाता है। परिवार को भी उस सदस्य के भविष्य में यही अंधकार दिखता है। एक तरफ मैं उन्हें हौंसला देता हूँ, दूसरी तरफ एजुकेशन, रोजगार, शादी और अन्य क्षेत्रों में उनके विकल्प बताता हूँ। साथ ही मैं नए चोट खाए लोगों के सामने उन लोगों के उदाहरण रखता हूँ जो एक सफल जीवन जी रहे हैं। फिर राही अपने मुकाम और मंजिल की तरफ निकल पड़ता है। जब कभी आप आसमान की तरफ देखते हैं, हल्के बादलों की कई आकृतियाँ बनती हैं। दरअसल, वे आकृतियाँ हमारे मन में बनती हैं। इसी आधार पर मनोविज्ञान में एक टेस्ट भी बनाया गया है, जिससे मनोवैज्ञानिक लोगों के विचार जानने की कोशिश करते हैं। इसी तरह, जो भी दर्द, चिंता, घबराहट किसी भी परिस्थिति में दिखती या लगती है, उसका मूल कारण हमारा मन है। जैसा हम सोचते हैं, वही सब होता है। एक मशहूर किताब "The Secret" और "Where You Are and Where You Want to Be" इसी बात को सिद्ध करती हैं। आज के मशहूर ब्रह्मकुमारी आइडियोलॉजी के अनुसार, जैसे आपके विचार होंगे, वैसी ही आपकी भावनाएँ बनेंगी। जैसी आपकी भावनाएँ होंगी, वैसा ही आपका एटिट्यूड होगा। एटिट्यूड के अनुसार आपके एक्शन होंगे। एक्शन के अनुसार आपका व्यवहार बनेगा। और जैसा आपका व्यवहार होगा, वैसा ही आपका व्यक्तित्व होगा। व्यक्तित्व ही बनाएगा आपकी डेस्टिनी। मोटे तौर पर आपको अपनी सोच बदलनी है या सोच को दिशा देनी है। फिर कोई भी मंजिल मुश्किल नहीं है।

मैं अपने जैसे साथियों और उनके माता-पिता, अभिभावक या परिवार वालों से कहना चाहता हूँ कि मैं करीब साढ़े सात साल हॉस्पिटल्स के चक्कर लगाता रहा। इसमें मेरी गलती भी थी, पर असल नासमझी मेरे माता-पिता की थी, जो मेरी ठीक होने की उम्मीद पर मुझे हॉस्पिटल में रखते रहे। यही सोच मुझ जैसे लोगों का भारी नुकसान करती है। अगर मैं अपनी चोट के बाद की जिंदगी की बागडोर समय रहते अपने हाथ में ले लेता, या मेरे माता-पिता मुझे आगे बढ़ने के लिए मदद करते, तो शायद मैं और बहुत कुछ कर पाता।

मेरे दादाजी कहते थे, "समय से चला मुसाफिर ही समय से मंजिल पर पहुँचता है।" आज मैं सोचता हूँ कि अगर मैंने पक्का इरादा नहीं किया होता, तो क्या मैं आज यहाँ पहुँच

पाता? मुझे अब लोगों को रास्ता दिखाना बड़ा अच्छा लगता है। मेरी फिलॉसफी एक चीनी प्रॉवर्ब पर आधारित है कि किसी को मछली खिलानी हो तो उसे मछली पकड़ना सिखाओ।

ज्यादातर विकलांग साथियों के माता-पिता या रिश्तेदार उनकी जिम्मेदारी अपने ऊपर ले लेते हैं। उन्हें आगे बढ़ने का मौका नहीं देते। होना चाहिए कि वे अपने बच्चे को पढ़ा-लिखाकर या किसी भी माध्यम से अपने पैरों पर खड़ा करें। ना कि उसे उम्र भर केवल जिम्मेदारी की तरह उठाए रखें।

इस वर्ष पहली बार मैं टैक्सपेयर बना हूँ। मैं इसकी खुशी बयान नहीं कर सकता। तमाम सलाहों के बावजूद मैंने सेविंग्स नहीं की और जो भी टैक्स बना, उसे चुका दिया। यह मेरे वर्षों की इच्छा थी कि मैं इस मुकाम पर पहुँचूँ। मेरे लिए गर्व की बात है। इसके साथ-साथ यह साबित करता है कि अगर आप ठान लें, तो कोई काम मुश्किल नहीं है।

जब आप खुद की इज्जत करेंगे, तो अपने आप को उस मुकाम पर बनाए रखने के लिए काम करेंगे। दूसरों की इज्जत करना भी उतना ही जरूरी है। साथ ही, जो कुछ भी आप करते हैं, उसकी जिम्मेदारी भी अपने ऊपर लें। यह नहीं कि जो ठीक हुआ, वह मेरा किया और जो गलत हुआ, वह किसी और की गलती।

खुश रहने का एक नुस्खा यह है कि अपने से कमजोर की तरफ देखो और कुछ कर गुजरने का जज्बा पैदा करो। सन्तोष और खुशी की कोई हद नहीं होगी। मेरी मुस्कान का कारण यही जज्बा है, जो बचपन से पिताजी से मिला: कैसे दूसरों के काम आ सकते हो। आज भी, वर्षों से, कोई दिन नहीं जाता जब मैं किसी के लिए मदद नहीं करता। बचपन के खेल को मैंने शौक बना लिया। मुझे याद है, मैना को देखकर होता था: "One for Sadness, Two for Joy, Three for Some Letter और Some News"। रोज सफर में रास्ते भर दो या तीन मैना ढूँढता हूँ। मज़े की बात यह है कि जब एक अकेली मैना दिखती है, तो दूसरी को मिलाकर "Two for Joy" मान लेता हूँ। यह फलसफा है कि दो दुख मिलकर सुख हो जाएँगे।

ग़ालिब साहिब ने लिखा भी है, "मुश्किलें इतनी पड़ीं कि आसान हो गईं।" पता नहीं यह मेरा विश्वास है या मालिक की सौगात, लेकिन जब रास्ते में दो या दो से अधिक मैनाओं का दर्शन होता है, तो दिन अच्छा जाता है और मैं किसी के लिए कुछ अच्छा कर पाता हूँ।

आज भी ऐसा हुआ। रास्ते में दो जगह दो-दो मैनाएँ दिखीं। दिन में एक कमजोर तबके के लड़के के पिता को फेफड़ों में बड़ी परेशानी थी। उनका सीटी स्कैन होना था। सुबह से वह लड़का मदद के लिए दौड़ता रहा और दोपहर को मेरे पास आया। मेरे मैनेजमेंट की मदद से पिता का सीटी स्कैन, जिसकी कीमत साढ़े चार हजार थी, फ्री कर दिया गया। मुझे अच्छा लगा कि आज फिर कुछ अच्छा कर पाया। यही छोटी-मोटी बातें ज़रूरतमंद की जिंदगी आसान कर देती हैं और मुझे खुशी और जीवन के प्रति लगन देती हैं।

आज आपको याद दिलाना चाहता हूँ सुनील दत्त साहिब की फिल्म "हमराज" से, साहिर साहिब का लिखा, रवि साहिब की मौसीकी से सजा और महेन्द्र कपूर साहिब का गाया नगमा। इसे सुनते ही जीवन में नया जोश भर जाता है। आज फिर सुनें:

"ना मुँह छुपा के जियो और ना सिर झुका के जियो,
ग़मों का दौर भी आये तो मुस्करा के जियो।"

अध्याय: 3
प्रभावित लोग: मेरी सफलता, मेरी ताक़त, मेरा हौंसला

जिन लोगों को मैंने प्रभावित किया

स्पाइनल कॉर्ड की चोट के साल भर बाद मेरी समझ में ये तो आ गया था कि अब व्हीलचेयर पर ही ज़िन्दगी गुजारनी है। ये बात और थी कि कुछ फिर से ठीक होने की लालसा और माता-पिता का अपनी संतान के प्रति इस हालत में होने की तकलीफ की वजह से, जहाँ कहीं सच्चे-झूठे इलाज के लिए परिवारवाले ले जाना चाहते, मैं चला जाता था। धीरे-धीरे मैं जिस तरह से इस हालत में भी ज़िन्दगी में बखूबी एडजस्ट होता गया, उससे परिवार वालों की चिंता ख़त्म तो नहीं हो सकती थी, पर कम जरूर हो गई। मेरा व्यक्तित्व परिवार और दोस्तों के साथ की वजह से एक बड़े हौंसले वाले इंसान का है। कुछ खेलों में रुचि, और सबसे बड़ी ताकत मुझे दूसरों के किसी काम आ पाने की ललक से मिली।

मेरी शिख़्सियत का प्रभाव मुझे कई लोगों में देखने को मिला। एक तरफ मेरे दोस्तों, जान-पहचान वाले लोगों को मुझे इस हालत में भी एक आम खुशहाल ज़िन्दगी जीते हुए देखने से बड़ी हिम्मत मिलती है। ये सब लोग कहते हैं कि किसी भी मुश्किल परिस्थिति में वे मुझे याद कर इतनी हिम्मत अपने अंदर महसूस करते हैं और हर हालात से निबट लेते हैं। बस यही सोचते हैं कि जब मैं इतनी मुश्किलों के बाद भी हार नहीं मानता, तो उनके लिए भी कैसे भी हालात से टकराना मुश्किल क्यों हो सकता है। मेरे पुराने दोस्त तो मेरे और नजदीक आते ही चले गए, बल्कि इस जुझारूपन ने मुझे कई नए दोस्त दिए।

यही हौंसला, सोच मेरे बहुत काम आई, मेरे काम की जिम्मेदारी में। मैं चोट से बाधित लोगों की काउंसलिंग करता हूँ, उन्हें इस हालत में भी एक कामयाब ज़िन्दगी जीने के लिए प्रेरित करता हूँ। मुझे लगता है कि सौ में से नब्बे प्रतिशत मुश्किलों का कोई-न-कोई हल निकाला जा सकता है। बाकी दस प्रतिशत मुश्किलों को दरकिनार कर, इन नब्बे प्रतिशत परेशानियों का हल निकाल कर, एक मजेदार, खुशहाल और सफल ज़िन्दगी से अपने आप को और अपने साथ वालों को क्यों वंचित किया जाए।

कोई भी मुश्किल दो सूरतों में बड़ी होती है। एक, आप किसी असम्भव से बड़े मुश्किल काम को अंजाम देने की कोशिश करें, या फिर किसी आम परेशानी को बड़ा मानकर उसे सुलझाने का रास्ता नहीं निकालने की सोचें। मेरे पास जब भी कोई नई चोट वाला इंसान आता है तो मेरा एक ही सवाल होता है कि उन्हें क्या-क्या ऐसी मुश्किलें नजर आती हैं, जिनकी वजह से उन्हें ये लगता है कि वो किसी आम चलते-फिरते व्यक्ति की तरह ज़िन्दगी नहीं जी सकता। जब मैं उन मुश्किलों में से ज्यादातर का हल समझा देता हूँ तो अपने आप उनके अंदर वो हौंसला और हिम्मत आ जाती है कि वो भी मेरी तरह एक अच्छी ज़िन्दगी जी सकते हैं। कुछ ये बात जल्दी समझ लेते हैं, कुछ थोड़ी देर से, और जो कुछ बचे हुए नहीं समझना चाहते उन्हें उनके हाल पर ही छोड़ देना अच्छा रहता है। वरना कई बार वो अपनी परेशानियों से आपको ही डरा सकते हैं।

मैं आज कुछ ऐसे ही इंसानों को याद करना चाहूँगा जो चोट लगने के बाद अपने इलाज और पुनर्वास के प्रशिक्षण के लिए यहाँ आईएसआईसी में दाखिल हुए और काउंसलिंग सेशन्स के दौरान मेरे सम्पर्क में आए, मेरी बातों, मेरे जीने के अंदाज और मेरे व्यक्तित्व से इतने प्रभावित हुए कि अगर ये कहूँ कि मेरे मुरीद बनकर रह गए तो अतिशयोक्ति नहीं होगी। मैंने कुछ ऐसा प्रभाव उन पर डाला कि उन्हें अपना चोट लगने के बाद व्हीलचेयर पर गुजरने वाला जीवन कुछ ऐसा कर गुजरने को प्रेरित हुआ कि उन्होंने अपनी ज़िन्दगी को तो इस बदली हालत में फिर से सँवारा ही, साथ-ही-साथ दूसरे अपने जैसे लोगों को भी राह दिखाई।

सबसे पहला नाम याद आता है, राजीव विराट का। 1997-98 के करीब जब मेरी उससे मुलाक़ात हुई, वो कोई सोलह-सत्रह साल का था। मल्टिपल स्क्लरोसिस बीमारी की वजह से धीरे-धीरे उसका चलना बंद हो गया और वो व्हीलचेयर पर आ गया। मेरी सलाह से उसने मेडिकल ट्रांसक्रिप्शन का कोर्स किया। इस तरह उसका आमदनी का जरिया बन गया। उसने दूसरों को भी सिखाया। अब वो बतौर स्पोर्ट्स कोऑर्डिनेटर मेरे ही साथ काम कर रहा है। इधर बीमारी की वजह से उसके गुर्दे खराब हो गए हैं। हफ्ते में तीन बार डायलिसिस होती है, पर अपने काम में वो कोई कोताही नहीं करता। वो मुझे अपना रोल मॉडल मानता है। पर दिल-ही-दिल में मैं उसकी हिम्मत की सराहना किए बिना नहीं रह सकता। मेरे लिए वो किसी युवराज जैसे खिलाड़ी से कम नहीं जिसने कैंसर जैसी बीमारी को हराकर फिर से क्रिकेट के क्षेत्र में पुरानी ऊँचाइयों को हासिल किया है।

मुझे उनमें जो सबसे अजीज है, वो है अजय परमार। पेशे से इंजीनियर। ख़ास तौर पर सोयाबीन से निकाले जाने वाले तेल, दूध और अन्य उत्पादों को निकालने वाली मशीनों और टेक्नोलॉजी में उसे महारत है। वो नाइजीरिया में किसी कंपनी के साथ काम कर रहा था, काम करते समय ही चोट लगी। प्रारम्भिक इलाज और पुनर्वास ट्रेनिंग के लिए उसे आईएसआईसी आना हुआ। कुछ सेशन्स की काउंसलिंग हुई, फिर तो बस दिन में निकलते-बढ़ते बात होती रहती। अजय आजकल अपनी पत्नी और दो बेटों के साथ नागपुर में रह रहा है। उसने वहाँ पार्टनरशिप में सोया एक्सट्रक्शन का प्लांट लगाया और दिन-रात मेहनत कर इस क्षेत्र में अपना नाम बनाया। कोई भी उससे उसकी सफलता की बात करता है तो बस मेरा नाम लेता है। मैं एक बार उसके बुलाने पर नागपुर गया। जो सम्मान उसने मुझे दिया, वो मैं कभी भूल नहीं सकता। बराबर फोन से बातचीत होती है। दिल्ली से होकर गुजरता है तो जरूर मिलने आता है। कभी-कभी तो बस मुझसे मिलने दिल्ली चला आता है।

एक और शख़्स, जिसका ये मानना है कि मेरी काउंसलिंग और व्यक्तित्व ने उसकी ज़िन्दगी को फिर से पटरी पर ला दिया, वो है परविंदर सिंह। वह पंजाब के जलंधर शहर का रहनेवाला है। मुझे जहाँ तक याद पड़ता है, चोट के कई साल बाद यहाँ सेंटर में एडमिट हुआ। उसके पिताजी उसे बहुत चाहते थे और उनका घर फर्स्ट फ्लोर पर था। उन्होंने उसके लिए सारे इंतजाम उसके कमरे में कर रखे थे। पिताजी की मृत्यु के बाद शरीर पर कई घाव, यानी प्रेशर सोर बन चुके थे। ख़ासकर कूल्हे पर जो घाव था, वो भर नहीं रहा था। उसका ऑपरेशन कर घाव को भरा गया। और फिर शुरू हुई मेरे द्वारा उसकी काउंसलिंग। वो एक बिजनेसमैन के घर से था और चोट लगने तक अपने पिता की

हार्डवेयर की शॉप में काम में हाथ बँटाता था। मैंने उसके साथ बड़े लंबे-लंबे सेशन लिए। हॉस्पिटल से लौटकर उसने ग्राउंड फ्लोर का नया मकान लिया और पिताजी के चले जाने के बाद बचे बिजनेस की बागडोर संभाली। आज उसने अपने काम को कई गुना बढ़ा दिया है। इसके साथ-साथ दूसरे अपने जैसे साथियों को इस चोट से संबंधित हर तरह के इलाज में, व्हीलचेयर जैसी दूसरी जरूरी चीजों में, हर तरह से मदद कर उन्हें फिर से ज़िन्दगी को नए सिरे से शुरू करने में मदद कर रहा है। उसके दिल में मेरे लिए बड़ी इज्जत है। जब-तब मिलने दिल्ली आता है। दो-तीन बार मैं भी उससे जलंधर मिल कर आया हूँ। मेरी सलाह पर उसने शादी भी कर ली और अब पिता भी बन गया है।

ऐसे ही एक मुम्बई से निशाँ खरे नाम का बिजनेसमैन। चोट लगने के तुरंत एडमिट होने के बाद इलाज के दौरान हुई काउंसलिंग के बाद यूँ तो वो आम ज़िन्दगी में वापस आ गया और अपना बिजनेस भी बखूबी संभाल लिया था, लेकिन चोट लगने के बाद दोबारा कई साल बाद आईएसआईसी में एडमिट होने के दौरान काउंसलिंग ने ज़िन्दगी को पूरे आनंद के साथ जीना शुरू किया। तब से वो एक अलग ही खुशी महसूस करने लगा, काफी ज्यादा बाहर निकलना, मौज-मस्ती करना, दोस्त बनाना और ना जाने क्या-क्या। उससे कोई भी पूछ सकता है कि मेरे लिए उसके दिल में कितनी इज्जत है। मेरे कमजोर समय में उसने मुझे गाड़ी खरीदने में भी आर्थिक मदद की।

अमित सरोहा मेरा एक और पुराना पेशेंट है, जो कभी भी हॉस्पिटल आता है तो पहले अपनी परेशानी का इलाज मुझसे पूछता है और मेरे कहने पर ही आगे डॉक्टर के पास जाता है। मैं उसका बड़ा मज़ाक उड़ाता हूँ, पर वो जानता है कि मेरे दिल में उसके लिए क्या जगह है। उसने खेलों में, ख़ासकर शॉटपुट और डिस्कस थ्रो में, पैरालिंपिक्स तक हिस्सा लिया। स्टेट और राष्ट्रीय स्तर पर मेडल्स हासिल किए, रिकॉर्ड्स बनाए। उसे हरियाणा के मुख्यमंत्री श्री हुड्डा जी ने एक लाख रुपए का ईनाम दिया। मुझे बड़ी खुशी है कि वो इन ऊँचाइयों पर पहुँचा है। दिल से दुआ करता हूँ कि वो इसी तरह आगे बढ़ता रहे। मुझे वो जितनी इज्जत देता है, मैं उसे बयान नहीं कर सकता। वो हमेशा कहता है कि हर हालत में जूझने का जज़्बा उसने मुझसे ही पाया।

एक और नाम है मेरठ के बिल्डर अतुल गुप्ता का। वो कभी भी आईएसआईसी आता है तो मेरे सिवाय किसी और से नहीं मिलता। मुझे एक बार मेरठ के एक फिजियोथेरेपी कॉलेज में एक विषय पर बोलने जाना था। मेरठ शहर के अंदर घुसा ही था कि उसका फोन आया। उसने कहा कि "आप मेरठ में हैं और बिना मिले नहीं जाएँगे।" मैंने पूछा, "उसे कैसे पता कि मैं मेरठ में हूँ?" तो उसने बताया कि हिन्दी के अख़बार में यह खबर छपी है कि मैं वहाँ आ रहा हूँ। अपने भाषण से निबट कर उसके शानदार ऑफिस पहुँचा। बड़ी आवभगत की। उसने मेरा मोबाइल फोन मुझसे माँगा। मैंने दे दिया भी। उसने तुरन्त फोन कर पाँच-छह तरह के नए सेट मंगवा लिए और मुझसे चुनने के लिए कहा। मेरे लाख कहने पर भी कि मेरा काम चल रहा है, उसने वो दस हजार से ज्यादा का Nokia E63 मॉडल मुझे भेंट कर दिया। कहने लगा कि "ये भेंट इसलिए है कि इस चोट के बाद दोबारा जीने की प्रेरणा सही मायने में बस आपसे ही मिली है।"

ऐसे ही नामों में एक नाम है मोहित सोनी का। अपने इलाज और पुनर्वास की ट्रेनिंग के दौरान उसके घरवाले मुझे दिखा-दिखा कर बताते थे कि किस तरह मैं एक मुस्कुराता

चेहरा लिए अपना सारा काम संभालता हूँ और बिल्कुल समय से अपनी ड्यूटी पर आना-जाना करता हूँ। बाद में मोहित बतौर कम्प्यूटर इंस्ट्रक्टर इसी सेंटर में काम करने लगा। हम दोनों काफी अच्छे साथी बन गए। उसका सिलेक्शन एक सरकारी नौकरी में हो गया और वो दुविधा में था कि यहीं रहे या सरकारी नौकरी ज्वाइन कर ले। मैंने उसे सख्ती से यहाँ से जाने को कहा था। वो इस बात के लिए मेरा अब तक धन्यवाद करता है। मेरे हर जन्मदिन पर मेरे लिए एक शर्ट जरूर तोहफे में देता है। मुझे आज भी वो अपने बड़े भाई की तरह मानता है। कोई किसी तरह का भी निर्णय लेना हो, मुझसे जरूर सलाह लेता है।

एक इंजीनियर साहिब जयपुर से आकर एडमिट हुए और हॉस्पिटल से जाते हुए ये लिखकर दे गए कि "मुझे एक शिवजीत के सिवाय किसी से कुछ नहीं मिला।" आजकल वो राजस्थान सरकार के चीफ इंजीनियर हैं। ऐसे तमाम लोग हैं जो मेरे समझाने के अंदाज और खुद की अपनी ज़िन्दगी सम्पूर्ण रूप से जीने के अंदाज से प्रभावित हुए और अपनी ज़िन्दगी की बागडोर फिर से अपने हाथों में लेकर एक कामयाब ज़िन्दगी जी रहे हैं और दूसरों को भी रास्ता दिखा रहे हैं।

इन सबके बारे में याद कर कभी-कभी अपने ऊपर गर्व-सा होने लगता है, फिर तुरंत संभल जाता हूँ कि मालिक ही है, जो ये सब करा रहा है।

अध्याय: 4
मेरी प्रेरणा, मेरा परिवार, मेरे दोस्त

किसी भी इंसान के व्यक्तित्व की नींव करीब चौदह-पंद्रह साल की उम्र तक पड़ जाती है। इसमें सबसे अधिक असर पड़ता है—माता-पिता यानी परिवार, उसके दोस्तों और कुछ-कुछ अन्य लोगों जैसे अध्यापक, परिवार के दोस्त और जान-पहचान वालों का। मैं मानता हूँ कि ऐसा ही मेरे साथ भी हुआ। मैं अपने दादाजी और पिताजी दोनों से बहुत प्रेरित रहा, हालाँकि ज़िन्दगी, परिवार और समाज को लेकर उनके नज़रीए अलग थे।

मेरे परिवार में माता-पिता के अलावा हम चार भाई और सबसे छोटी एक बहन हैं। सब शादीशुदा और बच्चों वाले हैं। अपने परिवार के अलावा अगर मुझे कोई अत्यधिक पसंद आया है तो वो हैं मेरे जीजाजी सुनील पवार। बहुत ही सुलझे, समझदार और सामाजिक। उनके साथ जब भी थोड़ा-बहुत समय गुजरता है तो बड़ा अच्छा लगता है। स्कूल के दिनों से ही अच्छे दोस्त मिले और मालिक की दया रही कि मैं अपनी गिनती अच्छे इंसानों में कर सकता हूँ।

माता-पिता की जगह कोई नहीं ले सकता। मेरी माताजी मेरे ग़म में वक्त से पहले चली गईं। मैं इसीलिए घर से अलग चेशायर होम में रहता था। कौन माँ अपने विकलांग बच्चे को ऐसी हालत में देखकर विचलित नहीं होगी? दिन-रात पूजा-पाठ में लगी रहती थीं। कहाँ-कहाँ की मन्नतें माँग रखी थीं। पिताजी भी वक्त से पहले बूढ़े हो गए पर फिर भी हिम्मत कर आख़िरी समय तक मेरी देखभाल में लगे रहे। माता की गोद बच्चे की पहली पाठशाला होती है। मैं आज जहाँ भी हूँ, सब माता-पिता की वजह से ही हूँ। चोट लगने के बाद कई सालों तक उन्होंने दिन-रात मेरी देखभाल की, जिसे शब्दों में बयान करना मुश्किल है। मैं उनकी आत्मा की शांति के लिए मालिक से नित्य प्रार्थना करता हूँ।

मेरी आज तक की कामयाबी और हिम्मत पूरे परिवार के सहयोग से है, लेकिन मेरे वजूद में सबसे बड़ा योगदान एक ही इंसान का है, और वो हैं मेरे भाई साहिब ब्रह्मजीत सिंह राघव। चोट लगने के बाद अगर आज किसी मुकाम पर पहुँचा हूँ तो केवल और केवल उनकी बदौलत हो पाया है।

मेरे शुरू के 6-7 महीने हॉस्पिटल में रहने के दौरान बड़े भाई अपनी पढ़ाई छोड़ कर मेरे साथ रहे। पिताजी जो उन दिनों कमर और पैर के दर्द से काफी तकलीफ़ में थे, पर कभी भी उन्होंने उसको मुझ पर जाहिर नहीं होने दिया। दूसरे भाई भी समय-समय पर यथाशक्ति साथ देते रहे। मुझे याद पड़ता है - चोट इलाहाबाद में लगी थी, जिसके बाद इलाज के लिए मुझे लखनऊ, चंडीगढ़ और अम्बाला ले जाया गया।

भाई साहिब सुबह करीब साढ़े पांच से छह बजे के बीच हॉस्पिटल पहुँच जाया करते थे और मुझे व्हीलचेयर पर बैठा कर सुबह चार-पाँच किलोमीटर सैर पर ले जाया करते थे। हॉस्पिटलों में रहने के दौरान मैं अपने परिवार और दोस्तों की शादियों तथा दूसरे मुबारक मौकों पर शामिल होता रहा। शायद यही एक ख़ास वजह है कि मुझे कभी ऐसा नहीं लगा कि मैं अकेला पड़ गया हूँ। बाहर निकलता हूँ तो लोग किन नजरों से देखते हैं? क्योंकि यह बहुत जल्दी शुरू हो गया तो इस ख़तरनाक चोट से होने वाले साइको-सोशल परेशानियों

से ज्यादा दो-चार नहीं होना पड़ा। एक तरफ परिवार का साथ, दूसरा मेरा स्वभाव और तीसरा एक स्पोर्ट्समैन स्पिरिट। इसके साथ-साथ मेरे स्कूल-कॉलेज के साथियों का बराबर संपर्क में बने रहना, आना-जाना, स्वाभाविक तौर पर मानसिक और शारीरिक कष्ट और दर्दों को बिल्कुल भुलाये रखता है और एक अजीब सी रूहानी खुशी मुझे हर वक्त शक्ति देती रहती है।

पिछले अठारह साल से बड़े भाई साहिब दिन-रात मेरी देखभाल में लगे हैं। अपने हाथ से नहलाना-धुलाना, तैयार करना—सब कुछ वही करते हैं। शुरू में तो कहीं देश या विदेश जाना हो, उनके बिना जाने की सोच भी नहीं सकता था। दोनों छोटे भाई बीच में कई साल घर से बाहर रहे, पर उस इंसान ने कभी मुझे अकेला नहीं छोड़ा। उनका सेवा भाव, दूसरों के लिए दिल में दर्द, मेरे लिए तो बहुत बड़ी प्रेरणा है। पिताजी तो अभी कुछ महीने पहले गुज़रे हैं, पर उनके रहते हुए भी पिता का रोल मेरे लिए उन्होंने बहुत पहले ले लिया था। उनके बच्चों में भी यही संस्कार हैं। मुझे तो प्रेरणा पाने के लिए कहीं बाहर नहीं देखना पड़ा। दादाजी, पिताजी और भाई साहिब, घर से निकले तो बाहर दोस्त भी उतना ही चाहने वाले और बड़े दिल वाले मिले।

प्रवीण सुनेजा एक प्रेरणा

एक ख़ास व्यक्ति जो मेरे लिए एक बड़ी प्रेरणा है, वो हैं प्रवीण सुनेजा। बारहवीं क्लास के दिनों के दोस्त मुकेश गुप्ता का सेलेक्शन इंजीनियरिंग की पढ़ाई के लिए इलाहाबाद के ही मोतीलाल इंजीनियरिंग कॉलेज में हो गया। उससे मिलने-जुलने और कुछ कॉलेज के ख़ास कार्यक्रमों के दौरान मेरा भी वहाँ जाना-आना शुरू हुआ। इस दौरान उसके बैच के कुछ ख़ास-ख़ास साथियों से मेरी अच्छी जान-पहचान हो गई, जैसे संजीव सक्सेना, गुरुमुख कालरा, राजीव गोपाल, पंकज, प्रभात और प्रवीण सुनेजा आदि।

मुझे जिस इंसान ने सबसे अधिक प्रभावित किया वो है प्रवीण सुनेजा। ना सिगरेट, ना शराब—फिर भी ज्यादातर महफ़िलें उसी के कमरे में होती थीं। ये अपने आप में बहुत ख़ास बात है, जो यह दर्शाती है कि आप कितना बड़ा दिल रखते हैं और इसलिए अधिक-से-अधिक लोग आपसे जुड़ना चाहते हैं। चोट लगने के बाद भी मुकेश के अलावा उसके बैच से यह एकमात्र दोस्त है जो बराबर संपर्क में रहा।

1983 में मेरे छोटे भाई ज्ञानजीत की बारहवीं की बोर्ड परीक्षा में गणित में सप्लिमेंटरी आ गई। मुझे तुरंत प्रवीण याद आया। उन दिनों वह नासिक में क्राम्पटन ग्रीव्स नाम की कंपनी में काम कर रहा था। मैंने उसे पत्र लिखा और उसने तुरंत मेरे छोटे भाई को अपने पास नासिक बुला लिया। दो महीने अपने पास रखकर पढ़ाया और उसका सारा खर्च भी खुद उठाया। मैं हॉस्पिटल्स से निकल कर दिल्ली चेशायर होम में रहने लगा। प्रवीण उन दिनों मोदी जीरोक्स नाम की कंपनी में मुरादाबाद से लगे रामपुर शहर में काम कर रहा था। दिल्ली उनका एक ऑफिस था, सो आते-जाते मुलाक़ात होती रहती थी। एक रोज़ उसने मेरे सामने अपनी शादी का निमंत्रण पत्र रख दिया और कहा कि मुझे हर हाल में शादी में शामिल होने रामपुर आना है। उसने कंपनी की एक कार का इंतज़ाम भी कर दिया था, जो किसी कारणवश विफल हो गया। उसने कहा कि मैं टैक्सी करके आ जाऊँ,

वह पैसे दे देगा। मैंने ऐसा ही किया। मैं बड़े भाई साहिब को ही लेकर कहीं भी आता-जाता था। प्रवीण की शादी में भी दोनों पहुँच गए। शादी में साथ खूब नाचे। पुराना दोस्त राजीव गोपाल भी आया था। टैक्सी के पैसे तो उसने आज तक नहीं दिए। कमाल की बात यह है कि विदाई के समय टैक्सी ड्राइवर तक को एक गरम शॉल भेंट की।

लेकिन जो मैं आपको बताना चाहता हूँ वो यह है कि प्रवीण जिस घर में किराए पर कमरा लेकर रहता था, उस मकान मालिक की पहली बीवी की लड़की थी, जिसे उसकी सौतेली माँ बहुत सताती थी। मेरे दोस्त प्रवीण ने अपनी माँ से बात कर उस लड़की से शादी करने का निर्णय लिया। उसके कहे शब्द कभी नहीं भूल सकता: "किसी से तो शादी करनी ही है। अगर इस लड़की का जीवन सुखी हो जाता है तो क्या बुराई है।"

दोस्तों, ऐसे इंसान मेरी प्रेरणा स्रोत हैं। आप अपनी-अपनी ज़िन्दगी में झाँक कर देख लें, क्या इस दर्जे का कोई प्रेरणादायक काम आपने या आपकी जानकारी के लोगों में किसी ने किया है। हम तो ऐसा दोस्त पाकर अपना जीवन धन्य समझते हैं और अपने पराए सबके लिए कुछ कर पाने की कोशिश में लगे रहते हैं।

दोस्त हों तो ऐसे या फिर ना हों

ये एक वाकया आपको समझा देगा कि दोस्तों की मेरी ज़िन्दगी में क्या जगह है और उनके दिलों में मेरे लिए क्या जज़्बा है और क्यों परिवार के बाद वे ही सबसे बड़े प्रेरणादायक हैं। आपको इस वाकये को पढ़कर मज़ा भी आएगा। हो सकता है आँखें भी गीली हो जाएँ, बनिस्बत यह कि आप भी दोस्तों के मामले में मेरी तरह खुशनसीब हैं।

मेरे बड़े भाई ब्रह्मजीत की शादी 1984 के फरवरी महीने की चार तारीख़ को थी। मुझे चोट लगे चौथा साल चल रहा था। भाई की शादी पक्की हो गई। हम उन दिनों अम्बाला कैंट में रह रहे थे। बारात जानी थी रूड़की और वह जानी थी गाँव से। मुझे अम्बाला से सीधे जाना था।

प्लान यह बना कि मेरे सब खास दोस्त रूड़की के रास्ते में मेरठ रहने वाले दोस्त जसबीर के घर शादी के दिन की सुबह पहुँच जाएँगे और वहाँ से सब साथ-साथ आगे चलेंगे। अम्बाला से सूबेदार एसपी मिश्रा साहिब, जो मिलिटरी हॉस्पिटल अम्बाला के फिजियोथैरेपी डिपार्टमेंट के इंचार्ज थे, के साथ मैं भी अम्बाला से मेरठ ट्रेन से पहुँच गया। दोस्त जसबीर कार से लेने आया हुआ था। उसी ने आगे रूड़की जाने के लिए दो कारों का बंदोबस्त भी कर रखा था।

जसबीर का घर पहली मंजिल पर था और घर के गेट के पास ही एक कपड़े प्रेस करने वाले ने अपना डेरा जमा रखा था। एक-एक कर दोस्त आते जा रहे थे। सब एक-एक करके उस प्रेस करने वाले से जसबीर का पता पूछते और ऊपर आ जाते। बार-बार पता बताते-बताते प्रेस वाला खीज गया था, आखिर में आए मित्र अनिल राठी ने जब जसबीर का पता पूछा तो उसने कुछ रुखाई से ऊपर की ओर इशारा कर दिया, और शायद कुछ बड़बड़ाया भी।

अनिल ने ऊपर पहुँचते ही बड़े मजाकिया अंदाज़ में कहा: "मेरी तो बेइज्जती हो गई।"

प्रेस वाले ने पता पूछने पर बड़े रूखे से कहा: "तुम जैसे कई आ चुके हैं।"

खैर, सब लोग एक दूसरे से मिल कर बड़े खुश हुए। सबने एक साथ नाश्ता किया और चल पड़े रूड़की की ओर।

एक कार में मैं, सूबेदार मिश्रा और जसबीर थे, दूसरी में प्रवीण खन्ना और उसका भाई संदीप, अनिल राठी, अनिल सिंह और मुकेश गुप्ता। शहर से निकलते हुए बीयर की एक पेटी ले ली गई और मस्ती करता कारवाँ आगे बढ़ता रहा। मुज़फ़्फ़रनगर पहुँच कर एक चाट वाले ठेले के पास रुके, चाट खाई। वहीं पास की रेहड़ी से चाय पी।

पैसे देते वक्त एक मजेदार घटना हो गई। मिश्रा साहिब कहने लगे: "मैं सबसे बड़ा हूँ और पैसे मैं दूँगा।"

दोस्त प्रवीण ने कहा: "जब बड़े हो तो फिर छोटों के साथ क्यों आए।"

ये कहते हुए खुद पैसे दे दिए। बात यूँ तो छोटी-सी है, लेकिन दोस्तों में कोई बड़ा-छोटा नहीं होता—ना रुतबे से, ना पैसे से, यहाँ तक कि उम्र से भी। यही एकमात्र रिश्ता है, जो सब बराबर कर देता है।

इसी तरह मौज-मस्ती करते रूड़की पहुँच गए। उधर गाँव से भी बारात आ चुकी थी। दादाजी ने सख्त मनाही कर दी थी कि कोई भी शराब नहीं पिएगा। हम दोस्त सब अलग कमरे में थे और कहाँ मानने वाले थे। पीने के दौरान ही अचानक दादाजी आ गए और बोले: "मुझे मालूम था तुम सब तो मानने वाले हो नहीं, ला मेरा भी एक पैग बना दो।"

मेरे सभी दोस्त उनसे परिचित थे, क्योंकि वे मेरठ और बाद में इलाहाबाद बराबर आते रहते थे। उधर बारात नाचते-गाते वरमाला के लिए चलने को तैयार हो रही थी, इधर दोस्तों ने सूबेदार मिश्रा साहिब से एक बात कह दी: "वो सब मिलकर करीब हर महीने तीन लाख कमा रहे हैं और अगर वे उनके दोस्त यानी मुझे ठीक कर दें यानी फिर से व्हीलचेयर से उठा कर चलवा दें तो अपनी अब तक की सारी कमाई उन्हें दे देंगे।"

मिश्रा जी इस बात को सुन रो दिए। यह बात मेरे सामने नहीं हुई, लौटते में मिश्रा जी ने मुझे बताई और इस प्यार में मेरे भी आँसू निकल आए। कम-से-कम दोस्ती के मामले में तो दुनिया के अरबपतियों में पहले दस में जरूर मेरा नाम आएगा। इनमें से हर एक दोस्त मेरे लिए तो प्रेरणा और ताकत है।

आज साहिर साहिब के जिस गीत को याद करना चाहता हूँ, वो फिल्म 'दिल ही तो है' से है। इसके करीब दस गाने, सब लाजवाब हैं, लेकिन इस गाने को दोस्तों फिर एक बार सुन कर देखना:

"दिल जो भी कहेगा मानेंगे, दुनिया में हमारा दिल ही तो है,
हर हाल में जिसने साथ दिया, वो एक बेचारा दिल ही तो है,

हार मानी नहीं ज़िन्दगी से, हँस के मिलते रहे हर किसी से,
क्यूँ ना इस दिल के कुर्बान जाएँ, सह लिये जिसने ग़म भी सहे खुशी से।"

भाग: सात
कुछ ख़ास यादें

अध्याय: 1
दादाजी के साथ

बैरकपुर में तक़रीबन छह साल रहे और केन्द्रीय विद्यालय की गर्मियों की छुट्टियाँ मई से जून तक होती थीं। पूरा परिवार उस समय गाँव आ जाता था। बीच-बीच में हम मामाजी के गाँव या दूसरे रिश्तेदारों के यहाँ भी चले जाते थे। उन दिनों ज्यादातर शादियाँ गर्मियों के दिनों में ही होती थीं। दरअसल, अप्रैल के अंत तक फसल कटने के बाद किसान उसी कमाई से बच्चों की शादी कर पाते थे। फसल बिकने पर पुराने हिसाब चुक जाने से साहूकारों से कर्ज़ भी मिल जाता था।

सारे बच्चों में मैं दादाजी का सबसे प्यारा पोता था। दादाजी की गाँव में बड़ी इज्जत थी। हालाँकि बारात में एक ही सदस्य बुलाया जाता था, फिर भी बाबाजी मुझे साथ ले जाते थे। ऐसी ही एक बारात राजस्थान के अलवर शहर जा रही थी। हम बाबा-पोते भी किराये पर की गई बस में सवार हो अलवर पहुँच गए। करीब दोपहर के तीन बजे पहुँचे थे। बारात का रुकने का इंतज़ाम एक पहाड़ी से लगी धर्मशाला में किया गया था। पहुँचते ही चाय-पानी से स्वागत हुआ। सारी धर्मशाला की दीवारें और फर्श गर्मी से जल रहे थे। अजीब बात यह थी कि चारपाई आदि का कोई इंतज़ाम नहीं था। पूछने पर लड़कीवालों ने कहा कि शाम तक इंतज़ाम हो जाएगा।

शाम को दूल्हा घोड़ी पर चढ़ा और बारात गाजे-बाजे के साथ लड़की के घर चल पड़ी, वरमाला की रस्म और फेरों आदि परंपरागत कार्यवाहियों के लिए। बारात को डेढ़-दो किलोमीटर लंबा चक्कर लगाकर ले जाया जा रहा था। दादाजी ने मेरा हाथ पकड़ा और एक छोटे रास्ते से लड़की के घर पहुँच गए। बारात भी नाचते-झूमते दूल्हे समेत दरवाजे पर जा पहुँची। सबको ठंडई पेश की गई। बहुत ही स्वादिष्ट, तमाम बादाम और पिस्ता को पीसकर दूध में मिलाकर बनाई गई थी।

दादाजी टेबल पर ठीक मेरे सामने बैठ गए और तीन-चार लोग और जुड़ चुके थे। मैंने पहला गिलास पिया। खाली होते ही परोसने वाले ने फिर भर दिया। मैं भी झट पी लिया। मैं अभी दोबारा गिलास भरवाने की सोच ही रहा था, तभी मुझे अपनी टांग जोर से खींचती महसूस हुई। टेबल के नीचे झाँका तो दादाजी अपनी छड़ी से मेरी टांग खींच रहे थे। मैंने उनकी ओर देखा तो उन्होंने इशारे में कहा कि और ठंडई नहीं पीनी है। मैंने उनका आदेश मान लिया।

कुछ ही देर में खाने की घोषणा हो गई। तब समझ में आया बाबाजी क्यों और ठंडई पीने से रोक रहे थे। खाना ख़त्म होने पर बारात धर्मशाला की तरफ चल पड़ी। दादाजी ने पास खड़ी चारपाई को मेरे सिर पर रखवा दिया। लड़कीवाले कहते ही रह गए कि अभी चारपाइयाँ भेजी जा रही हैं। उन्होंने कहा, "ये भी आपका ही बच्चा है, एक ले जाएगा, बाकी आप भेज देना।" शॉर्टकट रास्ते से पाँच मिनट में धर्मशाला पहुँच बाबा-पोते ने बिस्तर लगाया और लेट गए। बाकी लोग पूछते तो दादाजी कहते, "लड़कीवाला चारपाइयाँ भेज रहा है।"

रात भर फर्श की तपिश की वजह से लोग-बाग ताश खेलते रहे। चारपाइयों का इंतज़ाम एक समय के बाद अपने आप ही ख़त्म हो गया। सुबह आदत के अनुसार, दादाजी चार बजे उठ गए और एक सबसे बुजुर्ग से कहा कि वो चारपाई पर लेट कर कुछ आराम कर लें।

मैंने दादाजी के साथ कई बारातें कीं, ज्यादातर गाँवों में। अपने गाँवों की बारात देखी, किस तरह हर घर से एक चारपाई आ जाती थी और उस पर पहचान के लिए पेंट या रंग से नाम लिख दिया जाता था। सब अपने घर से एक-दो किलो दूध शादी वाले घर में दे दिया करते थे। बारात दो दिन तक रुकती थी। तमाम पड़ोसी हर तरह की मदद के लिए तत्पर रहते थे। अब जब यह बस शाम भर का तमाशा सा देखता हूँ, तो बड़ा अजीब-सा लगता है। मेहमानों ने बस खाना खाया और खिसके, जैसे कि रेस्टोरेंट बस खाना खाने आए थे। वो प्यार, वो लगाव—सब किताबों की बातें रह गईं।

दादाजी से ज़िन्दगी में बहुत सीखने को मिला। वो बड़े ही हाजिरजवाब थे। एक बार हम दोनों एक सिनेमा थिएटर में 'चित्रलेखा' नाम की फिल्म देखने गए। उम्र के हिसाब से उन्हें बीच में दो-तीन बार टॉयलेट के लिए जाना पड़ा, तो एक जवान लड़के ने कुछ टोण्टा मारा। दादाजी ने तुरंत कहा, "फँम टॉयलेट तक तो चले जाते हैं, तुम तो हमारी उम्र में यहीं कुर्सी पर ही निबट लोगे।" वह शख्स बड़ा शर्मिंदा हुआ, क्योंकि कई लोग इस हाजिरजवाबी पर जोर से हंस पड़े।

चोट लगने के कुछ महीनों के बाद हॉस्पिटल्स से होते हुए मार्च 1981 में एमएच अम्बाला के ऑफिसर वॉर्ड में काफी दिनों एडमिट रहा। मेरी हालत और इस चोट के गंभीर असर को नजर में रखते हुए मुझे एयर-कंडीशंड वीआईपी रूम दिया गया था। उन्हीं दिनों दादाजी मिलने आए थे। अंग्रेज़ी का मई और हिन्दी का सबसे गरम जेठ का महीना था। तकरीबन तीन बजे के आसपास कमरे का दरवाजा खुला और दादाजी ने प्रवेश किया। मैंने दादाजी को 'बाबा राम राम' कहा। उन्होंने 'राम राम' का जवाब दे पूछा, "कैसे हो?" मैंने तुरंत उत्तर दिया, "बाबाजी अच्छा हूँ।" उधर से जवाब आया, "तुम अच्छे हो या ना हो, कमरा तो अच्छा है।" बाद में कुर्सी पर बैठ जाने के पश्चात कहने लगे, "जिस तरह के तुम्हारे कर्म थे, शायद ऐसा कमरा तुम्हें नसीब नहीं होता।"

दरअसल, चोट लगने के एक-आध साल पहले से कुछ ऐसी ही सोहबत में पड़ गया था कि पढ़ाई का काफी नुकसान कर बैठा था। दादाजी का कटाक्ष आज भी याद आता है। उनकी हाजिरजवाबी का हर कोई कायल था।

पिताजी छुट्टियाँ लेकर गाँव आए हुए थे। शाम को बाबाजी खाने के बाद अपनी चारपाई पर लेट गए और पिताजी उनके पैर दबाने लगे। पिताजी बाबाजी को बता रहे थे कि किस तरह उनके साथ के तीन-चार लोग, जो उन्हीं की तरह सिपाही से भर्ती हुए थे, इम्तिहान और फौज के एसएसबी का इंटरव्यू क्लियर कर ऑफिसर बन गए, और उनकी, एक तरह से, अबकी और अगली पीढ़ी सुधर गई है। दादाजी एकदम से उठकर बैठ गए और उन्होंने पिताजी से एक सवाल किया कि "उन लोगों में ऐसा क्या है जो तुझमें नहीं है? बात मेहनत की है।" पिताजी ने यह बात गाँठ बाँध ली और दिन-रात मेहनत से जुट गए। अंग्रेज़ी सुधारने के लिए न्यूज़पेपर पढ़ते, उसमें आने वाले कठिन शब्दों को डिक्शनरी से देखकर वाक्यों में प्रयोग करते। दो-तीन और साथियों के साथ ग्रुप बना लिया, एक-दूसरे से अंग्रेज़ी

में बात करते और अलग-अलग विषयों पर तैयारी कर स्पीच देते। दो साल के अंदर पिताजी ने भी सफलता पाई और 1966 में हवलदार से ऑफिसर बन गए। खुद का परिवार तो संभाला ही, उन्होंने कई और परिवार वालों का भी भला कर दिया।

पिताजी कई बार यह जिक्र करते थे, मैं तो वैसे भी बाबाजी की आँखों का तारा था। उन्होंने भी यह बात मुझे बताई कि मेहनत के आगे किस्मत भी बदल जाती है। वो कहा करते थे, "करता से करतार भी हार जाता है।" यह बात मुझे हमेशा याद रहती है और कैसी भी परिस्थिति क्यों ना हो, उससे टक्कर जरूर लेता हूँ।

गाँव में बकरी लाना

गर्मियों की दो महीने की छुट्टियों में कोलकाता के नज़दीक बैरकपुर से गाँव आना होता था। बकरी और भेड़ों के गाँव में अक्सर रेवड़ हुआ करती थी और उनके मालिक को इसीलिए रेवाड़ी कहा जाता था। कुछ लोग उसमें ऊँटों का भी रेवड़ रखते थे। शुरू के दिनों में तो बाबाजी ने एक बकरी चराने वाले रेवाड़ी को बैठक से लगी जमीन का हिस्सा दे रखा था। उसी में एक पूरा रेवड़ था। जब हम छुट्टियों में आते तो बाबा हमारे नाम एक या दो बकरी कर देते। शाम को जब बकरियाँ जंगल से लौट कर आतीं तो हम भाई अपनी-अपनी बकरी को पकड़ लेते और उसे खूँटे से बाँधकर कच्चे चने आदि खिलाते और उसका दूध काढ़ कर पीते। उसके छोटे से मेमने के साथ खूब दौड़-दौड़ कर खेलते। सुबह फिर इसी तरह दूध दूहने के बाद, उसे रेवड़ के साथ चरने के लिए खेतों और पहाड़ की तरफ जाने के लिए छोड़ देते।

इसके अगले साल जब फिर छुट्टियों में आना हुआ तो रेवड़ गाँव के बाहर देवी के मंदिर के पास जा चुका था। दादाजी से ज़िद की तो वह 'गिरराज' रेवाड़ी के पास ले गए और दो बकरियाँ पहले की तरह से हमारे नाम करवा दी गईं। अब शाम होते ही हम मंदिर के पास पहुँच जाते और लौटती हुई तमाम बकरियों में से अपनी को पहचानने की कोशिश करते। नज़दीक जाते तो वह भाग खड़ी होतीं। बड़ी मुश्किल से कुछ खाने की चीज दिखाकर रेवाड़ी की मदद से पकड़ कर बैठक पर लाते, खिलाते-पिलाते, दूध निकालते और सुबह फिर छोड़ने जाते।

ये सब पढ़ने-सुनने में बहुत से लोगों को अजीब-सा लगेगा, पर साठ के दशक के अंतिम सालों में दस साल के बच्चे के लिए यह कितना रुचिकर और मजेदार था, इसका अंदाज़ा वही लगा सकता है, जिसने यह समय जिया हो। शहर की आज की भागती-दौड़ती ज़िन्दगी के लोग क्या जानें कि गाँव में शाम के वक्त खेतों से लौटती गायों के पैरों से उड़ती धूल, लालिमा लिए डूबते सूरज की किरणों की रोशनी में नहा कर जो 'गौधुलि' का दृश्य बनता है, उसकी क्या छटा होती है।

बस जब कभी नींद नहीं आती या अकेलापन-सा महसूस होता है, इन तमाम बेशुमार लम्हों की यादों में खोकर सब कुछ नया हो जाता है। ज़िन्दगी में फिर एक नई ऊर्जा आ जाती है, मन मस्त-सा हो जाता है।

मैं और मेरा दोस्त अनिल सिंह एक बार इलाहाबाद से दिल्ली एक प्रवेश परीक्षा देने के लिए आए थे। मेरा गाँव भौंडसी, गुड़गाँव से करीब दस किलोमीटर ही दूर है। हम दोनों

दोस्त इम्तिहान देने के बाद मेरे गाँव आ गए। मई का महीना था, गर्मियों के दिन। हमेशा की तरह रात को बैठक के आगे की खाली जगह पर चारपाई डाल दी गई। खाना खाकर बाबाजी के पैर दबाते-दबाते बातें हुईं और वे सो गए। मैं और अनिल भी अपनी-अपनी चारपाई पर सो गए।

दादाजी सुबह साढ़े तीन बजे के लगभग उठ जाते थे, भैंसों को खाने के लिए भूसा, खल आदि मिलाकर सानी करते और खेतों की तरफ नित्यक्रिया के लिए चले जाते। इस समय तक घर की औरतें उठकर काम में लग जाती थीं। उनमें से किसी एक का काम होता था कि दादाजी के लिए चाय बनाएं। जैसे ही घर के आँगन से पहले बने दरवाजे पर पहुँच कर दादाजी खाँसते, केतली में चाय डालना शुरू हो जाता था। दादाजी दूध पकड़ाते और चाय अपने हाथ में लेकर वापस बैठक पर पहुँचते।

उस दिन भी ऐसा ही हुआ। करीब पाँच बज रहे थे। सब उठकर दादाजी के पास वाली चारपाई पर बैठ गए और सबको प्यालियों में चाय दे दी गई। अनिल और मैंने चाय पी। वह शहर की तरह फिर से सोने के लिए चारपाई की तरफ चल पड़ा। पीछे से दादाजी की आवाज़ आई, "शाबास बेटा, बिस्तर इकट्ठा कर दे और चारपाई उठा कर बैठक में अंदर डाल दे।" अनिल मन मार कर रह गया। बेचारा क्या करता? इस काम से निबट कर खेतों की तरफ नित्यक्रिया से निबट वहीं चलते, ट्यूबवेल पर स्नान किया और लौट कर घर जाकर मिस्सी रोटी, दलिया और घी में छोंक लगी मिर्च-टमाटर की चटनी और ताजा लोनी घी का नाश्ता किया।

लौट कर बैठक पर आए तो मैंने दादाजी से कहा कि मैं कुनबे के बड़े-छोटे सबसे मिल कर आता हूँ। अनिल ने तुरंत कहा कि वह कहीं नहीं जाएगा और वहीं सोएगा। दादाजी ने कहा, "सही है, तुम यहीं आराम करो। इसे तो यहाँ फालतू घूमने की आदत है।" दरअसल, दादाजी इधर-उधर गाँव में घूमना पसंद नहीं करते थे। दो-तीन रोज गाँव की आबोहवा का आनंद लिया और सभी अपनों से मिलकर हम वापस चल दिए। मेरा दोस्त अनिल, दादाजी का अनुशासन कभी नहीं भूलता। इसी अनुशासित ज़िन्दगी का हम सब पर बड़ा असर है। दादाजी भी इसी के चलते करीब 88 साल की उम्र में स्वर्ग सिधारते वक्त तक बिल्कुल चलते-फिरते रहे।

दादाजी की पसंद का जो साहिर साहिब का गीत उन्हें समर्पित है, वह है बतौर हीरो मेरे पसंदीदा सुनील दत्त साहिब की फिल्म 'साधना' का गीत—

"औरत ने जन्म दिया मर्दों को, मर्दों ने उसे बाजार दिया
जब जी चाहा मसला कुचला, जब जी चाहा दुत्कार दिया।"

अरावली पहाड़ियों से लगे हुए गाँव, गौधुलि और अपने दादाजी की बातों को याद कर फिल्म 'सगुन' से साहिर साहिब का यह गीत याद आता है—

"पहाड़ों के पेड़ों पर शाम का बसेरा है, सुरमई उजाला है, चम्पई अँधेरा है
दोनों वक्त मिलते हैं दो दिलों की सूरत में, आसमान ने खुश होकर रंग सा बिखेरा है।"

अध्यायः 2
इन्सान गलतियों का पुतला

गुनाहों का मेरे ये क्या तस्करा है,
कहा कब था मैं एक में परसा हूँ,
गुनाहों ने मेरे खुदा को बनाया,
इस तरह से मैं खुदा का भी खुदा हूँ।

धमकी

खैर, इतने बड़े गुनाह तो मैंने नहीं ही किए हैं, लेकिन गलतियाँ तो तमाम उम्र करता ही रहा हूँ और यह सिलसिला बाकायदा अब भी जारी है। आखिर इन्सान को तो इसीलिए गलतियों का पुतला कहा गया है। मैं इस बात से पूरी तरह इत्तेफ़ाक़ रखता हूँ।

बात तब की है, जब मेरे बी-एस-सी के आख़िरी सत्र के इम्तिहान थे। उन दिनों पढ़ाई-लिखाई से रिश्ता बहुत कम ही हो चला था। बात यहाँ तक पहुँच गई थी कि नकल करने तक की नौबत आ गई।

उस दिन बॉटनी का इम्तिहान शुरू हुआ था। मैंने प्रश्न-पत्र पढ़ा, पानी पीने के बहाने बाहर आया और सवाल से संबंधित पेज किताब से फाड़ लाया। अभी लिखना शुरू ही किया था कि ड्यूटी पर लगे प्रोफेसर ने अचानक पीछे से आकर वह कागज छीन लिया। उन दिनों तो दादागिरी-सी चलती थी। मैंने पेपर वापस मांगे, लेकिन नहीं मिले। गुस्सा भी उन दिनों बहुत आता था और कुछ जवानी का भी कसूर था।

टीचर को उलटा-सीधा कहते हुए ये बोल दिया कि, "तुम इस हॉल की सीढ़ियाँ उतर कर दिखाओ।" ये कहते हुए बाहर निकल कर अपने एक दोस्त को आवाज दी और फिर नकल के लिए सामग्री ले आया और काम में जुट गया। उधर एक सीनियर प्रोफेसर ने उस जवान प्रोफेसर को मेरी ओर आने से रोक दिया। पेपर ठीक-ठाक पास होने लायक हो गया था और इस खुशी में मैं सब कुछ भूल गया। उधर उस जवान प्रोफेसर को सीनियर्स ने हॉल से जल्दी निकलने नहीं दिया।

मैं वहाँ से हॉस्टल की तरफ चला गया, क्योंकि रात को परीक्षा की तैयारी के लिए वहीं रुका था और कपड़े वगैरह लेने थे। इतनी देर में वह प्रोफेसर भी हॉस्टल में आ गया और उसने मुझसे बात करने की कोशिश की। मैं साइकिल पर बैठा हुआ चलने के लिए पैडल मारने ही वाला था। यूँ तो मेरा गुस्सा पूरी तरह काफूर हो चुका था, पर ऊपरी तौर पर मैंने गुस्से में कुछ यह कहते हुए साइकिल बढ़ा दी कि "देख लूँगा।"

मैं वहाँ से अपने एक मित्र पीयूष मोहिले के घर जा पहुँचा। साइकिल घर के अंदर ले गया, और क्योंकि वह अपने घर पर नहीं था, इसलिए मैं आंटीजी यानी पीयूष की माताजी से दो-चार बात कर वापस निकल पड़ा।

घर के गेट पर फिर वही प्रोफेसर दिखाई दिया। उसने मुझसे पूछा कि यहाँ किसके पास आए थे? मैं कुछ कहे बिना उसे घूरता हुआ निकल गया। शाम को मेरा मित्र पीयूष

मुझसे मिलने मेरे घर आया। वह नेताओं के खानदान से रहा था और उसके दादाजी की मूर्ति आज भी इलाहाबाद के चौक बाजार में लगी है। उन्हें लोग 'चुनन गुरु' कहा करते थे।

दोस्त ने बैठते ही कहा, "क्यों हमारे नए किरायेदार को भगाना चाहते हो?" मैं समझा नहीं, तो दोस्त ने बताया कि वह प्रोफेसर उसका किरायेदार है और डर रहा है कि मैं उसकी मार-पीट करने वाला हूँ। मैंने अपने उस दोस्त को सारी बात बताई और उसकी धौंस बनाने के लिए कहा कि कह देना कि मेरे कहने से मान गया है और अब ऐसा कुछ नहीं होगा।

मुझे जब यह घटना याद आती है तो अपनी गलती का एहसास होता है—कि एक तो चोरी और ऊपर से सीना जोरी। आज उस बात को याद करता हूँ तो मुस्कुरा पड़ता हूँ कि ज़रा-सा गुस्से में दी धमकी ने क्या माहौल बना दिया था।

इलाहाबाद से दिल्ली सी-पी-एम-टी की परीक्षा देने आना

इंटरमीडिएट बोर्ड की परीक्षा के बाद मेडिकल कॉलेज में एडमिशन के लिए होने वाले यूपी के सीपीएमटी और अन्य प्रवेश परीक्षाओं की तैयारियाँ शुरू हो गईं। एम्स और लेडी हार्डिंग मेडिकल कॉलेज के इम्तिहान दिल्ली में होते थे, इसलिए मेरा और मेरे दो दोस्तों राजेश गोस्वामी और सुब्बा राव का दिल्ली आने का प्रोग्राम बन गया।

मेरे पिताजी फौज के अफसर थे। उन्हें साल में दो महीने की छुट्टी मिलती थी और पूरे परिवार के लिए एलटीसी, वो भी फर्स्ट क्लास में सफर करने के लिए। उसमें बारह साल से ऊपर के बच्चों के लिए तीन की संख्या लिखनी थी। मैंने उसकी बिना पर तीन बर्थ फर्स्ट क्लास में हम तीनों के लिए रिज़र्व करा ली। लेकिन राजेश कुछ डरता था और सुब्बा राव बहुत ही शरीफ। दोनों को विश्वास-सा नहीं हुआ और उन्होंने बिना मुझे बताए 2 टीयर स्लीपर में अपना रिज़र्वेशन करवा लिया।

यात्रा के दिन स्टेशन पर आए तो मुझे यह बात का इल्म हुआ। मैंने थोड़ी नाराजगी दिखाई और दोनों मेरे साथ फर्स्ट क्लास के डिब्बे में आ गए। रिज़र्वेशन तो थी ही। कोई परेशानी वाली बात तो थी ही नहीं। टीटी चेकिंग के लिए आया भी तो कोई मुश्किल नहीं आई।

ट्रेन इलाहाबाद से चलकर कानपुर रुकी तो मैंने उन दोनों की स्लीपर क्लास की टिकट ले ली और उन्हें स्टेशन पर खड़े दो यात्रियों को यह कह कर आसानी से बेच दिया कि रिज़र्वेशन कन्फर्म्ड टिकट है। सच भी था। मुझे क्या मालूम कि टीटी ने जब दोस्तों की सीट खाली देखी तो दूसरे यात्रियों को वह सीट दे दी, जिनको हमने टिकट बेची थी। वे वापस आ गए और हम भी उनके साथ बड़े तैश में टीटी से भिड़ने चल पड़े।

हमने जब उससे बहस की तो उसने हमसे पूछा कि हम लोग कहाँ बैठे हैं। हमने बड़ी शान से कह दिया कि फर्स्ट क्लास में। टीटी ने वह टिकटें जेब में रख लीं। हमने उन यात्रियों के पैसे वापस दे दिए क्योंकि गाड़ी चलने को थी। हम अपने डिब्बे की ओर निकल पड़े। चलते-चलते टीटी ने यह जरूर कहा कि दिल्ली पहुँच कर पता चलेगा।

बस, मेरे दोस्तों का तो भारी गर्मी में खून जमने लगा। चिंता तो मुझे भी हुई, पर इतनी नहीं। खैर, साथ लाया खाना खाया गया और सोने की तैयारी कर ली। पर उन दोनों का डर

दूर नहीं हो रहा था। रात करीब एक बजे गाड़ी किसी स्टेशन पर रुकी और मैं तुरंत उतरकर स्लीपर क्लास के टीटी के पास जा पहुँचा। रात के लिए पहने कुर्ते-पायजामे के ऊपर भी अपनी उन दिनों की फैशन की चौड़ी बक्कल वाली बेल्ट बांध ली। मैंने उससे वह टिकट वापस मांगी और बेल्ट खोलनी शुरू की। पता नहीं वह डर गया या कुछ और समझ कर उसने वह टिकटें मेरे हवाले कर दीं।

मैं डिब्बे में लौटा तो दोनों पूछने लगे। मैंने कहा कि वह टीटी मान नहीं रहा। उन दोनों की उस समय की शक्लें आज भी याद आती हैं तो हँसी आने लगती है।

खैर, सुभाष मेल जल्दी ही दिल्ली पहुँच जाती है, जो कि साढ़े सात बजे का वक्त है। उतरने की तैयारी करते वक्त मैंने वह टिकट जेब से निकाल कर उनकी चिंता दूर की। उसी रोज़ एग्ज़ाम दिया और रात को मेरे नानाजी के यहाँ रुके। वे दोनों अगले रोज़ ही वापस दिल्ली चले गए। मैं दादाजी से मिलने के लिए अपने गाँव की ओर निकल गया।

पहली बारी थी, प्रवेश परीक्षा में सफलता नहीं मिली। मैंने बी-एस-सी में एडमिशन ले लिया। इस बार दिल्ली मेडिकल कॉलेज की प्रवेश परीक्षा देने के लिए दूसरे साथी आए— उत्तम घोष, अनिल सिंह, सुरेंद्र सिंह और मैं। रास्ते में ट्रेन में इलाहाबाद से आ रहे एक व्यापारी से दोस्ती हो गई। हम लोगों में उम्र में तो कोई 5-7 साल का अंतर था। वह जैन था और जामा मस्जिद से लगे हुए जैनियों के लाल मंदिर में रुका हुआ था।

हम भी उसी के साथ धर्मशाला में रुक गए। शाम को लाल किले में एक मेला लगा हुआ था। उसी में जुआ खेलते रहे और खाते-पीते रहे। काफी पैसे हार गए। किसी तरह अगले रोज़ परीक्षा के बाद सुरेंद्र सिंह को तो अपने घर नैनीताल के नज़दीक हल्द्वानी जाना था, इसलिए उसकी टिकट का इंतज़ाम किया। उत्तम को अपने रिश्तेदारों के यहाँ फरीदाबाद जाना था, उसका भी इंतज़ाम किया।

अब सिर्फ़ मैं और अनिल सिंह रह गए। हम दोनों को ही इलाहाबाद वापस जाना था, लेकिन जेब में मुश्किल से बस दस बीस रुपये ही थे। हम दोनों ही गुड़गांव के पास ही मेरे गाँव चले गए।

दो दिन रुके, लेकिन किसी से पैसे मांगने की हिम्मत नहीं हुई, क्योंकि बात पिताजी तक पहुँचती। हिम्मत कर के बाबाजी से कहा तो उन्होंने 10 रुपये दे दिए। यह 1978 की बात है। बच्चों के लिए 10 रुपये बहुत माने जाते थे।

हम वापस दिल्ली आए और नानाजी के पास पहुँचे। ऊपर वाले ने सुन ली, उन्होंने दो सौ रुपये निकाल कर सौंपते हुए कहा कि "ये देशी घी के पैसे हैं, अपनी मम्मी को दे देना।" दोनों दोस्त फौरन स्टेशन पहुँचे और टिकट लेकर इलाहाबाद रवाना हो गए।

घर 'जेब कट जाने' का बहाना बनाकर जान बचाई। इतनी गलतियाँ कीं, पर इनमें से सीख कुछ नहीं मिली। अब भी ज़िन्दगी यूँ ही चल रही है, लेकिन कुछ भी हो, ये यादें मजेदार हैं।

केमिस्ट्री का पेपर

बात उन दिनों की है, जब मैं सेंट्रल स्कूल में दसवीं क्लास में पढ़ रहा था। अर्धवार्षिक परीक्षा से करीब महीने भर पहले की बात है। केमिस्ट्री की लैबोरेटरी यानी प्रयोगशाला में सब छात्र प्रैक्टिकल करने में लगे थे। केमिस्ट्री की शिक्षिका मैडम सरला गोयल इम्तिहान के प्रश्न-पत्र तैयार कर रही थीं।

हम चार दोस्तों के बीच इशारे हुए और प्रयोगशाला की एक कोने वाली खिड़की की चटकनी खुली छोड़ दी गई। शाम को मैं और मेरे दोस्त कमलनैन और नौशाद अहमद, स्कूल में बैडमिंटन खेलने के लिए पहुँचे। मैं और नौशाद खेलने लगे। उसी दौरान कमलनैन खिड़की से अंदर जाकर पूरा पेपर उतारकर ले आया। पेपर में बस एक आख़िरी सवाल ही ऐसा था, जो मैडम ने पूरा नहीं किया था।

तय हुआ कि यह बात कोई भी किसी को नहीं बताएगा, लेकिन मजे की बात यह है कि इसके बावजूद तीनों ने ही अपने-अपने खास नज़दीकी दोस्तों को बता दिया। बात आगे फैली और इस तरह करीब-करीब पूरी क्लास को परीक्षा की तारीख से पहले पेपर मिल चुका था। फिर भी मामला ऐसा टला कि एक महीने पहले पेपर मिल जाने के बावजूद मैं तैयारी नहीं कर सका।

इम्तिहान शुरू हुए और मैं पहले रोज अंग्रेज़ी के पेपर के दिन एक ऑन्सर शीट ले आया और पूरा केमिस्ट्री का पेपर उसमें कर केमिस्ट्री के पर्चे वाले दिन ले गया। मेरे पास एक गुलाबी रंग का खूबसूरत रजिस्टर था। मैंने उसी के अंदर वह शीट रख दी और बाकी साथियों के साथ हॉल के दरवाजे के पास रखे समान में शामिल कर दिया।

मैं मौका देखने लगा कि कब उसे निकाल कर उस रोज मिली ऑन्सर शीट से बदल दूँ। हुआ कुछ यूँ कि केमिस्ट्री की मैडम सरला गोयल की ही ड्यूटी उस दिन की परीक्षा में लगी हुई थी और ना जाने कैसे उनकी नजर मेरे गुलाबी रजिस्टर पर पड़ी। गुलाबी रंग तो औरतों को ख़ास तौर पर पसंद होता ही है, शायद उन्हें उसमें अपनी पसंद की साड़ी का रंग दिखलाई पड़ा या जो कुछ भी सोच कर उन्होंने उसे उठाया हो।

बस, उन्होंने वह रजिस्टर सारे स्टूडेंट्स के रखे किताब-कॉपी जैसे सामान से उठा लिया। यह सब मैंने तो नहीं देखा, पर अचानक ही मुझे सरला मैडम जी की आवाज़ आई, "विजीत, क्या कर रहे हो?" मैंने जवाब दिया, "पेपर दे रहा हूँ।"

उन्होंने कहा, "वो तो तुम दे चुके।" और उन्होंने वह लिखी हुई ऑन्सर शीट सामने कर दी। बस मुझे तो साँप सूंघ गया। दो-एक रोज़ के बाद मैं अपने खास दोस्त जसबीर को लेकर मैडम के घर पहुँचा और बहुत-बहुत माफी मांगी। मुझे उनके गुस्से में कहे शब्द आज भी याद हैं: "मेरी बुरी तरह पहचान है, मैं तुम्हें देख लूँगी।"

अब अच्छी पहचान तो सुनी थी, लेकिन बुरी तरह पहचान भी कुछ होती है, इस बात का पता उसी दिन चला। मैंने सारी घटना बयान कर दी। मुझे छमाही परीक्षा में जीरो दे दिया गया, लेकिन सौभाग्य से मेरी गिनती अच्छे विद्यार्थियों में थी। इसी के सदके मुझे आगे के लिए ताकीद कर माफ कर दिया गया।

पर कमलनैन और नौशाद की किस्मत शायद उतनी अच्छी नहीं थी। उन्हें स्कूल से निकाल दिया गया। मैंने आगे के लिए अपनी इस गलती से सीख ली और उस साल के सालाना इम्तहान के लिए काफी मेहनत की। इम्तहान में केमिस्ट्री में अस्सी प्रतिशत अंक लाकर अपनी ओर से खोए सभी शिक्षकों का विश्वास फिर से जीत लिया।

मिलिटरी आइडी कार्ड और फिल्में

जैसा कि मैंने पहले भी लिखा है, मैंने स्कूल से भागकर फिल्में देखना शुरू कर दिया था। पिताजी आर्मी में उन दिनों कैप्टन के रैंक पर थे। उन्हें बतौर सेवादार, जिसे अंग्रेज़ी में ऑर्डर्ली भी कहा जाता है, एक सिपाही मिला हुआ था जिसका नाम छोटेलाल था। यह रिवायत अंग्रेज़ फौज के दिनों से चली आ रही है।

यूँ तो छोटेलाल का काम ऑफिसर की वर्दी के सितारों को चमकाना, ड्रेस के साथ लगने वाली लाइन यार्ड, तमगे और दूसरी कुछ चीज़ों को सही जगह पर लगाकर यूनिफॉर्म तैयार करना था, साथ ही जूते पोलिश करना भी। लेकिन छोटेलाल हमारे घर का सदस्य-सा हो गया था। तमाम घर के छोटे-बड़े काम अपनी मुख्य जिम्मेदारी के अलावा भी करता रहता था। कभी-कभी वह ज्यादा दारू पी लेता था तो मैं उसके काम कर देता। हम दोनों में अच्छी बनती थी।

फौजियों के पहचान-पत्र पर सिनेमा हॉल की टिकटों पर टैक्स से छूट मिलती थी या थी? टिकट करीब आधे दाम से भी कम पर मिलती थी। मुझे खुराफात सूझी। मैंने अपना एक फोटो फौजी वर्दी में खिंचवा कर छोटेलाल के पहचान-पत्र में उसके फोटो के ऊपर लगाने की कोशिश की। कोशिश कुछ खास सफल नहीं हुई और बात जम नहीं पाई, लेकिन फिर मैंने अपना इरादा बदल लिया।

मैं ज्यादातर फिल्में दोस्तों के साथ ही देखता था। अब मैं अपने साथ छोटेलाल का पहचान-पत्र ले जाता और सबकी टिकट लेते समय यह बहाना बनाता कि छोटेलाल साइकिल जमा करा रहा है, आधे दाम पर टिकट ले लेता। चार-पाँच बार तो यह दांव चल गया।

एक बार जब इलाहाबाद के मानसरोवर सिनेमा हॉल में 'धर्मेंद्र' और 'शर्मिला टैगोर' की फिल्म 'देवर' देखने हम तीन दोस्त पहुँचे। मैंने टिकट के लिए हमेशा की तरह पहचान-पत्र और पैसे खिड़की पर आगे बढ़ा दिए, तो फिर से टिकट खिड़की पर मौजूद व्यक्ति ने "छोटेलाल का?" पूछा। मैंने हमेशा की तरह बहाना बनाया कि वह टॉयलेट गया है। उस व्यक्ति ने टिकट तो दे दी, पर आइडी कार्ड रख लिया और कहा कि यह वह खुद ले जाएगा।

बस, जैसे-तैसे फिल्म देख कर तुरंत घर लौट कर छोटेलाल को मैंने इस हादसे की सूचना दी। वह भी घबरा गया, पर उसे बिना कुछ कहा-सुनी अपना कार्ड मिल गया। इस घटना के बाद से मैंने अपने कान में ऐंठा लगा लिया कि अब ऐसी हिमाकत बिल्कुल नहीं करनी।

ऑफिस की पार्टी

आईएसआईसी में ज्वाइन किए अभी कुछ ही महीने बीते थे। पहली-पहली नौकरी कर रहा था और सोचने का अंदाज़ अभी भी कॉलेज के छात्र जैसा था। शनिवार के दिन बीयर पीने का इरादा हो गया। बेवकूफी देखिए कि ऑफिस के ही एक कमरे में यह शुरू कर दिया।

दो बोतलें और तीन पीने वाले — मैं, पंकज और शिवानी। हमने अपने बॉस विक्रम दत्त के फ्रिज में एक बीयर की बोतल देखी थी। सो, तीसरी बोतल के लिए उसे ही निकाल लिया। अब हिमाकत देखिए कि बोतल यह सोच कर निकाल ली कि सोमवार को उनके ऑफिस आने से पहले बाजार से दूसरी बोतल ला कर रख देंगे।

अब बेवकूफी की हद देखिए। बोतल ओपनर न होने की वजह से सिक्यूरिटी के लिए तैनात बंदे को बोतल खोलने के लिए बुला लिया। दूसरे दिन शिकायत होना तो लाजिमी था। उस पर बदकिस्मती यह रही कि बॉस जल्दी आ गए और हम बोतल फ्रीज में रख ही नहीं पाए।

हमने सुबह-सुबह उनसे माफी मांगनी शुरू की। यह भी बताया कि बीयर की बोतल ले ली थी और उसकी जगह दूसरी नहीं रख पाए। उन्होंने तुरन्त पूछा, "कौन सी बीयर की बोतल?" जवाब दिया तो पता चला कि उस बोतल में जवान बने रहने की कोई आयुर्वेदिक दवा बनाई जा रही थी। हमें भी पीते हुए लगा था कि स्वाद कुछ अजीब है। इस वजह से पूरी नहीं पी थी और बाकी फेंक दी थी।

बात दब-सी गई। मामले ने तूल तब पकड़ा, जब सिक्यूरिटी वाले ने बात अपने इंचार्ज को बताई और वहाँ से बात चेयरमैन साहिब के पास पहुँची। हमारे बॉस विक्रम दत्त जी को तलब किया गया। लौट कर उन्होंने हम तीनों को बुलाया। उन्होंने गुस्सा बिल्कुल नहीं किया, पर उन्हें जो शर्मिंदगी हमारी वजह से उठानी पड़ी, उससे वे बड़े आहत थे।

हम भी बहुत शर्मिंदा हुए और उनसे यह वायदा किया कि इस बार तो गलती हो गई, पर हम विश्वास दिलाते हैं कि आगे कभी हमारी वजह से उन्हें शर्मिंदा नहीं होना पड़ेगा।

इसके बाद हमने उन्हें गौरवान्वित होने के कई मौके अपने टीम वर्क से दिए। 'गिर के संभल जाना, अपनी गलतियों से सीखना' — यही समझदारी होती है। जो ठोकर खाकर भी न संभले, उसको क्या कहिए। दादाजी कहा करते थे, "कई ठोकरें खाकर जरा सी अक्ल आती है, वो भी आई तो आई, वरना नहीं आई!"

इस अध्याय के आख़िर में साहिर साहिब का जो गीत मुझे याद आ रहा है, वह दादाजी की पसंद की फिल्म 'काजल' का है, और रवि साहिब के संगीत पर लताजी ने गाया है —

"तोरा मन दर्पण कहलाए,
भले बुरे सारे कर्मों को देखे और दिखाए।"

अध्यायः 3 मुहब्बतें

यह शब्द अलग-अलग इंसान के दिमाग में अलग-अलग तरह की घंटी बजाता है। यूँ यह लफ़्ज़ कई तरह के रिश्तों के साथ जोड़ा जाता है। कोई खुदा से, कोई माता-पिता से, कोई दोस्त से तो कोई अपने शौक से मोहब्बत करता है। दुनिया में शायद शायरी इसी जज़्बे से सबसे ज्यादा जुड़ी है। हालाँकि सूफियाना कलामों में इश्क और मोहब्बत खुदा से ही जुड़ी होती है, लेकिन बाद के शायरों ने तो इसे रूहानी से ज्यादा जिस्मानी रूप में ही स्वीकारा है; कुछ ने दोनों का मिश्रण किया।

खैर, एक खूबसूरत शेर याद आता है— "कुछ भी हक़ीकत ना हो मोहब्बत की, नशा सा एक जरूर रहता है।"

मैं गाँव में पैदा हुआ और सात साल की उम्र तक वहीं पला-बढ़ा तथा तीसरी कक्षा तक वहीं पढ़ा। मुझे अच्छी तरह से याद है, परिवार के मर्दों की रहने की जगह को बैठक कहा जाता था। वहीं गाय, भैंस आदि का भी रहने का इंतजाम होता था।

पुश्तैनी घर वहाँ से 200 गज के फासले पर था, जहाँ महिलाएँ रहती थीं और घर के सारे काम-काज करती थीं। मर्द ज्यादातर खाना आदि खाने घर आते थे, या शादीशुदा रात के वक्त। बचपन से इस तरह के माहौल में रहने की वजह से स्त्री जाति से कोई विशेष लगाव नहीं बन पाया।

गाँव छोड़कर पिताजी के साथ बैरकपुर चला गया। पता नहीं कुंडली में कोई दोष रहा कि क्लास की लड़कियों तक से हमेशा लड़ाई होती रही। बाद में तीन साल मेरठ में स्कूली शिक्षा पूरी की। फिर इलाहाबाद में बी-एस-सी पर, इस फ्रंट पर हालात कमोबेश ऐसे ही बने रहे।

जवान हुए तो लड़कियों का आकर्षण लाजिमी था, पर कुछ बचपन से पड़ी नींव और कुछ हमारा झूठा-सा सच्चा ईगो, बात कुछ बनी नहीं। यूँ कभी-कभार किसी सुंदर कन्या के पीछे एक-दो हफ्ते साइकिल घुमा लेते थे। इतने समय में साथ के साथियों, जिनके साथ रोज भागकर फिल्म देखते और खेलते थे, के सवाल उठने लगे कि आजकल कहाँ बिज़ी हो, कम दिखते हो।

फिर 21 साल की उम्र होते ही चोट लग गई, तो यह अध्याय कुछ अधूरा सा रहा।

साठ-सत्तर के दशकों में जो फिल्में आईं या जो उपन्यास लिखे गए, ज्यादातर में मोहब्बत को समाज की नजर में गलत कहा गया और यह एक लुका-छुपी का खेल-सा दिखाया जाता। शायद इस बात का प्रभाव था कि छोटे शहरों और कस्बों में बस छुपा के खत लिखना, तिरछी नजर से देखना, हँसना—बस यही था।

कुछ लोग फिल्मी हीरो से ज्यादा प्रभावित हो बड़ा कदम उठा समाज के इस चलन को तोड़ भी देते, पर आम तौर पर ऐसा नहीं था। दोस्ती या मोहब्बत कहीं, शादी कहीं—यही होता था।

हॉस्पिटल में रहने के दौरान जब हालत कुछ संभल-सी गई, तो कोशिशें फिर जारी हुईं। वहाँ सबसे आसान था नर्सों के साथ दोस्ती करना, क्योंकि वे दिन में कई घंटे संपर्क में रहती थीं। इतनी ख़तरनाक चोट की वजह से कुछ सहानुभूति भी मिल जाती थी।

सो, कम-से-कम अपोज़िट सेक्स के साथ खुलकर बात करने का अच्छा-खासा अभ्यास हो गया, और कुछ अपने अंदर विश्वास भी आ गया। दो-तीन नर्सों से अलग-अलग समय पर दोस्ती हो गई, क्योंकि हॉस्पिटल पिताजी के तबादले के साथ या इलाज की वजह से भी बदलते रहते थे।

अख़िर दोस्ती करने का यह गुर काफी हद तक सीख लिया। हॉस्पिटल छूटा तो वह दोस्ती धीरे-धीरे छूट गई। दिल कभी किसी पर अटका ही नहीं, बस कुछ दिन नशा रहता था, फिर खत्म।

लेकिन हॉस्पिटल से निकलने के बाद किसी से ऐसी दोस्ती हुई कि मोहब्बत के मायने भी समझ आने लगे। इसका मेरे चरित्र, सोचने के अंदाज़, बल्कि पूरी ज़िन्दगी पर बड़ा अनुकूल असर हुआ।

सबसे अच्छा तो यह लगा कि हमें भी कोई चाहने वाला है, और हम भी इस काबिल हैं कि कोई हमसे मोहब्बत कर सके। इस रिश्ते ने जीवन को एक नया आयाम दिया। मेरी बोलचाल के लहजे में, पहनावे में, सजने-संवरने में काफी फर्क आया।

कियो कार्पिन के खुशबूदार तेल में उन्हें क्या अजीब-सी गंध आई कि आज तक फिर बालों में तेल नहीं लगाया। उसकी जगह शैम्पू और ब्रील क्रीम ने ले ली। अब तो उससे साल में एक-आध बार मिलना होता है, पर उन दिनों तो जैसे बस उसे देखे या मिले बिना दिन ही पूरा नहीं होता था।

आ जाए तो ऐसा लगता, "यूँ ही पहलू में बैठे रहो, आज जाने की जिद न करो।"

कुछ कारणों से दूरियाँ बन गईं। उस वक्त समझ नहीं आया था, पर एक-दूसरे से अलग होने का कारण अब साफ समझ आता है। सबसे बड़ा कारण था ईगो। यह एक सच्चाई है कि ज़िन्दगी बदलाव का नाम है। वक्त के साथ रिश्ते कमजोर होने लगते हैं और उन्हें बनाए रखने के लिए तमाम कुछ करना होता है।

और वो सब करने की हालत मेरी नहीं थी, पर जब तक साथ रहे, दोस्त रहे। उसी अच्छे समय का नतीजा है कि अब, जब बहुत सालों के बाद मिलते हैं, तो भी दिल में एक-दूसरे के लिए जगह है, प्यार है, इज्जत है।

जिस वक्त यह मोहब्बत पूरे परवान पर थी, उन्हीं दिनों लंदन से मिशेल नाम की एक महिला वॉलंट्री वर्क करने भारत, चेशाइर होम, आयी और ना जाने कैसे हमारी बातचीत के दौरान अच्छी दोस्ती हो गई।

उसके बाद वह दो बार भारत आयी और तीन बार मेरा लंदन जाना हुआ। साथ घूमना-फिरना, खाना-पीना, मौज-मस्ती। एक बार वह मेरे घर भी गई और माता-पिताजी से मिली। कुछ खबर यह भी उड़ी कि हम दोनों शादी करने वाले हैं। पर ये सब बातें भर थीं।

पिछले साल करीब 10 सालों के बाद लंदन गया। मिशेल को पहले ही इतला कर दी थी। वह लंदन से पाँच-छह घंटे के सफर के फासले पर कार्डिफ़ में रहती है। वह लंदन में अपने किसी सहेली के यहाँ रहने चली आई और हमने एक-दूसरे के साथ बड़ा अच्छा वक्त गुजारा।

कभी थेम्स नदी के किनारे बेंच पर बैठ कर चाय पी तो कभी 'लंदन आई' में चढ़कर पूरे लंदन का काफी ऊँचाई से अवलोकन किया। तीन दिन कैसे निकल गए पता ही नहीं चला। उसी समय यश चोपड़ा साहिब के निधन के बाद उनकी फिल्म 'जाब तक है जान'

रिलीज हुई, जिसके नायक शाहरुख़ ख़ान और नायिका कटरीना कैफ थे। उसी थेम्स के किनारे तमाम लव सीन्स में दिखाए गए। उन तीन दिनों के दौरान हम भी किसी शाहरुख़ ख़ान से कम अपने को नहीं समझ रहे थे।

यूँ तो ज़िन्दगी में फिर मोहब्बत हुई और फिर यह नशा छाया रहा, पर उम्र के साथ मोहब्बत में से और काफी कुछ अलग कर, उसमें दोस्ती के जज़्बे की तलाश होने लगी और कामयाबी भी मिली। वरना जैसा मैंने पहले कहा—मुझे दोस्ती और औरत हमेशा अलग-अलग नजर आते थे।

पर शायरा, मौसम जैसी महिलाओं ने मेरा यह भ्रम बिल्कुल ख़त्म कर दिया और अपनी दोस्ती से नवाज़ा। इनमें एक नाम सोनी लाकरा का भी जोड़ना चाहूँगा।

अब साहिर साहिब के जिस नगमे की बात करना चाहूँगा, वह फिल्म 'वक़्त' से है। इस गाने को सुनिए कि किस तरह मोहब्बत में डूबी इंसान की भावनाओं को दर्शाया गया है।

इस गीत का आख़री बंद शायरी का लाजवाब नमूना है—

"चेहरे पे खुशी छा जाती है,
आँखों में सुरूर आ जाता है,
जब तुम मुझे अपना कहते हो,
अपने पे गुरूर आ जाता है,
जब तुमसे मोहब्बत की हमने,
तब जाकर कहीं यह राज खुला,
मरने का सलीका आते ही,
जीने का सऊर आ जाता है।"

अध्याय: 4
कर्नल आर-के-गुप्ता का साथ

ज़िन्दगी में कई ऐसे इंसान मिले, जिन्होंने ऐसा कुछ किया कि मेरे दिल को छू गया। मेरी ज़िन्दगी में कुछ ऐसे लोग भी आए, जिनके पूरे परिवार के साथ निकटता बन गई। ऐसा एक नाम है—कर्नल आर-के-गुप्ता।

1985 के आसपास ये मेरे साथ कमांड हॉस्पिटल लखनऊ में लकवा मार जाने की वजह से एडमिट थे। उनकी पत्नी पूनम और दो लड़के—गजेन्द्र और गौतम—पूरा परिवार बड़े दुख और परेशानी में था। जान-पहचान हुई और जैसे-जैसे वह ठीक होते गए, हमारी जान-पहचान ने एक पारिवारिक सम्बन्ध का रूप ले लिया।

गुप्ता साहिब बड़े ही फिराकदिल वाले और दूसरों के प्रति बड़ा अपनापन रखते थे। पिताजी की रिटायरमेंट के बाद मैं दिल्ली आ गया और वह मुंबई पोस्टिंग पर चले गए। वहाँ समुद्र के किनारे मलाड बीच पर एक छोटी-सी यूनिट है—एचबीटीसी 'हेवी ब्रिजिंग ट्रेनिंग सेंटर'। इंजीनियर रेजिमेंट और अन्य संबंधित फौजी ऑफिसर्स को वहाँ ट्रेनिंग के लिए जाना होता है। पूरी यूनिट उस अकेले ऑफिसर के कमांड में होती है।

मैं अपनी पहली हवाई और पहली विदेश यात्रा पर लंदन के लिए दिल्ली से इंडियन एयरलाइंस से चला और फिर मुंबई से एयर इंडिया से लंदन गया।

कर्नल गुप्ता पूरे परिवार सहित, जिसमें उनकी माताजी भी शामिल थीं, मिलने आए। तय हुआ कि लौटते वक्त शाम को एयर इंडिया की फ्लाइट से उतरकर मैं उनके साथ उनके यहाँ रहूँगा और सुबह वह मुझे दिल्ली के लिए इंडियन एयरलाइंस की फ्लाइट पर सवार कर देंगे।

शाम का समय, समुद्र का किनारा, डूबते सूर्य की लालिमा और दूर कुछ छोटी पहाड़ियाँ—सारा लंदन भुला दिया। वैसे भी मुझे पैर के अंगूठे में हुए इंफेक्शन की वजह से लंदन के चैरिंग क्रॉस हॉस्पिटल में रहना पड़ा। मैं सीधे हॉस्पिटल से ही हिथ्रो एयरपोर्ट आया था। अंधेरा हो गया तो वहीं के समुद्र से लगे लॉन में बैठ गए। जाम शुरू हुआ। उनके एक-आध रिश्तेदार भी आए। शेरो-शायरी का दौर चला।

माहौल, समुद्र की उछलती लहरों से निकलता संगीत—मुझे नहीं मालूम, मैं कब कैसे बेहोश हो गया। होश आया तो खुद को बिस्तर पर पड़ा पाया। दूसरे कमरे से बातें करने की आवाज़ें आ रही थीं। मैंने जोर से गुप्ता साहिब को आवाज दी, तो सब दौड़कर कमरे में पहुंचे। सब मेरी ही चिन्ता में लगे थे।

मैंने बेहोशी से पहले बस कुछ स्नैक्स खाए थे। भूख लगी हुई थी। सबसे पहले खाना खाया। लखनऊ के दिनों से उन्हें याद था कि मुझे ठंडे रसगुल्ले बहुत पसंद हैं। उन्होंने खास तौर पर उनका इंतजाम किया था। बस मज़ा ही आ गया। सुबह मुझे दिल्ली के लिए हवाई जहाज पर बिठा दिया गया।

अभी मुश्किल से महीना भर गुजरा होगा कि बॉम्बे आने का प्रोग्राम बन गया। मैं, मेरे माता-पिता और छोटी बहन मंजू—we सबने बॉम्बे कभी नहीं घुमा था। कर्नल गुप्ता से बात हुई और उन्हीं के यहाँ गेस्ट हाउस में रहने का इंतजाम हो गया।

इस बार हम ट्रेन से गए। अच्छी-खासी बारिश के बावजूद पूरा परिवार हमें लेने आया हुआ था। बैरकपुर के दिनों की यादें फिर ताजा हो गईं। बड़ी फौजी गाड़ी और उसमें घर के फर्नीचर से कुर्सियाँ उठाकर रख दी गईं। हम इसी तरह बैरकपुर में फौजी गाड़ी में घर की कुर्सियाँ, सोफे आदि रखकर पिकनिक और दुर्गा पूजा के पंडाल देखने निकल जाते थे।

रात को तो थके-हारे थे, खाना खा कर सो गए। सुबह पिताजी गुप्ता जी से एक जीप लेकर हमारे बैरकपुर के पड़ोसी जोसेफ परिवार का घर ढूँढने निकल पड़े। पिताजी के पास बस एक बहुत पहले आए पत्र में लिखा उनका पता था, जो गुप्ता जी के हिसाब से ढूँढ पाना मुश्किल था।

घंटे भर बाद वह मेरे बचपन के दोस्त, कैप्टन जोसेफ के बेटे रोफी जोसेफ को लेकर आ गए। बॉम्बे का घूमना उस दिन के लिए कैंसल। उधर आंटीजी और दूसरे परिवार के सदस्य लंच की तैयारी में लगे। हम सब फिर गाड़ी में सवार हो उनके यहाँ पहुंचे। सालों बाद सब एक-दूसरे से गले मिले। मेरे को इस हाल में देखकर आँसू भी आए, पर जल्द ही सब पुराने दिनों की बातों और यादों में खो गए।

सालों बाद फिर सही मायने में दक्षिणी भारत के डोसा-इडली खाने को मिले। यादें क्या हैं! लगता है कल की ही बात है। मन करता है अभी फिर उड़कर वहाँ पहुँच जाऊँ।

अगले रोज बैरकपुर की तरह फौजी गाड़ी में गुप्ता जी के दोनों बेटे गौतम और गजेन्द्र साथ हो गए। उधर से रोफी अपनी पत्नी के साथ शामिल हो गया। दोनों के घर से लंच का तमाम इंतजाम। सारा बॉम्बे देख डाला—हाजी अली की दरगाह, इस्को टेम्पल, चर्च, चिड़िया घर, गेट वे ऑफ इंडिया, जुहू बीच, उद्यान। एक में जूते के आकार में बने कमरे-सा बच्चों का खेलने का इंतजाम। एक छोर से पूरा गर्दन के हार की तरह का मैरीन ड्राइव का नज़ारा। एक-आध म्यूज़ियम भी गए और चौपाटी बीच पर बैठकर दोपहर का भोजन किया।

गुप्ता साहिब के लड़कों और मेरे दोस्त ने फैक्ट गाइड का काम किया। अपनी यादें तो ख़ास ही हैं। अगले रोज वापस दिल्ली चल पड़े।

सालों बाद 1993 में कोलकाता एक कॉन्फ्रेंस में जाना निश्चित हुआ। मैं, मेरा साथी सलिल चतुर्वेदी और मेरा सहायक रामचरण। यह कॉन्फ्रेंस खासतौर पर अंतर्राष्ट्रीय संस्था डीपीआई के भारत में शुरू होने के सिलसिले के लिए था। हम कई विकलांग साथी थे। कालका मेल का पूरा फर्स्ट क्लास डिब्बा था।

हमारा रहने का इंतजाम 'रामकृष्ण परमहंस इंस्टीट्यूट ऑफ कल्चर' में था। चार रोज की कॉन्फ्रेंस में बड़ा मज़ा आया। सलिल की कुछ गर्मागर्मी भी हो गई थी। इधर कर्नल गुप्ता बॉम्बे से कोलकाता आ चुके थे। कॉन्फ्रेंस के पहले दिन ही शाम को ताज होटल पहुँच गए, परिवार समेत।

बीच में एक रोज कुछ खाली था। गुप्ता साहिब का पूरा परिवार और हम दोनों दोस्त निकल पड़े घूमने। निक्को पार्क, दिल्ली के अप्पू घर और प्रगति मैदान की तरह। पूरा दिन वहाँ घूमने का मज़ा लिया। अगले रोज गाड़ी लेकर अपने बैरकपुर के स्कूल को देखने निकल पड़े। शाम को हमें जल्दी लौटकर उनके साथ बीयर पीनी थी। और फिर स्टेशन पहुँच कर कालका मेल पकड़नी थी।

बैरकपुर से लौटने में देर हो गई। उन्होंने बीयर एक पॉलिथीन में अच्छी तरह से पैक करके गाड़ी में पकड़ा दी और स्टेशन छोड़ने चल दिए। कहा कि ट्रेन में याद कर पी लेना।

शाम साढ़े सात बजे ट्रेन हावड़ा स्टेशन से चली। कोलकाता छूटते ही बीयर का पैकेट निकाला। उस इंसान ने किस सलीके और दिल से काम लिया था! पॉलिथीन में बर्फ भरी हुई थी ताकि बीयर ठंडी रहे। साथ में बोतल-ओपनर और नमकीन भी रखा हुआ था।

हम दोनों दोस्तों ने जैसे-तैसे अपने आँसू रोके। कोई इंसान किसी का इस कदर ख्याल रख सकता है? ये वाकई किस्मत वालों को ही ऐसी यादें नसीब होती हैं। देर रात तक बॉम्बे की बातें चलती रहीं।

दूसरे रोज शाम को कालका मेल अलीगढ़ के पास थी। हम दोनों दोस्त पुराने गाने गुनगुनाने में लगे थे कि अचानक अलीगढ़ के पास एक अधेड़ उम्र के सज्जन डिब्बे में आए। हाँ, उन्होंने बैठने से पहले इजाजत जरूर मांगी। हमने हामी भरी।

हम बहुत देर तक गाने गाकर थक गए तो कुछ विश्राम के लिए रुक गए। इतने में चाय वाला नजर आ गया। ट्रेन गाजियाबाद पहुँच चुकी थी। सज्जन ने कहा कि वह अपनी तरफ से चाय पिलाना चाहेंगे। कारण पूछा तो बोले—आप दोनों ने जो पुराने-पुराने गाने गाए-गुनगुनाए, उससे उन्हें बड़ा आनंद मिला और वह धन्यवाद के रूप में चाय पिलाना चाहेंगे।

ये यादें आपको कितना आनंद देती हैं, जरा सोचिए। अभी-अभी बड़े भाई साहिब का फोन आया कि मेरी भतीजी चारू को बेटा हुआ है। सब कुछ आपकी सोच पर है—सही सोचोगे, सब सही ही होगा। वाह, गुप्ता साहिब! आपकी याद ने आज ताऊ बनने की खुशी दी।

जो गाना याद आ रहा है, वह देव आनंद साहिब की फिल्म 'मुनिमजी' से—

"जीवन के सफ़र में राही, मिलते हैं बिछड़ जाने को,
और दे जाते हैं यादें तन्हाई में तड़पाने को।"

अध्याय: 5
ओम् नमः शिवाय

मेरा यह मानना है कि मालिक एक है, और सारे धर्म और रीतियाँ अलग-अलग रास्ते हैं, जिनकी आख़िरी मंज़िल एक ही है। मुश्किल यह है कि भरोसे में कमी होने की वजह से हम रास्ते में ही भटकते रहते हैं। इसलिए लगता है कि सब अलग-अलग हैं और शायद मंज़िलें भी अलग-अलग हैं। जो राह पकड़ कर चलता रहा, उसे ही मंज़िल मिली, और परम संत और फकीरों ने कहीं कोई भेद नहीं समझा।

मेरा परिवार भी काफी आस्तिक और धर्मपरायण परिवारों में से है। बचपन से ही मेरा झुकाव पूजा-पाठ में रहा। परिवार के साथ रोज नियम से शाम को धूप-दीप के साथ आरती-पूजा, छोटी उम्र से ही मंगलवार को हनुमान जी का व्रत और पूरी हनुमान चालीसा कंठस्थ।

ना जाने कैसे, चोट लगने के बाद मेरा झुकाव महादेव शिव भगवान की तरफ बढ़ गया और धीरे-धीरे विश्वास बढ़ता ही चला गया। पहले तो एक जानकार ने उड़ीसा से एक शिवलिंग ला दिया और मैंने रोज अगरबत्ती जलाकर पूजा करना आरम्भ किया। फिर लगा, हालत की वजह से कभी दो दिन में नहाना होता है, कभी तीन दिन में, दूसरे से अगरबत्ती आदि जलवानी पड़ती। मैंने निश्चय किया कि शिवलिंग अपनी एक मित्र को दे दूँ और यह इरादा बना लिया कि उसे दिन-रात याद करता रहूँ और जो भी करूँ, उसे अर्पण करूँ। चाहे मेरे साथ कुछ भी हो, बस उसकी राज़ी-रज़ा में रहूँगा।

मैंने अपना ध्येय बना लिया कि बस दूसरों के काम में, जिस तरह भी आ सके, मदद करूँ और उसकी याद हमेशा करता रहूँ। मैंने सारा शिव पुराण पढ़ा, शिवरात्रि के व्रत रखना शुरू किया। जब भी मौका मिला, उसके सत्संग में भाग लिया और ज़िन्दगी अपने आप हर पल एक आनंद में रहने लगी।

2011 के नवम्बर में मुझे सूचित किया गया कि आइबीएन-7 टीवी चैनल की तरफ़ से सुपर आइडल अवॉर्ड्स दी जाने वाली लिस्ट में मेरा नाम भी शामिल है। यह अवॉर्ड विकलांग व्यक्ति या विकलांगता के क्षेत्र में उच्च कोटि का काम करने वालों को दिया जाता है। मैंने महादेव को मन-ही-मन नमन किया और अपनी सालों की काशी विश्वनाथ के दर्शन की अभिलाषा को पूरा करने की ठान ली। उसका इशारा हो जाए और खुद में थोड़ी-सी श्रद्धा हो तो सब कुछ अपने आप होता चला जाता है।

सुपर आइडल अवॉर्ड

सुपर आइडल अवॉर्ड मार्च 2012 में मिला। उसके तुरंत बाद मैंने घाव की सर्जरी कराई। वह भी कामयाब रही। वाराणसी का एक निवासी मिला जो ऑफिस में साथ ही काम करता था। जुलाई का महीना, जो कि हिंदी में श्रावण मास कहलाता है और सबसे ज्यादा शुभ माना जाता है, उसी दौरान मैं, मेरा दोस्त राजेश द्विवेदी और साथ काम वाला साकेत गिरी, शाम को शिवगंगा मेल ट्रेन से बैठकर सुबह-सुबह शिव की नगरी काशी पहुँच गए।

रहने का इंतज़ाम साकेत गिरी के घर पर ही था। मज़े की बात यह कि गिरी गोत्र वाले शिव के खास भक्त हैं। उनका घर काली माँ के मंदिर के अहाते में ही था। उनके पिताजी फौज से रिटायर होने के बाद माँ की सेवा और पूजा-पाठ में लगे रहते थे। साकेत के बड़े भाई और पूरा परिवार भी इसी धुन में जुड़ा था। सावन के महीने में हरियाली तीज के मौके पर यह परिवार काली माँ का खास श्रृंगार कर कीर्तन आदि का प्रोग्राम करता है।

शाम को इस खास मौके पर आरती हुई, जिसमें भगवान शंकर के बड़े-बड़े करीब आठ-दस डमरुओं की आवाज़ ने माहौल में मनमोहक संगीत बिखेर दिया और सब को भक्ति के एक उन्माद से भाव विभोर कर दिया। देर रात तक कीर्तन आदि संपन्न होने के बाद प्रसाद का सेवन किया और सो गए।

दूसरे रोज रविवार था। साकेत ने अपने एक दोस्त को अपनी कार लेकर बुला लिया और हम सब उसमें बैठकर काशी विश्वनाथ के दर्शन के लिए निकल पड़े। सावन के महीने में तमाम लोग कांवड़ में गंगा जी से जल भरकर शिवलिंग पर चढ़ाते हैं। पूरा रास्ता कांवड़ियों से भरा हुआ था।

मंदिर के पास पहुँचकर चारों ओर फैली गलियों में कुछ ही दूरी तय की थी कि अचानक एक शख्स ने मेरी व्हीलचेयर को हल्का सा आगे से उठाकर पकड़ लिया। पीछे से मेरे दोस्त राजेश ने पकड़ रखा था। वह शख्स—साकेत, उसके दोस्त और हम सब के लाख मना करने के बावजूद—व्हीलचेयर खींचता ही ले गया।

तमाम रास्ते में आने वाली भीड़ और लाइनों में से वह जगह बनाता चला गया। हम सबने यह मान लिया कि कोई पंडा आदि होगा और बाद में पैसे मांगेगा। कमाल की बात यह कि मंदिर के ठीक सामने पहुँचकर वह तो एकाएक गायब हो गया।

सबने जूते उतारे, हाथ धोकर प्रसाद लिया। साकेत और राजेश ने मुझे दोनों तरफ़ से उठा लिया। पुलिस ने भी रास्ता दे दिया। महा शिवलिंग के पास पहुँचकर दोनों दोस्त मुझे लेकर झुक गए। मेरा माथा छुआया गया। पुरोहित ने गले में माला डाल दी और गंगाजल छिड़क दिया।

हम वापस चल दिए। जहाँ घंटों की बात हो रही थी, वह सब कुल तीस-चालीस मिनटों में पूरा हो गया। सबका यही कहना था कि वह इंसान देवों के देव महादेव का ही दूत था या स्वयं महादेव। पहली बार में ही मालिक ने जीवन धन्य कर दिया।

सबने बाहर आकर कचौरी का नाश्ता किया। लस्सी पी और वापस साकेत के घर पहुँच गए। कुछ देर के लिए किसी को विश्वास ही नहीं हुआ कि हम दो घंटे में दर्शन कर

वापस भी आ गए। जब सारी बात विस्तार से बताई तो सबने मन-ही-मन विश्वनाथ बाबा का आभार प्रकट कर सर झुका दिया। अब भी उस पल को याद कर आँखें उसकी याद में नम हो जाती हैं।

उसी वर्ष दिसंबर में फिर दर्शन के लिए गए। दर्शन किए, पर वह आनंद नहीं मिला। काफी तकलीफ भी रही। ट्रेन यात्रा में भी बड़ी मुश्किल आई। दिल-ही-दिल में मैं जनता था कि पूरी श्रद्धा से नहीं गया, इसलिए यह होना ही था।

इस साल मई के महीने में उज्जैन में महाकाल रूप के दर्शन का पूरा प्रोग्राम है। मालिक चाहेगा तो काशी विश्वनाथ के दर्शन फिर एक बार करके आऊँगा, और कोशिश यही होगी कि अंतिम श्वास काशी में ही जाए। वरना परिवार वालों और दोस्तों से कहूँगा कि कम-से-कम मेरी अस्थियाँ वहीं गंगा में विसर्जित हों।

महाकालेश्वर यात्रा

महाकालेश्वर की यात्रा मेरे जीवन की एक और कामयाब यात्रा रही। इसी के साथ-साथ जीवन में एक और याद जुड़ी। यह यात्रा जब भी ज़हन के द्वार खटखटाएगी, मन को आनंदित और प्रफुल्लित किए बिना नहीं रहेगी।

भारत के मध्य प्रदेश राज्य का विख्यात शहर उज्जैन एक प्राचीन नगरी है, जिसका उल्लेख भारत की प्राचीनतम कथाओं में मिलता है। शिप्रा नदी के पूर्वी तट पर स्थित उज्जैन का उल्लेख महाभारत से लेकर बौद्ध साहित्य में 'अवन्ती' राज्य की राजधानी उज्जैनी के नाम से मिलता है। इसी उज्जैन से 40 किलोमीटर दूर मध्य प्रदेश का ज्यादा जाना जाने वाला शहर इंदौर है।

देवों के देव महादेव शिव के बारह ज्योतिर्लिंगों में से एक 'महाकालेश्वर ज्योतिर्लिंग' उज्जैन में स्थित है। दूसरा, 'ओंकारेश्वर ज्योतिर्लिंग', इंदौर से करीब 80 किलोमीटर दूर नर्मदा नदी के तट पर स्थित है।

मेरा मित्र डॉ. पंकज गौड़, जो आजकल अमेरिका में रह रहे हैं, का फोन आया कि वह 15 मई से लेकर 5 जून तक दिल्ली आकर महाकालेश्वर के दर्शन के लिए चलना चाहते हैं। यह फरवरी 2014 की बात है।

1993 से 2003 तक मध्य प्रदेश में कांग्रेस का राज था। उस दौरान मुख्यमंत्री श्री दिग्विजय सिंह थे। उनके राजस्व मंत्री के सुपुत्र को बगीचे में चोट लगने के कारण स्पाइनल कॉर्ड इंजुरी हो गई थी। इलाज के लिए उन्हें आईएसआईसी में दाखिल करवाया गया। उनके भाई श्री ओम रघुवंशी भी साथ थे।

महाकालेश्वर जाने की बात आई तो मैंने तुरन्त रघुवंशी जी को फोन किया। गुजारिश की कि होटल और शहर में आने-जाने के लिए गाड़ी का इंतज़ाम कर लें। मेरे बड़े भाई ब्रह्मजीत जी से ट्रेन की बुकिंग करवा ली।

शुरुआत में यह यात्रा केवल हम तीन की थी, लेकिन जल्दी ही यह संख्या छह हो गई—मैं, पंकज गौड़, राजेश द्विवेदी, कपिल, संजीव और पंकज सिंह। चोट लगने के बाद से ट्रेन में ए-सी फर्स्ट क्लास का अनुभव पहली बार लिया गया।

वापसी के लिए चार सीटें थीं। जाने की तारीख आते-आते कपिल और पंकज सिंह नहीं जा पाए। उनकी जगह पवन और राकेश ने ले ली। साथ ही मेरा ड्राइवर मुलायम सिंह भी

इस काफिले में शामिल हो गया। मेरा मानना है—जो भोले बाबा बुलाते हैं, वही जा पाते हैं। जिसमें भावना होती है, वह रास्ता निकाल ही लेता है।

उज्जैन स्टेशन पर ओम रघुवंशी का छोटा चचेरा भाई विजय रघुवंशी अगुवाई के लिए खड़ा मिला। गाड़ी समय पर पहुँची। सभी लोग गाड़ी से उतरे और तैयार खड़ी स्कॉर्पियो जीप में बैठकर होटल शिप्रा पहुँचे। मेरे लिए ग्राउंड फ्लोर पर ही ए-सी डीलक्स रूम का इंतज़ाम था, क्योंकि लिफ्ट नहीं होने की वजह से व्हीलचेयर से ऊपर की मंज़िल पर जाना संभव नहीं था।

हालाँकि चेक-इन का समय बारह बजे था, लेकिन विजय भाई वहाँ के स्टेट बैंक के मैनेजर और मंत्रियों के खानदान से थे, इसलिए हमें ग्यारह बजे ही कमरे दे दिए गए।

वहाँ पहुँचने के बाद मैं कुछ थकान महसूस कर रहा था। ओंकारेश्वर का आना-जाना करीब 240–250 किलोमीटर का था, जिसमें 6–7 घंटे का समय लगता। मैं और मेरा ड्राइवर होटल में ही रुक गए। बाकी साथी 12 बजे के आसपास ओंकारेश्वर दर्शन के लिए निकल पड़े।

तीन बजे के करीब मेरा दोस्त ओम रघुवंशी अपने एक मित्र, तिवारी जी, के साथ होशंगाबाद से मुझसे मिलने पहुँच चुके थे। हम क्योंकि काफी अंतराल के बाद मिल रहे थे, इसलिए खूब गप्पशप हुई। फिर वे दोनों काँग्रेस दफ्तर के लिए निकल गए और तय किया कि शाम को जब सब लौट आएँगे, तो वह भी आ जाएँगे और महफिल जमेगी।

महाकालेश्वर मन्दिर में प्रातः करीब चार बजे से छह बजे तक बाबा महाकालेश्वर के शिवलिंग की ख़ास पूजा-अर्चना होती है, जिसे भस्म-आरती कहा जाता है। उसी में शामिल होने के लिए हम ख़ास तौर पर गए थे। इसमें शामिल होने के लिए पहले से ही ऑनलाइन या फिर वहाँ के लोकल बुकिंग सेंटर से बुकिंग करानी होती है। इस बात का हमें अंदाज़ा तो था, इसलिए सभी लोग अपनी पहचान के लिए कोई-न-कोई आई-डी साथ ले ही गए थे। विजय भाई ने सभी के आई-डी प्रूफ इकट्ठा कर लिए और शाम को ही सबके लिए पास बनवा लिए।

इधर सभी दोस्त भी शाम के करीब सात बजे तक ओंकारेश्वर दर्शन कर वापस आ चुके थे। ओम रघुवंशी भी अपने मित्र अशोक तिवारी जी के साथ आ पहुंचे। होटल का मेरा कमरा काफी बड़ा और आलीशान था। सभी मिलकर नौ लोग बड़े आराम से गोलाकार बैठ गए और फिर जाम, शेर-ओ-शायरी, गीत, कविताओं, पुराने फिल्मी गानों और चुटकुलों का दौर चल पड़ा।

सालों बाद ऐसी महफिल जमी थी। कभी सूफियाना कलाम, कभी दर्द भरे गीत। उस शाम के दो घंटों में ही ना जाने कितने रंग उभर आए। सबसे ज्यादा जिस फिल्मी गीत ने उस शाम को यादगार बनाया, वह फिल्म 'हम दोनों' से था। ज्यादातर लोगों ने "अभी ना जाओ छोड़ कर, के दिल अभी भरा नहीं" का खुशी भरा गीत रफ़ी और लता जी की आवाज़ में सुना, लेकिन उसी का संजीदा भाग—फिल्म के करीब आख़िरी हिस्से में लता जी ने गाया—मैं और मेरा दोस्त पंकज गौड़ एक साथ गा रहे थे। इसकी एक पंक्ति, "जहाँ में ऐसा कौन है, कि जिसको ग़म मिला नहीं," ने सभी को अंदर तक भावनाओं से सराबोर कर दिया।

महफिल के उठते-उठते और रात का खाना ख़त्म होने तक करीब ग्यारह बज चुके थे। तय हुआ कि करीब रात के ढाई बजे तक सब तैयार होकर मंदिर की ओर कूच करेंगे। मेरे कमरे के सोफे पर मेरा ड्राइवर मुलायम तो पड़ते ही सो गया, लेकिन मैं और मेरा साथी संजू, रात दो बजे तक आपबीती और जगबीती पर बातें करते रहे।

दो बजे ड्राइवर को उठाया और तैयार होना शुरू किया। ठीक ढाई बजे बाकी साथी भी अपने-अपने कमरों से तैयार होकर आ गए। ओम भाई भी अपने मित्र तिवारी जी के साथ कार लेकर आ गए, और दूसरी स्कॉर्पियो गाड़ी भी आ गई। हम सब सवार हो सवा तीन बजे मंदिर पहुँच गए।

महाकालेश्वर मन्दिर की एक विशेषता यह भी है कि यहाँ जल अर्पण करने के लिए पुरुष धोती बाँध कर ही जाएँ और महिलाएँ साड़ी पहन कर। इसलिए हममें से ज्यादातर लोगों ने बाहर से ही धोती किराए पर ली और बाँध ली। बस इसके बाद हम लोग भस्म-आरती वाली लाइन में लग गए। किस्मत की बात है कि मेरा एक दोस्त जो महाराष्ट्र से आया था, शाम देर से ही पहुँचा और उसका पास नहीं बन पाया। हमने उसे अपने साथ लाइन में शामिल करने की बहुत कोशिश की, लेकिन यह नहीं हो सका। इसलिए उसने बाद में शाम की छह बजे की आरती और श्रृंगार में भाग लिया।

लाइन से होते हुए हम लोग स्थापित ज्योतिर्लिंग के सामने बनी स्टेडियम-नुमा सीढ़ियों पर बैठे, जहाँ से हम लोग आगे होने वाले आयोजन का अनुभव कर सकते थे।

कुछ ही देर में मंत्र उच्चारण और शंख ध्वनि के साथ ही महाकालेश्वर बाबा का स्नान प्रारम्भ हुआ। मंत्रों के लयबद्ध पाठ, घंटियों की ध्वनि और शंख की गूँज ने मिलकर कुछ ऐसा समां बाँधा कि हर कोई मंत्रमुग्ध हुए बिना ना रह सका। इस समय हम सभी जादुई माहौल में थे। कभी दूध से, कभी दही से, और फिर पानी से महाकालेश्वर शिव का स्नान चल रहा था। बीच-बीच में उन्हें बेलपत्र अर्पित किये जा रहे थे।

स्नान के पश्चात ज्योतिर्लिंग पर महाकालेश्वर की आँखें, भौं, त्रिपुंड आदि बना कर उनके मुखमंडल की आकृति तैयार हुई। इसके बाद बाबा ने ज्योतिर्लिंग पर भस्म द्वारा विशिष्ट लेप शुरू किया। इस बीच बार-बार "हर-हर महादेव" की पुकार लगती, तो आत्मा को विशिष्ट आनंद और जोश का अनुभव होता था। इसे शब्दों में व्यक्त करना बहुत कठिन है।

भस्म लेप हो जाने के बाद फूल-मालाएँ, वस्त्र और अन्य आभूषणों से महाकालेश्वर का श्रृंगार प्रारंभ हुआ। श्रृंगार पश्चात महाकालेश्वर के दर्शन सही मायने में सम्पन्न हुए। मैंने यहीं अनुभव किया कि श्रृंगार के पश्चात मनुष्य की ही नहीं, अपितु ईश्वर की छवि भी कितनी मोहक हो जाती है।

श्रृंगार समाप्त होने के बाद महाकालेश्वर महादेव की आरती प्रारम्भ हुई और हमने इसका भरपूर आनंद लिया। करीब छह बजे आरती सम्पन्न हुई और हम सब मंदिर से बाहर आए। फिर होटल पहुँचकर सभी लोग अपने-अपने बिस्तर पर निढाल हो पड़े और नींद के हवाले हुए।

होटल में सभी ने 3–4 घंटे आराम किया और फिर 12 बजे होटल छोड़ दिया। यहाँ से गाड़ी में बैठकर हम उज्जैन के मशहूर भैरव मन्दिर की ओर चले। इस मन्दिर में शराब चढ़ाई जाती है, इसलिए रास्ते में ही शराब की एक बोतल खरीदी, ताकि यहाँ भैरवनाथ पर चढ़ा सकें।

भैरव मन्दिर का कमाल यह है कि यहाँ चढ़ाई गई शराब अचानक गायब हो जाती है। इसकी खोज करने की कोशिश कई लोगों ने की, लेकिन कोई नहीं जान पाया। भैरव मन्दिर के बाद पास के ही कुछ और मन्दिरों के दर्शन किए और फिर ऋषि सांदीपनि के आश्रम की ओर चल पड़े। इस आश्रम में श्रीकृष्ण, बलराम और उनके मित्र सुदामा ने शिक्षा प्राप्त की थी और इसी आश्रम का उल्लेख महाभारत और कृष्ण-लीला में मिलता है।

यहाँ से निकलने के बाद हम लोग खाने के लिए एक रेस्टॉरेंट में रुके और वहाँ से भोजन कर रेलवे स्टेशन के लिए रवाना हुए। ट्रेन का समय शाम साढ़े पांच के लगभग था। वापसी के लिए हमारी केवल चार सीटें ही कन्फ़र्म हो पाई थीं और दो सीटें वेटिंग में थीं। लेकिन स्टेशन पहुँचने तक बाकी दो सीटें भी कन्फ़र्म हो गईं। यह शायद भोलेनाथ की कृपा ही थी।

महाकालेश्वर दर्शन के समय का "हर-हर महादेव" का नाद अब भी मेरे कानों में गूँजता है। महादेव सचमुच ही दुखों को हर लेते हैं, बस उन पर अटूट विश्वास होना चाहिए।

ट्रेन पर सवार होते ही रात भर वही गीत, शेर-ओ-शायरी और पुरानी यादों का सफर हमारे दिल्ली के सफर के साथ चलता रहा। सुबह होने तक हम दिल्ली पहुँच चुके थे और करीब पौने छह बजे वहाँ से अपने-अपने घर के लिए रवाना हो गए, कुछ सुहानी यादों की पोटली बाँधे हुए।

करीब दो वर्ष पहले मैंने 'शिव पुराण' का अध्ययन शुरू किया। शिवजी-पार्वतीजी विवाह के समय के वर्णन के दौरान, दूल्हे के रूप में महादेव जी की सुंदरता का वर्णन पढ़कर मेरी आँखों से झर-झर आँसू बह निकले। अध्याय समाप्त होने के बाद भी कुछ देर तक मैं उसी आलम में रहा।

मुझे याद पड़ता है फिल्म 'मुनिमजी' में देव आनंद के साथ बहुत ही खूबसूरत नायिका नलिनी जयवंत थीं। उसमें शिवजी के विवाह को लेकर एक गीत था। शैलेन्द्र साहिब के लिखे इस गीत में मेरे सबसे पसंदीदा गायक हेमंत कुमार साहिब ने कमाल कर दिया:

"शिवजी बिहाने चले पालकी सजाईके,
भभूति रमाय के हो राम,
संग संग बाराती चले,
ढोलवा बजाय के घोडा दौडाई के हो राम...."

अध्याय : 6
पिताजी चले गए

जिस तरह यह साल ख़त्म हो रहा है, कल मेरे पिताजी भी पूरे हो गए। बस शायद 2013 तक का ही साथ था।

कल सुबह इस दिसम्बर महीने की दिल्ली की सबसे ठंडी रात थी। पारा करीब तीन डिग्री तक गिरा। सुबह मैं नहा कर निकला और फिर पिताजी नहाने चले गए। मेरा ड्राइवर मुलायम सिंह अभी नहा रहा था। इसलिए मैं कपड़े आदि पहनकर तैयार हो बिस्तर पर ही लेटा रहा, कि वह आएगा तो एक बार ही व्हीलचेयर पर बैठ कर ऑफिस की तरफ निकल पड़ेगा। भाई साहब भी यह कहकर नहाने चले गए कि वह भी तब तक तैयार होकर साथ ही निकलेंगे।

इतने में पिताजी नहा कर निकल आए। ठंड की वजह से बनियान और कुर्ता वह बाथरूम में ही पहन लेते थे। बस उन्होंने स्वेटर पहना, फिर कच्छा और पायजामा बेड पर बैठ कर पहन रहे थे। क्योंकि 82 साल की उम्र में खड़े-खड़े पायजामा, पैंट आदि पहनने में शरीर का बैलेंस नहीं रहता, अचानक कुछ गिरने की-सी आवाज़ आई। देखा पिताजी फर्श पर गिर गए थे।

मैं तुरंत जोर से आवाज़ लगाई और भाभीजी तथा परिवार का एक लड़का मोहित भाग कर आए। उन्हें फर्श पर तो बैठा लिया, लेकिन उठना उनके बस में नहीं था। पिताजी 82 साल की उम्र में भी अच्छी ख़ासी सेहत के साथ पूरी तरह तंदुरुस्त थे।

मोहित भाग कर मेरे ड्राइवर को ले आया और भाई साहब और भतीजे को जोर से कहता आया कि "बाबाजी नीचे गिर गए हैं।"

इधर पिताजी को आवाज देने की कोशिश की जा रही थी, पर फर्श पर बैठे कोई जवाब नहीं दे रहे थे। बस पायजामे को पहनने की कोशिश कर रहे थे। सबने मिलकर उठाया और बिस्तर पर लिटा दिया। बस उनकी आँखें बंद और साँस काफी गहरी थी। और ऐसी आवाज़ जैसे गले में कुछ फँस गया हो। हम सब उन्हें आवाजें दे रहे थे, पर कोई रिस्पॉन्स नहीं।

भतीजा सिद्धार्थ भाग कर सौ गज दूर पिताजी के दोस्त के नर्सिंग होम से डॉक्टर को ले आया। उसने ब्लड प्रेशर नापा तो बहुत बढ़ा हुआ था, नब्ज बहुत कम थी। तुरंत सबने उठाकर गाड़ी में लिटाकर नर्सिंग होम के ICU में ले गए और डॉक्टरों द्वारा होश में लाने की कोशिश की गई।

सिद्धार्थ ने आकर ख़बर दी कि "बाबाजी खत्म हो गए।" यानी मुश्किल से आधे घंटे में सब कुछ खत्म हो गया। विश्वास सा नहीं हो रहा था, सपना सा लग रहा था। बस सबका रोना शुरू हो गया।

उनके बेहोश होते ही मैंने छोटे भाई अजीत को फोन कर दिया। वह ऑफिस के लिए निकल चुका था। उसकी पत्नी रीता जल्दी आ गई। परिवार बड़ा होने की वजह से पिताजी ने पास के दो घर खरीदकर दोनों छोटे भाइयों को दे दिए थे। पिताजी मेरे और बड़े भाई साहब के साथ पुराने मकान में ही रहते थे।

तुरंत भाई को दोबारा फोन किया और वह रास्ते से लौट पड़ा। फिर कुछ देर यही काम रहा—बहन को, भाइयों को, मामा, चाचा, सब रिश्तेदारों को खबर दी गई। मैं यह काम बिस्तर पर लेटे-लेटे ही करता रहा। मैंने अपने दोस्त राजेश द्विवेदी को फोन कर बुला लिया। वह नज़दीक ही रहता है, तुरंत आ गया। उसने मेरे ऑफिस और दूसरे दोस्तों को फोन कर दिया। इतनी देर में रोने की आवाज़ें सुनकर आस-पड़ोस के लोग-बाग एकत्रित होने लगे।

इधर भाई साहब पिताजी के शरीर को हॉस्पिटल से ले आए और लोगों के दर्शन के लिए बैठने वाले बड़े हॉल में रख दिया। रिश्तेदार सब पहुँचने लगे। पिताजी की इच्छानुसार, करीब एक बजे शव को श्मशान घाट की एम्बुलेंस में लिटाकर गुड़गांव से 12 किलोमीटर दूर अपने गाँव 'भोंडसी' ले चले।

स्वर्गीय भूतपूर्व प्रधानमंत्री श्री चन्द्रशेखर जी की बदौलत हमारे गाँव का नाम जाना जाने लगा था। उन्होंने अपना भारत यात्रा केंद्र और आश्रम हमारे ही गाँव की जमीन पर बनाया था। बंजर जमीन पर बाग और मंदिर आदि बना दिए थे।

मैं भी व्हीलचेयर पर बैठ गया और अपनी गाड़ी से गाँव चल पड़ा। साथ में दोस्त द्विवेदी, रास्ते में एक और दोस्त संजू भी साथ बैठ गया। इतने में ऑफिस से नेकराम उपाध्याय और अंशुल शर्मा भी अपनी कार के साथ कारवाँ से जुड़ गए। इन दोनों ने पिताजी के कहूँ या उनके शरीर के अंतिम दर्शन किए। और कुछ देर ग़म बाँटकर रुख्सत हो गए—दरअसल अंशुल की तबीयत कुछ ठीक नहीं थी।

ठंड इतनी पड़ रही थी कि उनका रुकना मुनासिब नहीं था। मैंने भी टोप पहन लिया और दो स्वेटरों के ऊपर शॉल लपेट लिया और बैठक में बैठ गया। अब एक इंतज़ार था मेरी इकलौती बहन और जीजाजी के आने का और पिताजी के छोटे भाई के दो लड़कों का, यानी मेरे चचेरे भाइयों—एक सुखबीर सिंह, जो इस वक्त उधमपुर में पोस्टेड है और दूसरा सुनील। दोनों ने ख़बर मिलते ही छुट्टी ली और हवाई जहाज़ पकड़ा।

पाँच बजे के लगभग सब पहुँच गए और पिताजी को नहलाकर आख़िरी यात्रा करनी थी। कितनी अजीब बात है, इस सर्दी में दोबारा नहलाना था, वह भी खुले में ठंडे पानी से। मैंने एक बार गरम करने के लिए कहा भी, सबने अनसुनी कर दी। मेरे सामने क्या, सबके सामने बस औरतों की तरफ से पर्दा कर दिया गया, उन्हें निर्वस्त्र कर नहलाया गया और फिर एक छोटा सा लंगोट-सा बाँध दिया गया।

कमाल की बात यह थी कि मृत्यु होने के इतने घंटों बाद भी शरीर बिल्कुल नर्म और कुछ गर्म भी था। किसी ने कहा भी, "जैसे नर्म दिल का इंसान यह शख्स था, वैसा ही नर्म उसका शरीर भी है, वरना तो मुर्दा होते ही इंसान का शरीर अकड़ जाता है।"

एक शायर ने कहा भी है: "फ्झुकेगा वो ही जिसमें कुछ जान है, अकड़ ख़ास मुर्दे की पहचान है।"

और फिर सफेद चादर का कफ़न ओढ़ा दिया गया, बस चेहरा बाहर रखा गया। रिश्तेदार अपने साथ लाई चादरों को एक-एक कर उस कफ़न के ऊपर ओढ़ते गए। कुछ लोग पुष्प-फूल आदि चढ़ा रहे थे। गुब्बारे बाँधकर डोली को सजाया गया और गाँव के सम्मानित व्यक्ति अमर सिंह साहिब ने निर्देश दिए कि शव यात्रा गाँव की किन-किन गलियों से होकर श्मशान तक पहुँचेगी। उसके मार्ग का नक्शा बता दिया।

कल सालों बाद अपनी विकलांगता का जो एहसास मुझे हुआ, वह कभी पिछले 33 सालों में नहीं हुआ। हम चार भाई और अर्थी को भी चार ही कंधा देते हैं, पर मैं मजबूर अपनी व्हीलचेयर पर बैठा आँसू बहाने के सिवा कुछ नहीं कर सकता था। लोग समझ रहे थे पिता के ग़म के आँसू हैं। उन्हें क्या पता कि यह पिता के ग़म और मेरी मजबूरी का कॉकटेल था, जो आँखों से बह रहा था।

बाजे-गाजे की आवाज़ आने लगी और भाइयों ने अर्थी कंधों पर उठा ली, नंगे पैर उस सर्दी में गाँव की गलियों में। खैर, अब सीमेंट की सड़कें बन चुकी हैं, पर फिर भी जैसे औलाद होने का सुख या सजा, यह कहना मुश्किल है। हम तो गाड़ी में और दूसरे रास्ते से झट श्मशान घाट पहुँच गए। विकलांग होने का फायदा भी तो मिलना था ही। खैर, अर्थी भी बाजे-गाजे के साथ पहुँच गई।

बस लकड़ियाँ, उपले, दूसरी जलावन सामग्री, देसी घी सब कुछ आया। तैयारी हुई। बड़े भाई ने अग्नि दी। अच्छी तरह आग पकड़ते ही सब अपने परायों की तरह मुख फेरकर चल दिए। "ज़िंदगी भर की मोहब्बत का सिला देने लगे, क्या? के जला के चल दिए।" भाई सब रुक गए। बाकी की फॉर्मैलिटीज निबटाने के लिए। हमने सबको ठंड का वास्ता देकर वापस गुड़गाँव चले जाने को कहा। बाकी लोग भी 9 बजते-बजते गुड़गाँव आ गए।

आजकल मैं रात को नींद की गोली ले लेता हूँ, लेकिन कल नहीं ली। विचार था कि पिताजी के साथ जहाँ तक हो सके, बचपन से लेकर कल सुबह तक घूमूँ। याद करूँ कि उस इंसान ने कितनी कुर्बानियाँ देकर अपने परिवार को खड़ा किया। इधर पिताजी मेरी तरफ से कुछ मायूस थे। हम दोनों कई सालों से बहुत कम बात किया करते थे। इस दूरी का मैं ही पूरी तरह से गुनहगार हूँ। दरअसल यह जो हम दोनों एक कमरे में अगल-बगल के बेड्स पर रह रहे थे, यह दूरियाँ उसी की वजह से हुईं। मैं जानते-समझते भी दूसरे अलग कमरे में नहीं रह सकता था। इस बात से उन्हें और भी तकलीफ होती।

मुख्य बात थी—उनका मेरी हालत को देखते हुए ओवर-प्रोटेक्टिव होना और मेरा बचपन से खुदमुख्तारी का पूरा-पूरा नमूना। इधर एक-आध साल से फिर भी ठीक-ठाक चल रहा था। दरअसल पिताजी को ब्लड प्रेशर की समस्या सालों से थी, जिसे वे नजरअंदाज करते रहे। इधर कई सालों से दवा ले भी रहे थे। इसके बावजूद आँखों में हैमरेज की वजह से पहले एक आँख में नाममात्र की साइट रह गई और फिर दूसरी आँख की भी धीरे-धीरे कम होती रही। बस अँधा हो जाने के डर से शरीर घुलता रहा।

इधर करीब दो महीने पहले पैरों में बहुत दर्द रहने लगा और उससे चलने-फिरने में मुश्किल होती थी। फिर भी उस इंसान की हिम्मत की दाद देनी होगी कि आसपास के लोगों और दोस्तों के पास किसी-न-किसी तरह तकलीफ़ बर्दाश्त कर मिलने-जुलने पहुँच जाते।

मेरे पिताजी ने अपने ही गाँव में नहीं, आसपास के कई गाँवों में और अपनी ससुराल अलीगढ़ जिले के एक गाँव के आसपास के गाँवों में बहुत से परिवार वालों के दिल में देवता का स्थान बना रखा था। उन्होंने अपनी 36 साल की सर्विस में लगभग 200 से ज्यादा लोगों को फौज में भर्ती कराया। मेरे लिए ऐसे इंसान का पुत्र होना बड़े सौभाग्य की बात है।

यह बात और थी कि उनकी समझ में कभी नहीं आया कि उनके बेटे को ऐसी चोट क्यों लगी कि सारी उम्र के लिए व्हीलचेयर पर लगा दिया। ना जाने वह क्यों अपने आप को

दोषी मानते थे। मेरी चोट के तुरंत बाद उन्होंने मांस-मदिरा बिल्कुल छोड़ दी। जब मेजर रहकर बाद में कर्नल का प्रमोशन हुआ, तो कोई पार्टी नहीं की। यह पुराने जन्मों का कर्म आखिरकार कल पूरा हो गया।

माताजी को गुजरे अब 12 साल से ऊपर हो गए। मुझे याद नहीं पड़ता कि मैं इतना रोया होऊँगा। हो सकता है, कल जैसे मेरे एक दोस्त ने कहा कि एक फलसफे के हिसाब से तो मैं अनाथ हो गया हूँ, इसलिए इतना दर्द लग रहा है। पर मुझे लगता है कि माताजी गुजरने से पहले काफी समय से बीमार चल रही थीं और आख़िरी समय में हॉस्पिटल में महीने भर से ज्यादा एडमिट रहीं और उनका देहांत भी हॉस्पिटल में रहते हुए ही हुआ। शायद एक तरह से हम उस मौके के लिए प्राकृतिक तौर पर तैयार थे।

किन्तु मुझे अच्छी तरह से एहसास हुआ कि चाहे मुझे उनकी कुछ आदतें या बातें बिल्कुल पसंद नहीं थीं, पर मैं उनसे कितना प्यार करता था, उसका एहसास अब हो रहा है। यूँ भी मेरे लिए तो वे एक आदर्श रहे। उस इंसान ने अपने निकटतम परिवार की भले ही थोड़ी बहुत अनदेखी की हो, पर दूसरों की मदद के लिए 24 घंटे तत्पर रहते थे। आज जो भी भले संस्कार हम भाई-बहिन में हैं, सब उन्हीं की देन है।

30 दिसम्बर से लेकर 9 जनवरी तक शोक-सभा चलती रही। कोई रिश्तेदार या जान-पहचान का होगा, जिसे उनके देहांत का पता लगा और आया, ना हो। 10 जनवरी को 'तेरहवीं' थी। सुबह मंदिर में पिंडदान के साथ शुरू हुई। फिर भाइयों ने अपने सिर और दाढ़ी के बाल व नाखून कटवाकर हवन पर बैठे। मैं भी शामिल हुआ। गरुड़ पुराण के हिसाब से हवन के अंत में गाय दान दी गई कि उनका सूक्ष्म शरीर वैतर्णी नदी के पार एक धर्मपरायण पुण्यात्मा की तरह बिना किसी कष्ट के पार उतर जाए। उसके बाद ब्राह्मणों को भोजन कराया गया। उसके बाद गाँव के लोगों, रिश्तेदार और अन्य मिलने आए लोगों को प्रसाद के रूप में भोजन कराया गया।

फिर करीब तीन बजे पगड़ी की रस्म पूरी हुई। हर एक रिश्तेदार एक पगड़ी और कुछ बतासे लाया था, जो बड़े भाई साहब की गोद में एक-एक कर रखी गई। चारों तरफ बस एक ही चर्चा थी कि यह पहली बार था कि ढाई से तीन हजार के करीब लोग किसी के काज में शामिल हुए हों। एक तरफ तो बड़ा गर्व महसूस हो रहा था कि हम ऐसे पिता की संतान हैं, और दूसरी तरफ मन बोझिल था कि उन्हें खो दिया और अपने आप को अनाथ सा महसूस होने लगा।

इस अध्याय के लिए मैं साहिर साहिब के जिस गीत को याद करना चाहूँगा, वह मेरे पिताजी का सबसे पसंदीदा गीत है, फिल्म 'गुमराह' से। संगीत रवि साहिब का है—

"चलो एक बार फिर से अजनबी बन जाएँ हम दोनों।"

जब भी यह गाना टीवी पर आता था, वह सब कुछ छोड़कर टीवी से चिपक कर खड़े हो जाते थे और गाना ख़त्म होने पर ही कुछ करते थे। यहाँ तक कि खाना भी बीच में छोड़कर इस गाने को सुनते थे।

अध्याय: 7
डॉक्टर विजय शर्मा का ज़िंदगी में आना

कल डॉक्टर विजय शर्मा की बेटी की 'रिंग सेरेमनी' थी। मैं भी गिने-चुने मेहमानों की लिस्ट में शामिल था। मुझे विजय भाई ने अपनी बेटी का मामा करार दिया है। हर वो रस्म जो एक मामा अपनी भांजी की शादी में पूरा करता है, वह मुझे भी पूरी करनी है। मैं बहुत उत्सुक हूँ, आने वाले शनिवार मुझे अपनी भांजी के हाथ में जुड़ा आदि बाँधने की रस्म करनी है और फिर रविवार को उसकी शादी में शामिल होना है।

कल दूल्हे राजा से मिलना हुआ। एक इटैलियन नौजवान, पेशे से इंजीनियर। मुझे बड़ी खुशी और गर्व है कि मैं इस विवाह में एक दोस्त और रिश्तेदार दोनों तरह से जुड़ा हुआ हूँ।

कुछ साल पहले की बात है। मेरा एक अभिन्न मित्र शिवाजी सिन्हा मेरे पास आया और कहने लगा कि उसका एक दोस्त अपनी पत्नी और एक और दोस्त के साथ दिल्ली आया हुआ है। शिवाजी के घर पर ही ठहरे हुए हैं। दरअसल दोनों पति-पत्नी बहुत ही मधुर और सुरीली आवाज के मालिक हैं और हम लोगों की पसंद की गज़लें और पुराने गीत गाते हैं। दोस्त चाहता था कि मैं अपने सेंटर के ऑडिटोरियम में उनका प्रोग्राम रखवा दूँ। मैंने इजाजत ले ली। हॉस्पिटल के स्टाफ के अलावा कुछ और श्रोता गणों की ज़रूरत थी, मैंने वसंतकुंज के सीनियर सिटिजंस के ग्रुप को आमंत्रित कर लिया। शाम की गज़ल बहुत ही कामयाब रही।

मेरे दोस्त शिवाजी ने प्रोग्राम के संचालन की जिम्मेदारी मुझे सौंपी, क्योंकि गज़लों और पुराने फिल्मी गीतों का तो एक तरह से एन्साइक्लोपीडिया हूँ। प्रोग्राम खत्म होने पर एक सज्जन मेरे पास आए और कहने लगे कि उन्हें मेरे प्रोग्राम को संचालित करने का अंदाज बहुत पसंद आया। वह वसंतकुंज रोटरी क्लब के उस वक्त के प्रेसीडेंट थे। उन्होंने मुझसे दरख्वास्त की कि मैं रोटरी क्लब के अगले महीने होने वाले एक प्रोग्राम के संचालन का जिम्मा ले लूँ। मैंने ले भी लिया।

प्रोग्राम में तमाम हिस्सा लेने वालों में से चार-चार गायक मोहम्मद रफी, मुकेश और किशोर कुमार के गानों के लिए चुन लिए गए थे। और उनमें से एक-एक को हर कैटेगरी में से चुनना था—एक किशोर कुमार के चार गायकों में से, एक मुकेश के चार और एक रफी के चार। और उन तीनों को ईनाम दिया जाना था। प्रोग्राम वाकई बहुत कामयाब रहा।

इसको देखते हुए कुछ महीनों के बाद विजय शर्मा साहिब ने अपने एनजीओ 'विष्णु कमल फाउंडेशन' के वार्षिक जलसे के संचालन का काम भी मुझे सौंप दिया।

इन सब के चलते हम नज़दीक आते गए। वे रोटरी क्लब की तरफ से हफ्ते में हॉस्पिटल के मरीजों और स्टाफ के लिए एक फिल्म यहाँ के ऑडिटोरियम में दिखाते थे और इसके अलावा गरीब मरीजों के लिए व्हीलचेयर जैसी चीजें कागिफ्रट करते रहते थे।

मोटी बात यह है कि हम दोनों की पसंद और शौक काफी मिलते थे, ख़ास तौर पर मेरी ही तरह पुरानी फिल्मों के गाने—तो मियां-बीवी को ही नहीं, बल्कि उनके पूरे कुनबे को पसंद थे। क्या मामा और क्या चाचा। हम दोनों अभिन्न मित्र बन गए। वह मुझे तमाम

पुराने गानों के प्रोग्राम में ले जाने लगे। मुझे तो अंदाजा ही नहीं था कि दिल्ली में मोहम्मद रफी फैन क्लब, देवआनन्द फैन क्लब, मुकेश मंच के अलावा भी कई ग्रुप्स थे। अब तो बस महीने में कोई-न-कोई प्रोग्राम में शामिल हो ही जाता हूँ। मेरे लिए तो गीत-संगीत आत्मा की खुराक है। ये मुझे एक अजीब सी शक्ति देते हैं।

इधर पिछले करीब तीन सालों में चार बार हॉस्पिटल में एडमिट होना पड़ा है और हर बार करीब—करीब एक महीने के लगभग रहना पड़ा है। विजय भाई कई बार मुझे डीवीडी में अपनी पसंदीदा फिल्में रिकॉर्ड कर देते रहे हैं, पर मैं अधिकतर देख नहीं पाया। हॉस्पिटल में एडमिट रहने के दौरान जरूर सात-आठ फिल्में देखने का मौका मिल जाता था।

इधर 2014 में 5 मार्च से लेकर 20 अप्रैल यानी पैंतालीस दिन एडमिट रहा और इस बार मैंने रिकॉर्ड तोड़ दिया। तकरीबन 25 के आसपास फिल्में देख डालीं। एक तरह से मेरा स्कूल और कॉलेज के दिनों का फिल्में देखने का जुनून फिर से सर चढ़ कर बोलने लगा। विजय भाई के अलावा भी कुछ और दोस्तों व मेरे भतीजे ने भी फिल्में इंटरनेट से डाउनलोड करके ला दीं। मुझे कुछ नई, कुछ पुरानी, कुछ बहुत पुरानी कई तरह की फिल्में देखने का मौका मिला।

जो सबसे अधिक पसंद आईं, उनमें नाना पाटेकर की 'यात्र', फ़रारुख़ शेख़ की 'लिसन अमाया' और 'क्लब 60' थीं। मैं कई फिल्में स्कूल-कॉलेज के दिनों में नहीं देख पाया था, उनको देखा। जैसे कि राज कपूर साहिब की 'दिल ही तो है'। कुछ ऐसी फिल्में देखीं, जो बहुत पहले देखी थीं, पर ठीक से याद नहीं थीं, जैसे कि किशोरीलाल दत्त की 'गज़ल' और 'उसने कहा था'।

अब तो यह नियम सा बन गया है कि हर सप्ताह एक फिल्म शनिवार को और एक रविवार को जरूर ही देखता हूँ। चालीस से सत्तर तक के दशकों की फिल्में अधिकतर अच्छे गानों और डायलॉग की वजह से इतनी लोकप्रिय हुआ करती थीं, पर आजकल कई बड़ी सशक्त पटकथा वाली फिल्में बनती हैं और उनको देखने का एक अलग ही मज़ा है, चाहे वे व्यवसायिक तौर पर उतनी कामयाब हों या नहीं।

इस हफ्ते मैं अपने भतीजे सिद्धार्थ से अशोक कुमार और मीना कुमारी वाली एक पुरानी फिल्म 'परिणीता' और दूसरी इसी नाम से बनी सैफ़ अली ख़ान और विद्या बालन की पहली फिल्म 'परिणीता' डाउनलोड करा रखी हैं। देखता हूँ कौन-सी ज्यादा पसंद आती है।

अध्याय: 8
सुनील दत्त मेरे आदर्श

पाकिस्तान के जिले झेलम (पंजाब) के खुर्द गाँव में 6 जून 1929 को पैदा होनेवाले बलराज रघुनाथ दत्त उर्फ सुनील दत्त बचपन से ही अदाकार बनने की तमन्ना रखते थे। सुनील दत्त को अपने करियर के शुरू में काफी परेशानियों का सामना करना पड़ा। अपनी ज़िंदगी की गुजर-बसर के लिए उन्होंने बस डिपो में क्लर्क का काम किया, जहाँ 120 रुपये महीना मिलता था।

उसके बाद उन्हें काफी कोशिश करने के बाद रेडियो सिलोन में एंकर का काम मिला, जहाँ वो फिल्मी कलाकारों के इंटरव्यूज लिया करते थे। हर इंटरव्यू के लिए उन्हें 25 रुपये मिलते थे। उसके बाद एक प्रोड्यूसर ने उनकी आवाज और पर्सनैलिटी में एक जादू—एक छुपे हुए कलाकार को पहचाना और इस तरह उन्हें 1955 में एक फिल्म मिली 'रेलवे प्लेटफॉर्म'।

लेकिन वो 1955 से 1957 तक इंडस्ट्री में अपनी पहचान बनाने में लगे रहे और बहुत सख्त स्ट्रगल के दौर से गुजरे। क्योंकि एक फिल्म में हीरो बनने के बाद कोई और काम करना मुश्किल होता था। 'रेलवे प्लेटफॉर्म' के बाद उन्हें जो भी किरदार मिला, वो स्वीकार करते चले गए। इस बीच उन्होंने 'कुंदन', 'राजधानी', 'किस्मत का खेल' और 'पायल' जैसी कई फिल्में कीं। लेकिन इनमें से कोई भी फिल्म बॉक्स ऑफिस पर हिट न हो सकी।

सुनील दत्त की किस्मत का सितारा 1957 में रिलीज होने वाली महबूब ख़ान साहब की फिल्म 'मदर इंडिया' से चमका। इस फिल्म में उनका किरदार एंटी हीरो का था। करियर की शुरुआत में किसी भी न्यू कमर के लिए एंटी हीरो का रोल रिस्की होता है, मगर सुनील दत्त ने इस चैलेंज को एक्सेप्ट किया और फिल्म ने वह कामयाबी हासिल की, जो हमेशा के लिए एक मिसाल बन गई। उसके बाद सुनील दत्त ने पीछे मुड़ कर नहीं देखा और एक-के-बाद-एक सुपर हिट फिल्में हमारी इंडस्ट्री को दीं।

कुछ साल बाद उन्होंने अपनी फिल्म कंपनी 'अजन्ता आर्ट्स' 1963 में शुरू की और इसी साल 2 फिल्में बनाईं—एक, 'ये रास्ते हैं प्यार के' और दूसरी 'मुझे जीने दो'। इन दोनों फिल्मों ने रिकॉर्ड कामयाबी हासिल की। प्रोड्यूसर के तौर पर भी उन्होंने अपना और अपने देश का नाम रौशन किया। बाद में उन्होंने फिल्म निर्देशन भी शुरू किया और अपना अलग मुकाम बनाया।

इंडस्ट्री की लीजेंड एक्ट्रेस (कनीज फातिमा) नरगिस से उनकी शादी 11 मार्च 1958 को हुई, जिनसे उनके 3 बच्चे हुए—संजय दत्त, प्रिया दत्त और नम्रता दत्त। 1968 में भारत सरकार ने उन्हें पद्मश्री अवॉर्ड से नवाजा। इसके बाद उनकी पत्नी नरगिस जी को काँग्रेस की तरफ से राज्यसभा का एमपी बनाया गया। 1984 में सुनीलजी को काँग्रेस ने बॉम्बे (मुंबई) से लोकसभा का टिकट दिया और उन्होंने जबरदस्त कामयाबी हासिल की। इस सीट पर वे कभी नहीं हारे। लोकसभा का इलेक्शन जीतने के बाद उन्हें कैबिनेट मिनिस्टर फॉर यूथ अफेयर्स एंड स्पोर्ट्स बनाया गया।

हर किसी का कोई-न-कोई पसंदीदा कलाकार होता है। मुझ जैसे व्यक्ति का, जिसका दिन का अधिकतर समय फिल्म देखने में ही गुजरा, वह यूँ तो कभी किसी से प्रभावित होता और कभी किसी से, लेकिन मैं सुनील दत्त और अमिताभ बच्चन दो ही लोगों की तरफ ज्यादा आकर्षित रहा। सुनील दत्त साहब मेरे सबसे पसंदीदा नायक रहे।

1973 में हम सब पिताजी के तबादले के बाद बैरकपुर से मेरठ आ गए। मैंने नौवीं कक्षा में एडमिशन लिया। सबसे पहली फिल्म दत्त साहब की 'हीरा' देखी। यह कोई ख़ास प्रभाव नहीं डाल सकी, लेकिन इसके तुरंत बाद 'गीता मेरा नाम', जिसमें उन्होंने एक निगेटिव किरदार किया, जो एक गैंग का सरगना था।

उन्हीं दिनों मैं बहुत ज्यादा जासूसी उपन्यास पढ़ रहा था। जो कुछ मैं पढ़ता था, उसका अक्स दत्त साहब में दिखाई पड़ता था। उन्हीं दिनों उनकी फिल्म 'जख्मी' आई। फिर 'उम्रकैद' आई। इन सब में निभाए किरदारों के साथ मैं अपने आपको जोड़ कर देखने लगा। अब तो मैं उनकी जो भी फिल्म आती, जरूर देखता। मैंने यह पाया कि उस शख्स ने हर तरह का किरदार निभाया।

एक तरफ 'खानदान' फिल्म में एक हाथ-पाँव से लकवाग्रस्त किसान का किरदार किया और 'मालिक' नामक फिल्म में अशोक कुमार के घर एक नौकर का किरदार निभाया। यहाँ तक कि 'हमराज' और 'वक़्त' में राजकुमार जैसे नायक के खिलाफ बराबरी का प्रभाव डाला।

यूँ तो वह रेडियो पर एनाउंसर रह चुके थे और बेहतरीन आवाज के मालिक थे। इसका मुजाहरा उन्होंने अपनी तमाम फिल्मों में दिया, चाहे वह 'वक़्त' फिल्म का कोर्ट-सीन हो, या 'गीता मेरा नाम' का मशहूर डायलॉग, "जिन्हें जान लेना आता है, उन्हें मरने का अंदाज भी आना चाहिए।"

मुझे उनकी फिल्म जो सबसे ज्यादा पसंद है, वह है 'भाई भाई'। इसमें उनका डबल रोल था। एक रोल में शरीफ लेखक, जो हालात से हार कर एक ऐसा उपन्यास लिखता है जो बाजार में बहुत बिकता है। दूसरे रोल में उसी लेखक का छोटा भाई बन चोरी करते हुए जेल चला जाता है, और वहाँ एक दूसरा क़ैदी उस किताब को पढ़ रहा होता है। वह कहता है, "काश मैं इस किताब के नायक की तरह जवान होता।"

सुनील दत्त वह किताब ले लेता है और फिर उस किरदार में एक ख़तरनाक मुजरिम बन जाता है। बाद में जब कोर्ट-सीन होता है तो दत्त साहब की एक कटघरे में खड़े मुजरिम की डायलॉग डिलीवरी देखते-सुनते बनती है—"फसंग्राम सिंह पैदा नहीं होते, ये समाज पैदा करता है, हालात पैदा करते हैं।"

दूसरी तरफ, 'मिलन' जैसी फिल्मों में एक भोले-भाले गाँव के व्यक्ति का रोल और ये गाना कितना मशहूर हुआ—"फसावन का महीना, पवन करे शोर।" वहीं बी-आर-चोपड़ा की तमाम सामाजिक मसलों पर बनी फिल्में—'आज और कल', 'गुमराह', 'साधना' और ना जाने कितनी अन्य फिल्मों में हर तरह का रोल निभाया और खूब निभाया।

ये क्रेडिट मैं अमिताभ बच्चन साहब के सिवाय किसी को भी नहीं दे सकता, यहाँ तक कि दिलीप कुमार या संजीव कुमार जैसे कलाकारों को भी नहीं। 'मदर इंडिया' के रोल को कोई कैसे भूल सकता है। वहीं अपनी बनाई फिल्मों में 'मुझे जीने दो', 'रेशमा और शेरा' में डाकू का रोल कुछ इस तरह निभाया कि लगता था, सीधे चंबल से रिश्ता है।

फिल्मों से ज्यादा मैं उस शख्स की इंसानियत से बहुत ज्यादा मुतासिर रहा। सातवीं कक्षा में 'विविध भारती' पर शनिवार को आने वाले ख़ास 'जयमाला' कार्यक्रम में जो कोई-न-कोई मशहूर हस्ती पेश करती थी, यह प्रोग्राम खास तौर पर फौजियों के लिए पेश होता था। उसमें मैंने उन्हें पहली बार सुना और उन्होंने बताया कि अजन्ता आर्ट्स के नाम से उनका एक छोटा-सा ग्रुप है। फौजियों के मनोरंजन के लिए वह उस ग्रुप को लेकर ऊँची-से-ऊँची फौजी चौकी पर जाते थे।

एक बार का वाकया बताने लगे कि किस तरह वहाँ ऑक्सीजन की कमी थी और किशोर कुमार गाने की हर एक लाइन के बाद पास रखे सिलेंडर से ऑक्सीजन खींचते थे और फिर आगे गाते थे।

मैं दत्त साहब का फैन महज उनकी फिल्मों से नहीं, बल्कि उनकी पूरी शख्सियत से हूँ। उस इंसान ने तमाम काम सीमा पर रह रहे सिपाहियों के मनोरंजन के लिए किया। अपनी धर्म-पत्नी नरगिस के गुजर जाने के बाद कैंसर को लेकर टाटा हॉस्पिटल के साथ काम किया।

दत्त साहब ने कितनी ही गरीब लड़कियों की शादियाँ अपने पैसे से करवाई थीं। और हर वक्त उनकी हेल्प के लिए तैयार रहते थे। रेडियो-टेलिविजन पर आँखें व दूसरे अंग डोनेट करने के लिए तमाम विज्ञापनों में कमेंट्री दी। उन्हीं की बदौलत मैंने भी अपने सारे अंगों को सैनिक अस्पताल के मातहत कर दिया है।

मेरी बड़ी इच्छा थी कि काश! जीवन में एक बार इस इंसान से आमना-सामना हो। सुनील दत्त मेजर अहलुवालिया के प्रशंसक एवं मित्र थे और एक रोज मेरी बिना जानकारी के एक चाइनीज डेलिगेशन के साथ उनका आईएसआईसी में आना हुआ। मेरे लिए वह सौभाग्यशाली दिन रहा, जिसका मुझे वर्षों से इंतजार था।

मैंने उनकी हर छोटी-बड़ी सफल-असफल फिल्मों के बारे में बताया। उनके मनोरंजक ट्रुप अजन्टा के बारे में जिक्र किया। वह दिन मेरी ज़िंदगी में एक यादगार है। मुझे याद आता है कि उन्होंने 1975 के आसपास 'हिमालय से ऊँचा' फिल्म बनाई थी। और वह मेजर अहलुवालिया साहिब को समर्पित की थी, जो उनके दोस्त हैं।

अध्याय: 9
नुस्ख़ा-ए-मशरत: भलाई किये जा

ज़िन्दगी का एक ही फ़लसफ़ा है कि किसी के काम आ सको और किसी अन्जान की मदद करो तो सही मायने में मदद है और उससे मिलने वाली खुशी और संतोष का कोई जवाब नहीं है। यही एक बात है कि ज़िन्दगी क्यों अपने आप ही चली जा रही है, पता ही नहीं चलता—ना हालात, ना कोई किसी शख़्सियत का प्रभाव।

मैंने आईएसआईसी ज्वाइन ही किया था। उन दिनों रिसर्च प्रोजेक्ट के सिलसिले में दिल्ली में इधर-उधर जाने के लिए पास के टैक्सी स्टैंड से गाड़ी लेते रहते थे। एक ड्राइवर जो अक्सर टैक्सी लेकर आता था, एक रोज अपने साथ एक पति-पत्नी के जोड़े को लेकर आया। पत्नी की कमर में दर्द था। वे किसी डॉक्टर को दिखवाना चाहते थे।

मैं तुरंत अपनी व्हीलचेयर पर उनके साथ चल पड़ा और डॉक्टर से मुआयना कराकर दवाई लिखवा दी। दस एक रोज बाद मियां-बीवी फिर हाजिर हो गए। कहने लगे, "कमर के दर्द में कोई आराम नहीं आया, किसी सीनियर कंसल्टेंट को दिखवा देते।"

मैं फिर उनके साथ चलकर सीनियर कंसल्टेंट डॉक्टर सुनील कटोच के पास ले गया और इलाज की हिदायत आदि दिलवा दी। वह शख़्स दो-तीन हफ्ते के बाद मेरे पास आया और उसने बताया कि पत्नी को काफी आराम है। उसने फिर पूछा, "क्या मैं जानता हूँ कि वह कौन है?"

मुझे नाम याद था। मैंने कहा, "हाँ, आप ब्रिजराज सिंह हैं।" उसने कहा, "और मेरे बारे में कोई जानकारी रखते हो?" लाजमी बात है, मेरा उत्तर 'ना' में ही था। उसने बताया कि वह दिल्ली पुलिस से है और पास के पुलिस स्टेशन में पोस्टेड है। मैंने कहा, "अच्छी बात है, पर मैंने आपकी मदद इस कारण से नहीं की।"

उसने कहा, "वो इसी बात से तो आश्चर्य में था कि बिना जान-पहचान के साथ-साथ चलकर डॉक्टर आदि को दिखाना जैसी मदद आज के जमाने में कहाँ कोई करता है। लोग तो अपनों के साथ नहीं आते।" उस रोज से हम दोनों में गहरी मित्रता हो गई और तमाम सहायता उसने मेरी की और मैंने उसकी।

एक रोज मैं अपने ऑफिस से निकल अपनी व्हीलचेयर घुमाता हुआ हॉस्पिटल की ओपीडी की तरफ जा रहा था। देखा ब्रिजराज हॉस्पिटल की लॉबी में खड़े हैं और साथ में उनके एक सब-इंस्पेक्टर। तआरूफ हुआ कि उनका नाम बलराम सिंह है। मैंने हॉस्पिटल आने का कारण पूछा। पता लगा, उनके छोटे भाई के पैर की हड्डी टूट गई है और प्लास्टर कर दिया गया है। अब उसको घर ले जाना है।

वो व्हीलचेयर पर प्लास्टर चढ़े पैर को लंबा कर बैठा था, क्योंकि प्लास्टर की वजह से मुड़ पाना संभव नहीं था। मुश्किल ये थी कि उसे कार में कैसे बिठाया जाए। मैंने तुरंत अपने ड्राइवर को मेरी ऊँची छत वाली मारुति वैन लाने को कहा, क्योंकि मैं उसी से व्हीलचेयर समेत बैठकर घर से ऑफिस आता-जाता था।

आधे घंटे में ड्राइवर उनके भाई को घर छोड़कर आ गया। ये मेरे लिए तो बड़ी छोटी-सी बात थी। इस तरह की मदद करना तो मेरा स्वभाव-सा बन गया है, पर ये बात बलराम

साहिब के दिल को छू गई। हम दोनों में बड़ी घनिष्ठता हो गई। तमाम मौकों पर उन्होंने मेरी बहुत मदद की है।

एक रोज वह अपने एक दूर के रिश्तेदार कुशल सिंह को ले आया। उसकी पत्नी के गॉल ब्लैडर में पथरी थी और उसका ऑपरेशन करना था। पैसों की कुछ कमी थी, मेरी गुजारिश पर डॉक्टर भल्ला ने अपनी सर्जरी की फीस पूरी तरह से माफ कर दी और थोड़े से पैसे में ही काम चल गया।

हम दोनों के बीच कुछ ऐसा अपनापन और दोस्ती हो गई कि आज करीब पंद्रह साल बाद भी वह मेरे लिए जान देने को तैयार रहता है। अब तो वह काफी धन-संपन्न हो गया है और प्रॉपर्टी डीलिंग, गवर्नमेंट राशन स्टोर्स और ना जाने किन-किन तरह के काम कर रहा है। वह भी मेरी तरह दूसरों की मदद के लिए ज्यादा और अपने लिए कम।

मेरे पास किसी-न-किसी को डॉक्टर को दिखाने आता रहता है। मुझे जब किसी दिन दस-पंद्रह लोगों के साथ शाम को एक साथ बैठकर पार्टी या कोई मनोरंजन करना हो तो वह अपनी जान-पहचान वालों के फार्म हाउस पर इंतजाम कर देता है।

इन तमाम पार्टियों का एक ही मकसद होता है—मेरे साथ काम करने वाले साथियों और कुछ नए-पुराने दोस्तों को इस तेज़गामी ज़िन्दगी में कुछ ऐसे खूबसूरत यादगार पल देना, जो वे सब एक साथ बैठकर एक खुशनुमा माहौल में कुछ आपबीती, कुछ जगबीती पर तफ़सरा करें, कुछ शेर और कविता करें, कुछ चुटकले और दिलचस्प घटनाओं पर बात करें, कुछ खाएँ-पीएँ, नाचें-गाएँ और आनंद लें।

आज की इस भागती-दौड़ती ज़िन्दगी में ऐसे पड़ाव रेगिस्तान के बीच मरु-द्यान या समुद्र के बीच बने टापू पर गुज़रे पलों का-सा आनंद देते हैं। आप अपने अंदर एक नयी चेतना और शक्ति का अनुभव करने लगते हैं और रोजमर्रा की व्यस्त ज़िन्दगी में भी इन आनंद से भरपूर पलों की यादों से आंदोलित रहते हैं और इस इंतजार में रहते हैं कि अगली बैठक कब होगी।

सन् 2004 में पहली बार एक दोस्त योगेश सनसनीवाल ने अपने चचेरे भाई के फार्म हाउस पर ऐसी ही एक पार्टी का बंदोबस्त किया। सबने पैसे मिला कर खाने-पीने की चीजों का इंतजाम किया। शाम के करीब छह बजे से रात के दो कब बज गए, पता ही नहीं चला।

नमकीन आदि खाने की चीजें खत्म हो गईं तो वहीं बगीचे से ताजा मूली, गाजर, टमाटर, खीरे आदि उखाड़ धोकर तुरन्त सलाद तैयार किया गया। दो लोग जाकर पास के ढाबे से सब के लिए खाना पैक करवा लाए। साथ में डिस्पोजेबल प्लेट्स, ग्लास और चम्मचें ले आए।

यह पार्टी लोगों के दिल में ऐसा असर कर गई कि अब तो हर किसी के जन्मदिन पर मुझसे ऐसे ही किसी फार्म हाउस पर इंतजाम करने की गुजारिश की जाती है। यह सिलसिला साल भर पहले तक यूँ ही चलता रहा। इस कारण कई करीबी साथी दोस्त बन गए, जैसे कौशल किशोर, वरुण राणा, विक्रम, अनंत जॉली उर्फ पेग्गी, अभिजीत दास, विक्टर, साकेत गिरी, दीपक, सुमित सक्सेना, मोहित सोनी, हेमंत रोहिल्ला, अंशुल शर्मा, जयंत।

इसके अलावा राजेश द्विवेदी, संजीव। ये लोग तो करीब हर पार्टी में होते थे। कभी-कभी मेरे और दोस्त भी शामिल हो जाते थे, जैसे कर्नल नरेश बाना, इंस्पेक्टर राजीव

मालिक, एडवोकेट देवेंद्र आदि। ये तमाम पार्टियाँ भुलाए नहीं भूलतीं। अब फिर मेरा जन्मदिन आ रहा है और इच्छा है, फिर एक बार सब एक साथ बैठक करें। ज्यादातर की शादियाँ हो गई हैं, पर काफी ने इच्छा जाहिर की है कि मेरे जन्मदिन पर उन तमाम यादगार पार्टियों की याद ताजा कर ली जाए।

मेरा तो एक ही मकसद है कि लोगों की ज़िन्दगी में खुशी और उन्माद के कुछ पल ला सकूँ।

कैमरा खोना

अंग्रेजी कैलेंडर के हिसाब से 'जैमिनी' और हिन्दी की 'मिथुन' राशि के लोगों के बारे में कहा जाता है कि वे दोहरे व्यक्तित्व वाले होते हैं। लेकिन मैं जिस गुण की बात करना चाहता हूँ, वह है उनका बहुत पोज़ेसिव होना।

वो अपने दोस्तों और चीजों से कुछ ज्यादा ही जुड़े होते हैं और दूसरे के साथ बाँट नहीं सकते। मैं दोस्तों के मामले में तो यह बात अपने अंदर जरूर पाता हूँ, पर भौतिक चीजों के बारे में जब तक वे मेरे पास हैं, उनसे पूरा-पूरा लगाव है। लेकिन किसी ने माँग ली तो तुरन्त दे दी।

हो सकता है कि मेरी जन्मतिथि 22 मई मिथुन राशि की पहली तिथि है और इस वजह से वृषभ राशि के भी कुछ गुण या प्रभाव मेरे स्वभाव में हैं। लेकिन मेरा दिल यह जानता है कि यह वे गुण हैं, जो मुझे अपने महान पिताजी से मिले, जिनके लिए दूसरों के काम आना ही ज़िन्दगी का एकमात्र मकसद रहा, चाहे फिर अपना नुकसान हो या परिवार का।

इसी स्वभाव का काफी कुछ अंश हम सारे भाइयों को विरासत में मिला है, मुझे कुछ ज्यादा ही। इसके अलावा शादी नहीं की इसलिए बीवी-बच्चों वाला मोह भी नहीं है। शायद दूसरों की मदद या यूँ कहूँ औरों के कुछ काम आ सकूँ, इसका मौका कुछ ज्यादा मिला है।

इन संस्कारों का प्रभाव फिल्में देखते हुए भी होता था। मैं फिल्मों के उन किरदारों से ज्यादा प्रभावित होता था, चाहे वह हीरो हो, हीरोइन हो, या अन्य चरित्र अभिनेता, जो दूसरों के लिए अपने सुख का त्याग कर उन्हें खुशी देने में सुख महसूस करते हैं।

उदाहरण के तौर पर बलराज साहनी की 'दो रास्ते' और 'भाभी' जैसी फिल्मों में अपने परिवार के छोटे सदस्यों के लिए अपना सब कुछ न्यौछावर कर देना; 'एक महल हो सपनों का' फिल्म में लीना चंद्रावरकर का अपने प्यार को शर्मिला टैगोर के लिए अर्पण कर देना; या फिर 'दिल ने फिर याद किया' में रहमान साहिब का रोल या 'दिल एक मंदिर है' में राजेन्द्र कुमार साहिब—ऐसे तमाम किरदारों का मुझ पर बड़ा असर होता था। धीरे-धीरे यह मेरा स्वभाव-सा बन गया।

परन्तु जैसा मैंने कहा, दूसरे की मदद करने के लिए अपना कुछ भी त्याग या अर्पण कर देने की भावना मुझे अपने पिताजी और बड़े भाई से मिली। किसी अन्जान की मदद करके मिलने वाले सुख की सीमा नहीं है। यह तो ज़िन्दगी भर के लिए एक आनंद देने वाली याद बन जाता है।

ऐसी ही एक घटना चोट लगने से पहले इलाहाबाद में रहने के समय की है। एक रोज मैं सिविल लाइंस में अपने दोस्त तेजबहादुर की दुकान, राजपूत स्टोर्स पर खड़ा उससे बात कर रहा था। इतने में दो जने रुके और मेरे मित्र से पूछने लगे कि "क्या किसी से कैमरा एक दिन के लिए मिल सकता है, क्योंकि हम पिकनिक जा रहे हैं।"

मैंने आव देखा, न ताव, फौरन अपने साथ चलने को कहा और अपने घर पहुँच कैमरा निकाल कर उन्हें दे दिया। यह अग्फा आइसोली नाम का जर्मन का बना कैमरा था, जो मेरे चाचाजी काँगो से लाए थे। वे संयुक्त राष्ट्र संघ की शांति सेना में भारत की फौज की तरफ से गए थे।

मैं फोटोग्राफी का बड़ा शौकीन था। दो-चार रोज तक जब वो लड़के कैमरा लौटाने नहीं आए तो मैंने दोस्त तेजबहादुर से पूछा। मैंने तो उनसे नाम भी नहीं पूछा था। सोचा, दोस्त के पास आए थे तो उसके जानकार होंगे। लेकिन उसे भी कुछ खास उनका पता नहीं था।

दो-चार महीनों के बाद वह दोनों एक सांस्कृतिक प्रोग्राम में टकरा गए। मैंने थोड़ा गुस्सा भी किया और उनसे कैमरा दोस्त की दुकान पर पहुँचाने को कह दिया। आज तक उस कैमरे का पता नहीं। पर मुझे कोई खास मलाल नहीं है, सिवाय इसके कि मेरे मरहूम चाचाजी की वह निशानी थी।

जब कभी अपनी बेवकूफी याद करता हूँ तो यह सोच कर संतुष्ट होता हूँ कि मैंने तो किसी की मदद की। उन्होंने जो सिला दिया वह उनके साथ है।

फोटोग्राफी का शौक और ग्लैमर स्टूडियो

फोटोग्राफी का शौक मुझे काफी कम उम्र से ही हो गया था। सातवीं-आठवीं क्लास से ही मैं कैमरे का इस्तेमाल बखूबी करने लगा था—कितनी रोशनी के हिसाब से कितना एपर्चर रखना है आदि। मैं अपने आप को कोई बहुत अच्छा फोटोग्राफर ना सही, पर अनाड़ी कभी नहीं मानता।

इलाहाबाद रहने के दौरान यह शौक कुछ और बढ़ गया। कई अलग-अलग तरह के कैमरे इस्तेमाल किए। मैं फिल्म रोल्स ग्लैमर स्टूडियो से डेवलप और प्रिंट कराता था। एक बुजुर्ग और उनका बेटा दोनों मिलकर काम करते थे।

एक रोज सर्दियों की एक शाम की बात है। मैं प्रिंट के लिए दी हुई अपनी फिल्म लेने ग्लैमर स्टूडियो पहुँचा। देखा, बुजुर्ग बड़ी मुश्किल से आए हुए ग्राहकों का काम कर पा रहे थे। उनका बेटा और नौकर दोनों नहीं थे और ऊपर से बिजली चली गई थी।

मैं धीरे से दुकान से बाहर आया और दो बड़ी मोमबत्तियाँ खरीद कर तुरंत वापस पहुँचा, उन्हें जलाया और उनके सामने के काउंटर पर लगा दी। उनके 'ना-ना' कहने के बावजूद लोगों के फोटो आदि ढूँढ कर स्टूडियो के बने एन्वेलप्स में डालकर देने में मदद करने लगा।

जल्दी ही काम निबट सा गया। इतने में बिजली वापस आ गई। उन्होंने मुझे वहीं रुकने को कहा और स्टूडियो के अंदर लोगों के पासपोर्ट साइज के फोटो खींचने चले गए। लौट

कर हम दोनों के लिए चाय मंगाई। उन्होंने कहा, "मुझे मालूम है तुम्हें फोटोग्राफी का बड़ा शौक है। मैं तुम्हें छोटे-छोटे गुर सिखाऊँगा।"

मैं जब भी खाली समय पाता, उनके पास चला जाता। उन्होंने मुझे कई बारीकियाँ सिखाईं। एक ज़रा-सी मदद किसी के दिल में आपके लिए कितनी बड़ी जगह बना देती है, यह इस बात का जीता-जागता सबूत मैंने पाया। ये छोटे-छोटे एक्सपीरिएंस मेरे स्वभाव और सोच में बड़ा फर्क डालते रहे हैं।

आज मैं दो गानों की याद दिलाना चाहूँगा। पहला है फिल्म 'आनंदी' का गीत, शैलेन्द्र साहब का लिखा और शंकर-जय किशन ने संगीतबद्ध किया, मुकेश जी की आवाज़ में—

"किसी की मुस्कुराहटों पे हो निसार
किसी का दर्द मिल सके तो ले उधार
किसी के वास्ते हो तेरे दिल में प्यार
जीना इसी का नाम है"

दूसरा गीत है फिल्म 'बादल' से, जावेद अनवर साहब का लिखा और उषा खन्ना जी ने संगीतबद्ध किया, मन्ना डे साहब की आवाज़ में—

"अपने लिए जिए तो क्या जिए,
तू जी ए दिल, ज़माने के लिए।"

उपसंहार

फलसफा-ए-ज़िन्दगी

"शाने दुआ तो है यही, हरफ़ेसवाल कुछ न हो,
हाथ उठे थे किसलिए, हाथ उठा के भूल जा,
ज़फ़र इश्क़ का बस एक ही उसूल है,
लम्हे करम के याद रख, सारी ज़फ़ाएँ भूल जा।"

इस चोट के बाद कुछ लोग खुद को बहुत दोषी महसूस करने लगते हैं। कुछ किस्मत को दोष देते हैं, कुछ मालिक को भी कटघरे में खड़ा कर देते हैं। सब हमेशा कहते हैं, "ऊपर वाला जो भी करता है, वो अच्छे के लिए करता है।" दूसरे को सलाह या सान्त्वना देनी हो तो तमाम फलसफा झाड़ दिया जाता है, लेकिन समझदार से समझदार इंसान पर जब मुश्किल आती है तो सब भूल जाता है। किसी शायर ने क्या खूब कहा है—

"ज़ाहिद की हर बात निराली देखी,
अक़्ल से भरी पर अमल से खाली देखी।"

हम सब जिस तरह से उसे खुश करने के लिए तमाम प्रकार के प्रलोभन मालिक को देते हैं—40 दिन तक व्रत रखेंगे, भंडारा कराएँगे, सोने का छत्र चढ़ाएँगे और ना जाने क्या क्या। अगर वाकई दिल में पूरा विश्वास है कि वो सब कुछ जानता है तो फिर ये सौदेबाजी क्यों? एक तरह से तो उसे हम अपनी ही तरह लालची समझ रहे हैं। सच्चा विश्वास हो तो, मेरा मानना है, ये सब करने की ज़रूरत नहीं है और करना भी है तो सच्चे दिल से। उसे बखूबी मालूम है—क्या देना है और कब देना है या नहीं भी देना है।

मैं ये नहीं कहता कि मंदिर-मस्जिद मत जाओ। जरूर जाओ, जैसे आप किसी काम को करने से पहले माता-पिता या गुरु आदि के पैर छूते हैं और आशीर्वाद लेते हैं, ऐसे ही मालिक से भी लो, और अपना कर्म करो। मैं कर्नल सेवाराम को अपना आध्यात्मिक गुरु मानता हूँ। उनका कहना है कि जो कुछ भी कहो या करो उसमें "हम" का भाव रखो, कभी "मैं" को मत आने दो। कुछ बोलो तो कहो—

"हम वहाँ गये, मैं वहाँ गया" गलत है। "हमने ये किया" ठीक। "मैंने ये किया" गलत।

जो कुछ हो रहा है, सब वो ही कर और करा रहा है। वह हमेशा कहते थे—उसके साथ टेलीफोन की लाइन हमेशा खुली रहती है, बस जीरो डायल करना है यानी शून्य। जब आप शांत हैं, मन में कोई विचार नहीं, आप तुरंत उससे जुड़ जाएंगे।

ये शेर किस शायर का है, ये तो मुझे याद नहीं, पर कहते हैं ग़ालिब साहिब ने इस शायर से कहा था कि अगर ये एक शेर तुम मेरे नाम कर दो तो सारा ग़ालिबनामा तुम्हारे नाम कर दूँगा—

"ये इंसान की गफलत है वरना वो कभी अकेला नहीं होता,
वो तेरे साथ होता है, गोया जब कोई दूसरा नहीं होता।"

उसकी राज़ी-रज़ा में रहो और कर्म करते रहो। गीता के अनुसार, फल की इच्छा नहीं होनी चाहिए। जो भी दे, उसे खुशी से स्वीकार करो। एक और शेर याद आता है—

"कोई इंसान किसी इंसान को क्या देता है,
आदमी फकत बहाना है, मालिक देता है।
वो अगर ज़हर भी दे तो मैं करूँ शुक्र अदा,
कोई अपना ही समझ कर तो सजा देता है।"

मुझे कम से कम इस फलसफे ने बड़ा सुकून दिया और यही बात मैं पूरे जोश के साथ अपने सारे चोट लगने वाले साथियों को भी समझाता रहा हूँ। मैंने तो ये बातें गांठ बाँध ली हैं और मालिक पर पूर्ण विश्वास के साथ जी रहा हूँ। मज़े की बात यह है कि ज्यादातर मुझे कष्ट और तकलीफ़ में उसकी याद उतनी नहीं आती, लेकिन मुझे जब कोई सुख, शान्ति या कोई प्राप्ति होती है तो फौरन उसकी याद आ जाती है और मैं उसका शुक्रिया अदा करना नहीं भूलता।

मज़े की बात यह है कि ऐसे मौके पर नयनों से आँसू बहने लगते हैं और जो परम आनंद मुझे मिलता है, वो शब्दों में बयान नहीं हो सकता। मज़े की बात यह भी है कि ये आँसू जल्दी निकलते हैं जब कोई किसी अन्य के लिए कुछ सुख देने वाला काम करता है।

हम लोग आज बस अपने और अपने परिवार या नजदीकी लोगों तक सिमट कर रह गए हैं। कुछ दूसरों के लिए करते भी हैं तो किसी मतलब से या फायदे से। यह भला काम आप को वो सुख और खुशी यानी कि आनंद नहीं दे पाएगा, जो किसी अन्जान की बिना किसी मतलब से की गयी मदद देती है।

यह फलसफा काफी हद तक मुझे चोट लगने के बाद हॉस्पिटल्स में समझ आ गया था और इसीलिए इसी राह को पकड़ आगे चलता चला गया—

"एक राह पे चलने वाले ने मंज़िल को पा लिया,
राहें बदलने वालों की राहों में कट गई।"

मुझे सही तौर पर तो याद नहीं कि ये बात मुझसे किसने कही, पर इस बात में ज़िन्दगी का एक और गजब का फलसफा है— जो कुछ चाहता है वो इंसान है, जो कुछ नहीं चाहता वो भगवान है, और जो सब कुछ चाहता है वो शैतान है।

हमारी ज़रूरतों को पूरा करने वाला तो ऊपर बैठा है, बस हमें पुरुषार्थ करना है। ज़रूरत तक की चाह हमें इंसान का दर्जा देती है। ये इच्छाएँ जो हमें शैतानियत की तरफ ले जाती हैं, उन्हीं की पूर्ति के लिए हम एक तरफ भगवान को हर तरह से खुश करने की कोशिश करते हैं और दूसरी ओर कुछ भी गलत करने से नहीं चूकते। यही इच्छाएँ हमारे दुख, जलन, और कई बीमारियों की जड़ें हैं।

एक दोस्त ने क्या खूब जुमला दिया—

"हमारी इच्छाएँ हैं कम, हमें काहे का ग़म।

......

"हमने सराय फानी में घर बना लिया,
कुछ आने जाने वालों से दिल लगा लिया,
जो मिट रहे थे उनको ही अपना बना लिया।
कोई बताए कहाँ तक ये दिल्लगी चले,
जो चाल हम चले शायद गलत चले।"

"कुछ रोज़ जवानी भी जलवा दिखा गई,
भर भर के जाम हाथ से अपने पिला गई,
होशो हवास गुम हुए, मस्ती सी छा गई,
मस्ती में आ के चाल भी मस्ती भरी चले,
कैसे कहें कि जो चाल हम चले निहायत बुरी चले।"

"चुपके से एक रोज़ जवानी चली गई,
क्या क्या ना कहा, एक ना मानी चली गई,
सूना सा तख्त रह गया, रानी चली गई,
उसने ना दिया साथ, हम जिसके लिए चले,
क्या सचमुच जो चाल हम चले निहायत बुरी चले।"

"बे-दस्त-ओ-पा वो ही ताकत नहीं रही,
सब उजू जिस्म पर, हिम्मत नहीं रही,
हम हैं वो ही, पर अपनी वो सूरत नहीं रही,
दिल है वो ही, पर दिल में वो जुम्बिश नहीं रही,
सब मिट गया पर चाल हम अपनी वो ही चले,
शायद जो चाल हम चले निहायत बुरी चले।"

"मौजें जिधर को ले गईं, बहकर चले गए,
इफनाद जो पड़ीं, वो ही सह कर चले गए,
आने जाने वालों बस इतना कहकर चले गए,
अपनी खुशी ना आए, ना अपनी खुशी चले,
जो चाल हम चले निहायत बुरी चले।"

शिवजीत सिंह राघव

......

मेरा परिचय

हरियाणा के गुड़गाँव के पास ही के गाँव भोंडसी में मेरा जन्म हुआ। बचपन के कुछ साल यहीं बीते। इसके बाद पिताजी के प्रमोशन पा जाने और फौज में अफ़सर बन जाने के कारण, करीब सात वर्ष की उम्र में मैं कलकत्ता के पास बसे 1857 के गदर के जन्मस्थल के रूप में जाने जाने वाले बैरकपुर, परिवार के साथ चला गया। यहीं के वेल्स्ले हाई स्कूल में आगे की पढ़ाई हुई। अगले छह साल यहीं बीते। फिर पिताजी का तबादला मेरठ हो जाने के कारण जीवन का अगला पड़ाव मेरठ ही रहा। मैं आठवीं कक्षा पास कर चुका था। उस समय के नियम के अनुसार अंक भी अच्छे ही थे। इसलिए मेरठ पहुँचकर केन्द्रीय विद्यालय में साइंस का छात्र हो गया। यहीं पर फिल्में देखने का शौक परवान चढ़ा। हालाँकि गिनती अच्छे छात्रों में ही रही।

मेरठ रहते हुए खेल-कूद में भी अच्छी रुचि जागृत हो गई थी। इसी कारण जब पिताजी का तबादला इलाहाबाद हुआ, तो अपने खेल-कूद में अच्छे प्रदर्शन की वजह से यहाँ के इकलौते ब्वायज कॉन्वेंट हाई स्कूल में आसानी से दाखिला हो गया। यहीं से बारहवीं पास की और पिताजी के ज़ोर देने की वजह से मेडिकल के एंट्रेंस एग्ज़ाम, सीपीएमटी वगैरह की परीक्षा दी। लेकिन चूँकि मेडिकल क्षेत्र में उस समय रुचि नहीं थी, इसलिए कुछ अनमने मन से ही वह परीक्षा दी।

आख़िरकार यहाँ के सी-एम-पी-डिग्री कॉलेज में बी-एससी में दाखिला लिया और यहाँ बास्केटबॉल टीम का कप्तान भी रहा। इसी दौरान कुछ गुंडागर्दी का दौर चला, जिसका खामियाजा खराब नंबरों के रूप में भुगतना पड़ा और फिर कान पकड़कर तौबा की। यहीं मेरे साथ वो हादसा हुआ, जिसने मुझे व्हीलचेयर पर पहुँचा दिया और ज़िन्दगी ने जैसे एक यू-टर्न ले लिया।

लेकिन यह मालिक की कृपा रही कि मैं इस हादसे के बाद खुद को संभालने में कामयाब हुआ। पता चला कि दिल्ली में आईएसआईसी की शुरुआत होने वाली है। अब मैं इस तैयारी में लग गया कि किसी भी तरह मुझे इस संस्था से जुड़ना है। कड़ी मेहनत की और यहाँ मुकाम पाया।

वर्तमान में मैं 'इंडियन स्पाइनल इंज़रीज सेंटर' में काम कर रहा हूँ। जैसा कि नाम से स्पष्ट है, यहाँ 'स्पाइनल कॉर्ड इंजुरी' तथा 'स्पाइन' से ताल्लुक रखने वाली दूसरी बीमारियों का इलाज होता है। मैंने साल 1996 के सितंबर महीने में यहाँ एक 'इंडो-अमेरिकन रिसर्च प्रोजेक्ट' पर कार्यभार संभाला। यह प्रोजेक्ट आईएसआईसी और 'नेशनल इंस्टिट्यूट ऑफ़ डिसैबिलिटी एंड रिहैबिलिटेशन रिसर्च' के बीच में था। इसका मुख्य उद्देश्य 'एपिडेमोलॉजी' स्टडी था—स्पाइन से जुड़ी चोटें या बीमारियाँ भारत में किस वजह से होती हैं, किस तबके में और लगभग किस उम्र के लोगों में सबसे ज्यादा होती हैं, इसका अध्ययन करना। यह प्रोजेक्ट 31 जुलाई तक पूरा हो गया।

मुझे आईएसआईसी मैनेजमेंट की तरफ से स्थायी तौर पर काम संभालने का ऑफ़र मिला, जिसे मैंने खुशी से स्वीकार कर लिया। मैं यहाँ बतौर 'पीयर काउंसिलर' नियुक्त हुआ था। अब 'पेशेंट एजुकेशन कोऑर्डिनेटर' की जिम्मेदारी भी सौंप दी गई है।

आपके भूतकाल में घटी कुछ घटनाएँ या वाकये ऐसे होते हैं, जो शायद दूसरों के लिए साधारण हों, लेकिन आपके जीवन पर कहीं न कहीं गहरा असर डालते हैं। मेरे आईएसआईसी से जुड़ने के तीन-चार महीने बाद की बात है। एक वर्कशॉप के सिलसिले में हिमाचल के नाहन शहर जाते हुए रास्ते में हमारे साथी डॉक्टर सुनील कटोच ने जीवन में सफलता के कुछ अलग ही पहलुओं पर फलसफा दिया, जिसका जिक्र मैं यहाँ करना चाहूँगा।

एक है पॉवर ऑफ़ मनी—जिसके पास पैसा है उसके पास ताकत है। दूसरा है पॉवर ऑफ चेयर यानी पोज़िशन। आप बड़ी कुर्सी के मालिक हैं, आपके पास ताकत है। तीसरा है पॉवर ऑफ कम्युनिकेशन—बोलने और बात करने का अंदाज़, जो एक आम इंसान को भी पैसे और कुर्सी वाले से ताकतवर बना सकता है। कुछ को ये मालिक की देन होती है, पर कुछ इसे मेहनत से अपने अंदर भी बना लेते हैं और कामयाब भी होते हैं।

उनकी यह बात मेरे मन में घर कर गई। ना जाने क्यों, मेरा ध्यान खुद-ब-खुद ही इस बात पर गया कि मैं किस तरह बात करता हूँ या किस तरह के लोगों से कम्युनिकेट करता हूँ। दूसरों के प्रति बर्ताव और अपनी पर्सनैलिटी पर खास ध्यान गया। शायद तभी से खुद को एक विश्लेषक की तरह देखने का नजरिया सा बन गया। इसने मेरी पर्सनैलिटी में बहुत बदलाव लाया।

23 मई, 1980 का हादसा भी मेरी ज़िन्दगी का एक तीखा मोड़ था, जिसने जीवन की गाड़ी को अलग रास्ते पर ला दिया। एक बात जरूर कहूँगा कि रास्ते दुर्गम हो सकते हैं या सुगम, लेकिन कोई भी रास्ता जिसे आप खुद चुनें या जिसे तक़दीर आपके लिए चुने, आपके पास उस रास्ते पर चलने के दो तरीके होते हैं—रास्ते की दुश्वारियों को कोसते हुए या रास्ते का मज़ा लेते हुए। मंज़िल तो मिल ही जाती है, कैसे मिली, वो दूसरी बात है।

उस हादसे में मुझे काफी चोटें आई थीं। सिर पर लगभग 40-45 टाँके आये। 2-3 पसलियाँ टूटीं और बायें हाथ की कोहनी का फ्रैक्चर हुआ, जो आज भी उसी तरह है। मैं बायें हाथ को करीब 10 डिग्री से ज्यादा ना सीधा कर पाता हूँ, ना ही मोड़ पाता हूँ। लेकिन सबसे भयानक चोट मेरी गर्दन की पाँचवीं और छठवीं हड्डी में लगी, जिसकी वजह से स्पाइनल कॉर्ड को नुकसान पहुँचा। इसका असर यह हुआ कि मस्तिष्क से शरीर के अंगों को जाने वाले मैसेज और अंगों से वापस सेंसेशन का आदान-प्रदान बंद हो गया। एक तरह

से गर्दन के नीचे का सारा शरीर पैरालाइज हो गया। यहाँ तक कि पेशाब और पैखाने पर भी कोई कंट्रोल नहीं रहा। इस चोट को स्पाइनल कॉर्ड इंजुरी कहते हैं।

रास्ता तो तक़दीर ने मेरे लिए चुन ही दिया था, मुझे उस पर चलना ही था। अगर रास्ते की दुश्वारियों को रोते हुए चला होता तो शायद ज़िन्दगी के किसी गुमनाम कोने में दुनिया से अलग, शिकायतों की मेज़ पर बैठा खिड़की से बाहर की दुनिया को तेज़ी से इधर-उधर भागते देख खुद की लाचारी पर कुढ़ता। मैंने दुनिया को भागते हुए देखा, महसूस किया कि दौड़ रहे हैं। यह भी महसूस किया कि मैं शायद इनकी तरह दौड़ नहीं सकता, लेकिन फिर ख्याल आया—उड़ तो सकता हूँ। बस फिर मैंने फैसला कर लिया कि उड़ूंगा।

इस दुनिया में इंसान ऐसी शै है कि अगर भगवान ने उसे पंख नहीं दिए, तो उसने अपने उड़ने का सामान खुद ही तैयार किया। अगर तैरने के लिए मछली की तरह गिल और फिन नहीं दिए, तो उसने अपने तैरने के अलग इंतज़ाम कर लिए। इंसान चाहे तो क्या नहीं कर सकता। इंसान आज धरती, आकाश और पाताल तक राज करता है, अपनी काबिलियत के दम पर। काबिलियत ही इंसान को इंसान बनाती है।

इस ख्याल ने मेरे अंदर घर कर लिया और अपने लिए पंख तैयार करने में जुट गया। ये पंख मुझे तब मिले जब मैंने अपने आप को इस लायक तैयार कर लिया कि आईएसआईसी ने मुझे मौका दिया और बस—फिर मैंने पीछे मुड़कर नहीं देखा। जी-जान लगाया और खुद को एक काबिल इंसान बनाया। बावजूद अपनी शारीरिक स्थिति के, मैंने भरपूर और खुशहाल जिंदगी जिया, कामयाबी हासिल की।

चोट लगने के बाद दुनिया भर की सैर की—नेपाल, बांग्लादेश, श्रीलंका से लेकर थाईलैंड, मलेशिया, वियतनाम, हांगकांग, सिंगापुर, और दूसरी तरफ जापान, कनाडा, टर्की, यू.के., इटली, स्विट्जरलैंड और अमेरिका। इन सब की यात्राएँ सैर-सपाटे के लिए नहीं थीं। एक-दो मौकों को छोड़कर जो मैंने स्पाइनल कॉर्ड इंजुरी से संबंधित कॉन्फ्रेन्स में भाग लिया, इसके अलावा तमाम देशों से मुझे एक्सपर्ट के तौर पर बोलने या स्टाफ ट्रेनिंग के लिए बुलाया गया। इसी बहाने एक-से-एक खूबसूरत जगहों को देखने और घूमने का मौका मिला।

वक्त के साथ मेरे काम को पहचान मिली और कुछ ईनामात भी मिले। शुरुआत हुई आईएसआईसी से जुड़ने के मात्र 6-7 महीने बाद पहली कॉन्फ्रेन्स से, जो हिमाचल के नाहन में हुई थी। मेरे भाषण के तुरंत बाद इमीजिएट बॉस ने मेरी तनख्वाह में 1000 रुपये का इज़ाफ़ा कर दिया। इसके बाद प्रोफ़ेसर स्टेनले, जो अमेरिका के इस क्षेत्र में जानी-मानी हस्ती हैं, ने मेरी काबिलियत को पहचाना और अमेरिका में स्पेशल ट्रेनिंग के लिए बुलवाया।

इधर सद्भावना सरोज नामक एनजीओ ने 'पर्सन हू इन्स्पायर अदर्स' के टाइटल से नवाजा। रोटरी क्लब, वसंत कुंज ने भी प्रशंसा-पत्र दिया। आईएसआईसी ज्वाइन करने के कुछ ही महीनों बाद 1996 के आख़िर में आईटीओ, दिल्ली के दो किलोमीटर के एरिया को पूरी तरह एक्सेसिबल बनाने की टीम में बतौर एक्सपर्ट शामिल हुआ। बाद में दिल्ली गवर्नमेंट के प्लेयर्स बिल्डिंग में एक्सेस ऑडिट भी मुझे ही सौंपा गया। इसके बाद 2004 में वर्ल्ड अबिलिम्पिक्स कराए गए।

2009 में मुझे मुंबई स्थित एनएएसईओएच की तरफ से 'डिसैबल्ड मैन ऑफ़ द ईयर' का अवार्ड मिला, जो बॉम्बे हाईकोर्ट के पूर्व न्यायाधीश श्री अधिकारी जी के हाथों दिलवाया गया। 2012 में मुझे आईबीएन-7 न्यूज चैनल ने 'सुपर आइडल अवॉर्ड फॉर पर्सन्स विद डिसैबिलिटी' के लिए नामांकित किया, जिसे सलमान ख़ान साहब के हाथों भेंट किया गया।

पिछले वर्ष दिसंबर में 'वर्ल्ड डिसेबिलिटी डे' के अवसर पर मुझे डब्ल्यूएचओ जिनीवा मुख्यालय में उनके द्वारा तैयार रिपोर्ट 'इंटरनेशनल पर्स्पेक्टिव ऑन स्पाइनल कॉर्ड इंजुरी' के लॉन्च पर बोलने बुलाया गया। मैं इसमें एशिया से इकलौता प्रतिनिधि था। इसी वर्ष नवम्बर में एसकॉन (एशिया स्पाइनल कॉर्ड नेटवर्क) के 13वें वार्षिक कॉन्फ्रेन्स के दौरान मुझे एसकॉन कन्ज्यूमर नेटवर्क का लाइफटाइम चेयरमैन घोषित किया गया।

आज इंटरनेट के ज़माने में यदि आप मेरा नाम गूगल में डालते हैं तो कम-से-कम एक पूरा पेज भरा हुआ आता है। मेरे ऊपर बने तमाम टीवी चैनल्स के वीडियो, कहाँ-कब मैंने प्रेज़ेंटेशन्स दिए, कब-कब ईनामात से नवाज़ा गया, सब वहाँ देखा जा सकता है।

यूँ तो कामयाबी की हर किसी की अपनी परिभाषा होती है, मैं खुद को इस हिसाब से बहुत कामयाब पाता हूँ। जो कुछ मैंने ज़िन्दगी में पाना चाहा, वो पाया और अपने आप को हर तरह से संतुष्ट पाता हूँ।

जिसे लोग कहते हैं ज़िन्दगी,
वो तो हादसों का मुकाम है
ये तो तेरा ही कमाल था,
कि दरमियां से गुजर गया
कभी मेहरमाओं-हुजूम से,
कभी कहकशां से गुजर गया
जो तेरी तलाश में चल पड़ा,
वो कहाँ-कहाँ से गुजर गया
ये मेरा कमाले गुनाह सही,
मेरी हिम्मत देख ऐ मेरे ख़ुदा,
कि तूने रोका जहाँ-जहाँ,
मैं वहाँ-वहाँ से गुजर गया।

www.ingramcontent.com/pod-product-compliance
Lightning Source LLC
LaVergne TN
LVHW052110210926
848482LV00024B/425